次易原理

下卷

(一)

陳永騰著

文史哲出版社印行

國家圖書館出版品預行編目資料

次易原理下卷 / 陳永騰著. -- 初版. -- 臺北
市：文史哲, 民 97.05
頁： 公分.
ISBN 978-957-549-795-8 (平裝)

1.易經 – 研究與考訂

121.17 96024146

次易原理 下卷(二冊)

著 者：陳 永 騰
出 版 者：文 史 哲 出 版 社
http://www.lapen.com.tw
登記證字號：行政院新聞局版臺業字五三三七號
發 行 人：彭 正 雄
發 行 所：文 史 哲 出 版 社
印 刷 者：文 史 哲 出 版 社
臺北市羅斯福路一段七十二巷四號
郵政劃撥帳號：一六一八〇一七五
電話886-2-23511028・傳真886-2-23965656
二冊定價新臺幣一一〇〇元
中華民國九十七年（2008）五月初版

ISBN 978-957-549-795-8

次易原理 下卷 目次

前言

下卷次易原理承襲上卷，除了變卦的兩百五十六卦，將整體五百一十二卦都完成之外，同樣前面有附屬著作，簡稱屬著。而屬著是無窮延伸的，第二篇屬著將從自擇天翦，延伸到物理時空觀念，重新塑造新的哲學感知，而在第三篇之後的屬著，將會重新塑造新的數學邏輯，逐漸展開新的體系。最關鍵的在於，把兩千多年陰陽家虛無飄渺的靈魂，賦予實體的結構。

古往今來的感知乃至於學術方式，包含最尷尬的微積分，都是從一個基本單位去定義開始，才有數的關係。而後發現這些基本單位，實際上並不是真正的單位，迄今為止也沒有一個真正的基本單位，被宇宙法則所認同。所以才會產生如此龐雜的數學關係，但卻仍然沒有辦法對自然產生深層的認識，拿最貼近生活的氣象學來說，最優秀的氣象學家，仍然不能預測一個月之後的天氣，從基本單位「一」去定義的感知系統，是隱藏著時間問題的。故次易原理五百一十二卦，不以定義最基本單位來建立理論，先建立深層的另類感知，而後融合歸元而塑造新理論，即為屬著，類似複雜無秩序的基因，銜接物質的深層聯次關連體，去塑造千變萬化的生命體一般。次易原理的核心方式就在於此。

屬著第二篇　統制

一、感知缺陷

任何學科系統，都必定從人的思想開始，脫離了人的思想，任何學科都失去意義。那麼人的思想結構到底是什麼？從演化學到解剖學來看，人類大腦的思想型態只比其他動物多了一層灰質，而原始的延腦以及白質的結構，並沒有比較特殊之處。再從綜合的行為模式來觀察，人到文明的今天，仍然也保有各種野生的獸性，只是外表加了文明的型態，一樣會同類相互攻擊、一樣有逆倫的行為、一樣不斷犯下錯誤、一樣有執迷不悟的愚昧，隨著人的文明行為更加複雜，這些行為反而跟著多樣化。而且依照乾綱原始之律，一旦這些行為發生，不可能靠後天的「道德文明勸說」來彌平之。除非個別的人，願意把文明行為當作本身的自擇路徑，啟動更原始的自擇型態，即第一篇所云自擇天翦的演化意義。

是故思想是從感知的基礎建立起來的，去添加先天就有而更廣泛的自擇意義。那麼感知又是什麼？當然也可以同理而論，這是生命基礎建立起來的，生命又是從物質存在基礎建立起來的，逐漸往更原始推理。但要理解的並不是這麼粗淺，不然本篇到此就已經結束，而是必須探索感知與外界變化的互動模式，當中有什麼缺陷，才能知道思想有什麼缺陷，從而一大堆科學學科，才有新的感知到思想模型，去重新塑造。所以感知只是一種生存方式架構的，不是用來體會宇宙真理，倘若要拿來體會宇宙真理，必然有缺陷。

從植物的生長機能，到各種動物的感官行為，乃至到人類自己的智能運行模式中，都形成相似的時空規律：即與外界的變化互動，自行分制為時間感與空間感，兩者再交互搭配運行。至少在現在所看到的一切生命規律，都是以時間為封閉而不可逆的數線，搭入開放而多樣選擇的空間型態，來展現自擇意義，所以才需要繁殖，出現激素、展開生長模式、乃至加入一些演化，同時這些生命也以這種方式，來面對非生命的物質。但這一定是必然嗎？所有生命都一定是要按照，時間型態封閉，而空間型態開放，來去運行自擇意義嗎？這只是二元形上的一種變動節度而已。倘若陰陽家所云：「兩儀生四象。」的形上狀態是真的，那麼就必然不止這一種規律，才能塑造情境意義。且先按下慢表，先從什麼是時間什麼是空間，以及兩者之間的關係開始。

二、二元體制

二元化形上體制，並不是近代的新科學理論，而是很古老的論點，撇開宗教神權時代的善惡二元論述，純理性化的二元哲學，就屬八卦最古老。春秋時代的陰陽家講述的「無極生太極，太極生兩儀，兩儀生四象，四象生八卦。」在現實的物質運行中，並不是一個空洞的二進位口號，也不是流傳兩千多年的陳腔濫調，而將具備實質的數理意義，統制篇所要賦予的是先行的哲學思維，而後在第三篇屬著次行，則賦予實證的數理意義，那麼愛因斯坦的相對論中，其不足之處就可以解析。

為什麼屬著的第一篇，要先從自擇天翦說起？最根本的原因，就是在實質情境的演變中，最簡單可以觀察到的二元形上關係，就是生命的生存與演化中，自擇與慣性之間的矛盾，從而連貫到生命對於時間與空間的取象方式，只是非生命的物質慣性中一部分，所延伸出去而已。暫時先按下非生物的物質部分，因為這些也是從我們的感知去定義出來的，不見得是物質本身如此，就先討問生命感知，對於時間與空間的規制。【註：與自擇慣性，合為四象的體系。參考次易四陰卦。】

所有的生命體制變化中，時間成了不可抗拒之單向前進的形上因素，而空間可以自由往返，然而空間的所謂自由往返，卻必須要時間的前進，才能相映出來這種「自由度」。所以在第一篇屬著，談到的自擇與慣性相映才存在，在這也同理，時間與空間也是相映才存在的。原因非常簡單，時間與空間，是我們的感知解釋變化，所定義出來的。把封閉的形上體定義為時間，把開放的形上體定義為空間，然後我們自己再去規制這些感知變化，定義出一秒、一天、一年、一升、一立方等等。而常習意識又容易把這些感知，所延伸出的規制，當作是「真實存在」，然後又把這些「真實存在」的東西，去架構所謂的「定律」。例如：某物體運動中，走過一段距離所花費的時間，兩者相除，定義出「速度」。

這種感知方式，並不能算錯誤，但這只是自然變化法則中，一種感知延伸的意義，對於變易法則本身來說，只是其中一種取象方式而並不是整體的，也並不是深層的意義。

讓我追本溯源，尋求這些「真實存在」的出發點，用變易為本體來思考問題。時間與空間都只是感知去解釋變化的方式，而生命感知會把這兩者區分開來，必然有讓兩者區分的理由。這還不只是人類這樣區分，當循著演化的脈絡，一點一滴往原始方向走，觀察其他哺乳生物、鳥類、爬蟲類、魚類、昆蟲、逐漸到植物與真菌的生長模式、微生物的運動與相互吞食模式。可以判斷出，牠們的生理結構的狀況，就已經是這樣區分這兩個形上體。人類在這個基因模式當中演化出來，雖然架構出智能，卻也是這種生理方式逐漸選擇出來的模式，與其他動物一樣並不奇怪，只有在「統一感知形上規制之下」（以下簡稱「統制」）才能建立食物鏈、共生等等的生物機能的情境。而非生物的物質，在這生物機能中，應該說是更根本的中性，即可以承認這種「統制」，但是並不是物質的整體結構。所以當生物體面臨生老病死等苦痛的時候，構成生物體的物質，仍然會按照其物理性質，自行其是（即物質自擇與慣性），並不會把物質本身的所有能量，拿去補救生物體的危亡。只要違反物質的自擇，按照次易乾卦乾綱原始，生命體無能抗拒，所以生命很脆弱，可以用很多方式使之死亡。這關鍵原因就是，「統制」方式只是變易法則的一個狹小角度，不是整體的變化。

關於統制的規範，留待後文詳述，再回到時間與空間的區別。從此可以知悉，解釋變易的方式，不見得只有生命體的時空方式，一種形上封閉而另一種形上開放這一種規制，造成這種切割時空規制，還只是二元體制下的其中一個脈絡而已。雖然不同的生物，有不同的規制尺度，但是整體來說都是時間封閉而空間開放，相互可以在一定的原始因素中，建立整體統制模式，所以也都有相同的，死亡與突變的問題，也因為這種「統制」模式存在，智能也才能判斷出萬物有共同的起源。物理界以進而猜測物質之間也有共同起源。但倘若換成不同的「統制」之間，那就不見得會認為萬物有共同的起源了，因為其他的二元體統制方式，時間的這種定義方式，也許並不存在。

為何都一定是二元形上對映，才會產生「真實存在」？這暫時先按下，留待以後的屬著逐漸去解構。至少在我們的生存方式中，時間與空間區分相映之下，才會有感知與存在的事實。

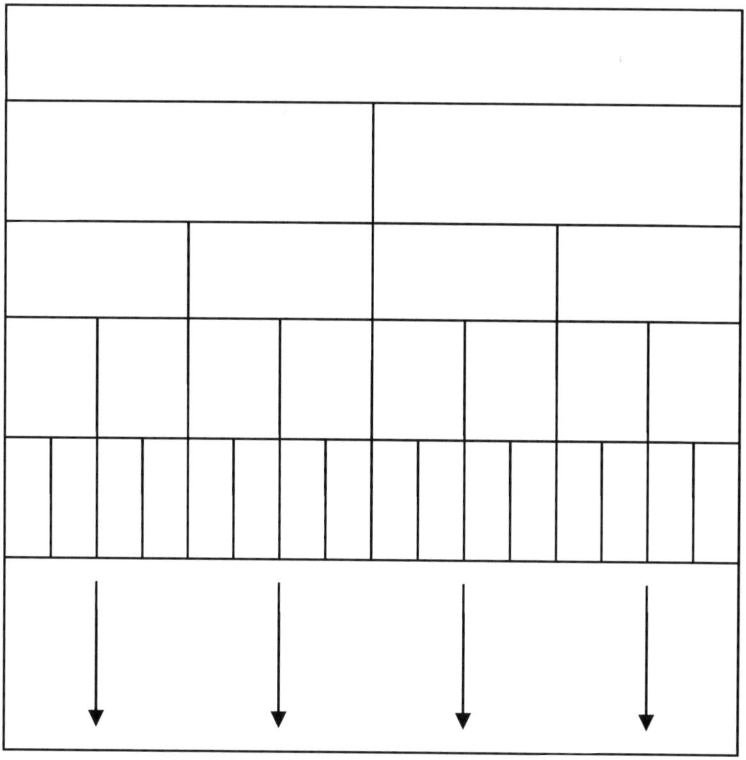

圖 2-1

圖二之一，借用易經八卦到六十四卦次序圖，二進位可以用這種切割方式展現，任何一個層次，都可以自行延伸出「兩儀、四象、八卦」，而至少已經知道，人類的感知情境很狹隘，所以尚不知道在這種形上延伸當中，時間與空間的二元區分，屬於哪一層次的兩儀段。不過至少可以知道，時間空間的等價相映下，自擇與慣性的對映，就可以一同混入體系當中，建立四象迴返法則（即一切法則的中性核心），延伸出我們所見的情境態勢。而情境態勢，則不一定要我們這個四象迴返區段才能建立。【註：在次易諸多卦中，強調時間為情境體的潛伏，空間為情境體的彰顯，這情境體都是指我們感知架構出來的情境世界，而不是一切變易架構出來的情境體，所以也敘述情境是變易的降幕。】所以物質可以承認生命的時間空間兩儀定義，也可以被感知觀察到，但只是物質存在的一種景象而已。故物質的存在，比生命存在還根本。

三、時空等價推論

從這種二進位數理理解方式，再回到屬於我們感知的世界。某一變化的封閉我們定義為時間，某一變化的開放我們定義為空間，而空間的自擇與慣性聯次運動，又必須靠時間來混入，才能相映感知出來，所以時間與空間在感知其變化來說，是等價相映的。即二者缺少其中一個，另外一個定義就不存在。

無法在物理當中形容，一個不需要時間的空間運動，也無法形容一種空間是完全沒有時間進展的。【註：量子物理以能階的方式，解釋瞬間移動，不需要時空連續的物理現象。

但是並沒有實體架構，純粹解釋粒子現象的方式而已。】雖然這完全是生命感知在作祟，進入到其他的統制範圍，那就不是這樣架構事件，但是從這裡可以看出，在人類自己的常習感知中，時間與空間根本無法相互缺少，而相互是等價存在的。也就是空間不優於時間，時間也並不優於空間，只是二元化體制封閉與開放相映而成，卻又要被強制區分成兩種事態。是故把時間當作第四維的觀念是錯誤的。

倘若時間是第四維，由空間三維再加一而升冪建立，那麼常態事件的變化，為什麼一定要跑到第四維才會被定義出來？為何空間三維不能獨立存在自己的變化運行？那麼第五維累積上去又是什麼？所用這種升冪的觀念去建立觀察體制，會產生很多無法理解之處。因為時間與空間的區分，已經是中性的變易，被生命感知降冪所強迫區分開了，形成了狹隘的取象觀念，倘若又在時間與空間之中加入升冪的規制，那就是又區分了更多的偏頗取象，雖然可以解釋部份的現象，卻會產生更多不解。

所以愛因斯坦引用閔可夫斯基的四維象限，只能當作是，解釋一個片段物理現象所引用的方法，但是若把這當做真理，那就只會陷溺於這片段取象當中，無法去擴展更多的事實，也就是二元降冪，分卦當中的一卦而已。是故廣義相對論之後四十年，還是只有廣義相對論。次易五百一十二卦，也是這樣取象切分而成，但是最後這些切分取象要重新組合，往形上的方向取得降冪的意義。

依照次易乾卦，人類目前的感知方式，無法擺脫生命原始訊息延伸的框架，但是認知的獨立運行，可以逐漸擺脫部分的生活成見，廣義與狹義相對論，最大的成果就是在這裡。

雖然後續力度缺乏，但是已經足夠彰顯其優勢之處。

在時間封閉而空間開放的框架中，無論是什麼方向與速度，兩物體相對運動，則時空相互的等價性，會延伸到兩物體相對運動中，即狹義相對論中所述，火車移動當中，火車本身與鐵路路基之間，可以定義為火車移動而路基不動，也可以定義為火車不動路基在移動，兩種敘述是等價的，必須要同時考慮，而且在運動當中物體的長度定義將會變化，當中的關係式，愛因斯坦已經有闡述，在下一篇當中也會同時再寫明數理關係，然後對比二元體制的新數理關係，就能夠一清二楚一切的原由，以及愛因斯坦並沒有搞清楚的事。在這篇要先提出的新思維方向是，物體移動為何兩者都是等價的？這在伽利略時，就已經知道，相對論也從此延伸出去。原因很簡單，時間與空間都是解釋變化的東西，生命意識把這兩個等價的意義切割成不等價辨識，當物體相對作「真實運動時」，兩者之間又回歸到變化的觀念。這變化的觀念，當然也包括人的感知因素，所以才會需要把光速意義加入。只因為視覺需要光！

假設人類今天沒有眼睛，是地底生物，完全依賴超強的聽覺去辨識，如同蝙蝠利用超音波活動。那麼相對論還能夠架構出來嗎？還是可以的！那就是變成了音速去辨識，相對運動的這個「變易」。這種假設也會同時在下一篇用數理闡述。從而可以佐證，即使是相對論，也只是突破了一種感知迷思，而不是全部的迷思。是卦義的一個分支，而不是整體的二元體制。

進入到廣義相對論中，其實就是把狹義當中的「等價辨識結構」，延伸到重力加速度的變易當中，簡單說就是一物體在重力影響下【註：愛因斯坦是用重力場的觀念】，時間與空間的性質，會與一般我們認知的結構不一樣，不能把常習的空間座標結構，放到真實的重力影響下的運動中。也就是突破原有生活中，空間與時間感知的延伸。

相對論如同易經一樣，並不難理解，會感覺困難的原由，也是感知迷思。因為人的思考方式，是觀察到現有的東西，然後去跟過去的經驗相互對照，而面對不知道的事情，還是把過去生活的經驗當做理所當然的「事實」，去架構未知的東西。甚至明明不知道物態的根本結構，仍然會想當然爾地把過去的成見，投射在上面，只要解釋得通就好。這不只是一般人的生活如此，即使是高學歷的大科學家，設立出來的理論，仍然是陷入這種模式。只是這些人的敘述方式更深奧，解釋得更多而已。用第一篇屬著的觀念去簡述，就是物種都會有生存慣性，去做適性的選擇，而這未必是適當的選擇，首段也講過，它不是拿來體會宇宙真理用的。我們做出這種選擇，正應了第一篇屬著說的，脊椎骨原本不是拿來直立，這都是自擇所產生的演化根源。

相對論的運動物體相互等價，與廣義相對論基本觀念，無論座標系怎麼變化，自然定律本質也都等價。可惜就是沒有探索這些等價關係的來源，而最後又把數理論述，陷入於空間與時間之間的感知區分。無怪乎這些數理論述，一大堆扭曲的符號，包括雙重積分在內：：：：：。這與他延續伽利略等價觀念，剛好又走了相反的道路，開了感知的倒車而不自知，這就會阻礙他持續想像的能力，而去承接大眾化的思想慣性。

在基本的架構精神上，必須要在感知這些知識之後，敢於將之全數拋棄，只取得基本形上精神而後重新出發，所以次易原理得自行創立數理定義，完全沒有時間空間的過去感知，來架構「突然發現」的時空運動。關於數理兩端共同證明，時間與空間是等價的，會在屬著第三篇說清楚，從而重新塑造新的時空辨識。

不只是物理運動而已，只要是情境發生變化，那麼當中就產生等價關係，所以屬著第一篇說的乾綱原始才會成立，因為過去發生過的事件，並沒有真正的過去了，仍然會等價產生存在意義，從而坤卦的降冪意義，坤相易解也必然存在。形上意義的辨識，確實與常習的感知完全不一樣。

愛因斯坦反對量子物理的機率觀念，認為上帝不玩骰子，不做機率的判斷。這我完全認同【次易把祂稱為原母，以下都稱原母】，次易原理也不認為原母會搞投機，但是並不表示原母不玩「體制外」。別說原母了，即使是變易體實際上就是永遠地體制內外兼俱，無論你的體制怎樣地擴張都沒用。祂根本不會在乎個人是不是抱著迷團死亡，也不在乎人類到底懂不懂祂設立的變易法則。

四、降冪體制邊緣

人類的感知只在降冪當中，一個狹小的二元形上統制區間，我也姑且把這統制區間之外的一切東西，都假設成二元的形上體制在控制中。讀者看到這邊也會說，這也如同愛因斯坦所犯的錯誤一樣，又承接了次易原理自設的感知方式，自己承接自己的慣性。不過我不怕先這樣假設，五百一十二卦設立的意義，就是隨時可以拆解組合，以改變自身的認知慣性，其他的屬著又會重新設立。

在這二元體制的延伸中，當人類感知觸碰到自己統制區間的邊緣，即四象格式之下，就會出現更多的二元變化體制，即四象生八卦。對原有的四象迴返關係當中（時間封閉、空間開放、自擇、慣性），就會出現每一個形上關係都有兩種相映延伸，那麼原有的四象迴返關係建立的秩序，會變成八卦迴返關係。倘若我用時間與空間架構的一個觀念，叫做火車從甲地開到乙地需三小時，那麼時間「三小時」這個形上體，就會出現空間的內涵，而空間「甲地到乙地」則會加入時間的運行。三小時會因為鐵路出問題，而受到影響，甲地到乙地變成比一般觀念還要遙遠。而當中自擇觀念：「我可以不要搭火車，改搭公車。」則會加入慣性的干擾，例如：我忍受不了鐵路出問題而拖號時間，所以改搭公車吧。與慣性：「我喜歡火車，因為不會讓我暈車。」也會加入自擇的干擾，例如：拖延時間還可以忍受，但決不暈車。而相對事實當中，其他人也有自擇與慣性，例如：鐵路員工疏失。

當原有簡單的四象迴返法則，觸碰到八卦迴返運行，那麼原有的感知秩序就會被打亂，從而你無法判斷鐵路到底會不會出問題，你無法判斷火車是不是一定三小時而不誤點，甚至自己坐公車到底會不會暈車，也不一定會必然發生。最後你只能用機率去判斷：鐵軌出問題的機率，依據過去的次數與天數相除，每天鐵軌出問題，只有千萬分之一。而鐵路員工人為疏失造成誤點，十分之一。

所以機率觀念之所以成立，完全來自於降幕下方的體制在運行，從而本身四象形上架構的判斷，並不能全然成立。即四象迴返體制邊緣。我們的感知被形上的四象關係迴返架構出秩序，但是事實上這秩序並不能符合，體制內外都等價的形上關係，所以沒有一種形上是純淨的，沒有純淨的空間與時間，也沒有純淨的自擇與慣性，「無一而又存在，則為無窮」，是故四象生八卦而後無窮延伸，而自身統合的兩儀層次，也可能只是無窮二元當中的一小角落。

是故陰陽家流傳兩千多年的話，不再是陳腔濫調，實際上具備現實生活中，深層的形上意義，是可以決定事件該怎樣發展的。所以太極必生兩儀、兩儀必生四象、四象必生八卦，如此無窮延伸。我們只要存在，那麼當中的事件，必然有不能確定的「體制外」在干擾秩序，而有無窮意義的變易體，也就是統稱太極。故太極圖內，陰中有陽，陽中有陰，沒有一件形上的意義是純淨的。

在次易五百一十二卦當中，多次提到零與無窮之間的關係，數學家也經由多方法證明，這兩者是一體兩面的。不過在本篇且不論數學的部份，從藝術領域作出簡單的敘述。在平面架構立體的圖像當中，如何把立體的概念用簡單的平面去表達？不管怎樣的圖形，從視角看過去，零圖形與無窮遠，結合在一個遠處的隱沒點，而後運用長短之間對比的落差，展開平面向立體方向的延伸。而平面本來具備的角度轉折，反而展開原有平面繼續存在的概念。

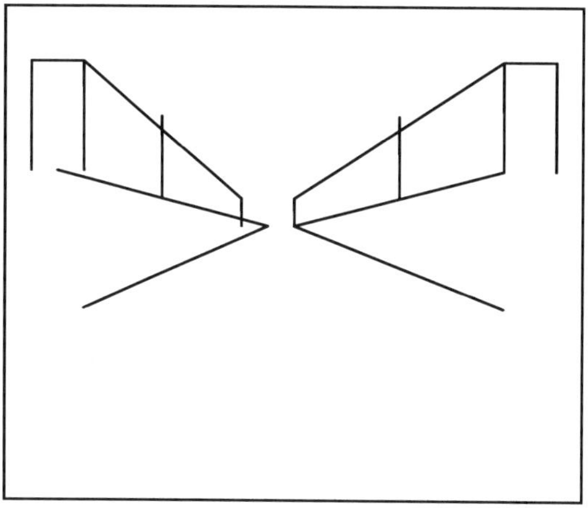

圖 2-2

圖二之二，街道、圍牆、建築物往遠處方向隱沒，平面角度的轉折還是切分原有平面的感知，而線條長短對比，表述往遠處方向的延伸，終點在零與無窮的結合，形成立體架構的排列系統。所以在平面架構立體概念當中，必然用降低維度的變化與對比，去架構原先不存在的，更高一層次維度。倘若空間三維架構時間四維，也如平面架構立體一般，奈何純粹的空間無法單獨存在，而純粹的時間也無法單獨存在。而時間的變化感知流程，卻

不是需要二維平面的變化與對比來架構它。況且空間的三維概念，也純粹是人類的感知如此，其他的生物也未必是用這種架構。第三篇屬著次行，其「二元體制、時空等價」核心的求證關鍵，從這裡出發。

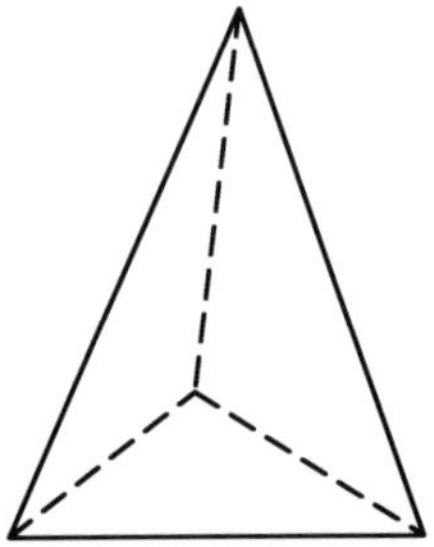

圖 2-3

光憑圖二之二還不夠說明，我們拿最簡單的立體感知，圖二之三的三角錐型來簡述，同樣必須先建立一個假設的隱沒點，而隱沒點把三邊平面的縱向直線（雖然這直線沒有畫出來，但是卻存在於感知架構中），逐漸減短，直到消失為零為止，即使三面面積都不相等，這種狀況也依然存在，不同的遞減程度，使你感受不同的面積大小。

四象迴返法則，降幕上下體制的關係，建立了一個，你無法從生存感知去預測的變化體系。而次行篇的體制，將會比平常的數學幾何體系，更深入連接現實生活觀察中的變化狀態。

參考姻篝卦，感知被四象迴返而成，無論這四象迴返在絕對的二元降幕體制中，屬於哪一個層次的四象迴返，都可以建立感知結構，當然這未必是智能結構。

五、兩儀態勢相反的統制

請問在常態感知，四象迴返當中，兩儀意義又在何處？在次易諸多卦當中，都提到零與無窮的意義。上一段中，一個視角同存不同展向的降冪變化，就會拉開原本不存在的維度！在這平面當中立體根本不存在，但是卻可以運用當中的變化，建立你的立體認知。感知：不同方式架構同一個隱沒點目標，就會變成真的。

兩儀在四象之上，關鍵就是這種形上態勢，在隱沒點「無與無窮」結合中，所延展的二元對應體系，而你在這延展當中，架構你的自擇與慣性方式。而一切的始作俑者，在你平常根本不會去注意的二元相映的形上態勢，這二元形上同存於一個你看不到，也沒有空間時間意義的隱沒點，因為空間時間也是它架構出來的感知系統而已，但是不代表它並沒有影響你生活的一切。次易原理認為，兩儀之生四象，其關鍵意義就在於這種延展當中。

而這種感知方式在降冪體系下，太過於不穩定。因為這目的只是維持一個生存慣性，與辨識的自擇，而去架構四象迴返，其他的存在體，並不在運行範圍內。如同懂得操作電腦的人，未必知道電腦的硬體結構，也未必理解電腦當中的軟體程式怎麼寫。

在兩儀降冪生四象當中，感知可以運用等價觀念去建置精神結構，而運行兩儀意義。但返歸兩儀意義，必然需要對映相反存在的兩儀狀態，因為兩種兩儀態勢也用該層次的四象迴返而成，那麼原先的四象迴返層次，就會出現等層次之相反四象迴返的統制區間。相反的統制可以形成，只是正常的感知模式，不能接觸得到，但是同樣都等價存在。物理學當中反粒子存在意義，就在當中架構，而我們只能用間接再間接的變化模式，去知道它的存在。天文學中的黑洞會被反粒子逐漸消磨掉，也必然從更上一層的兩儀層之四象迴返運行中，運作其變易態勢。這都會在後續的屬著逐漸討論。而核心最簡單的哲學意義，就在統制的區間意義。

六、主要架構本篇的卦象

絢航、兩化、混同、四陰、乾、烟鬟、艮。

七、本篇為基礎所展開的假設性預測

預測一：現實狀態任何體制都不會有終結的時候，還會不斷變化下去，因為時間的延續，根本就只是感知對於變易當中的封閉取象，用來對映出空間自擇態勢的統制系統之一部份。

預測二：自擇之間會有遞補，四象迴返當中，自擇與慣性也跟時間會有相互的關聯所形成的系統，所以人類假設是地球物種第一個智能生物，即第一個有智能自擇的物種，那麼在人類這種層次不高的物種滅亡之後，無論是怎樣地滅亡【註：哪怕是全世界核武全部同時爆炸，殺光人類與其他高複雜的生物】。地球在純自然演化，無外太空智能生物干涉的狀態之下，還會在延續第二種智能生物，而這第二種智能生物所需要演化出來的時間，不必要寒武紀爆發到人類出現的這麼長時間，還可能不需要恐龍被激烈環境變化而滅絕，到人類出現，這個時間區間，極可能再更短的時間內，出現第二種智能生物。

預測三：依照乾綱原始，幼童的感知流程，不是真的不懂事，只是不習慣於大人們所塑造的自擇態勢，而在當中被大人們各種方式「強勢教育」下，無條件被強制接受現實的感知。幼童的感知流程，反而更具備中性的特質，只是缺乏經驗而已，倘若保持這種自擇態勢，配合了經驗累積，等價這種慣性與自擇而同時運行，則可以產生更多新穎的型態創造，而克服部分的時間與空間感知。

預測四：反粒子之所以不存在於我們所觀察到的宇宙【註：天文學者從宇宙觀測中，沒有正反粒子相撞而消逝的輻射去推測的。】，並不是真的不存在，因為宇宙也不是常習時間與空間所組合而成的，而是變易體架構出另一種統制區間，去包容那種時空狀態，兩者要相互對撞出現，必然回歸到上一個兩儀層次的四象運轉，粒子加速器產生的反粒子不夠多，代表其內部的理論關鍵還沒有掌握。而反粒子的世界，不見得會相映出相反的世界，因為變易體的對映關係是一種形上關連結構，不是常習認識的鏡中對映關係。

預測五：生命只是變易的一個狹小的統制區間，即使所有生物都死光，空間與時間感知結構滅亡，變易體仍然會憑物質的自擇與慣性態勢（可以定義為，粒子衰變與化學結合，以及粒子本身的固有特性），繼續運轉變化狀態，而時間與空間是用不同的情境去架構的，這都是等價可以被法則接受，而不是我們常習認為的死寂世界。

屬著無窮，第三篇次行獨立出版，待續。

變卦上經

䷁ 虛元卦

虛元。我與道，有與無，等價啟攸，無始貞固。

象曰：虛元，我存而道亡，我亡而道存，虛實以能存我，是以有無之映，無始而存我之始，無歿而有我之歿。貞固。

象曰：交易數，數至極而返，倚止而伏作坤化，群因伏於一陽之下，虛元。我以關攸，究存亡事理。

上九，母至存，無始。

象曰：能啟有無制之生滅，則必無始。

六八，無始之作。

象曰：既至存，必無始之作，以起生滅。

六七，虛凌意義。

象曰：未有我識，意義之啟而無我義，故虛凌意義，必存我。

六六，我存，無貞。

象曰：我之存因恂恂，無貞而有道。

六五，關連存我，封否。

象曰：我識，以非我成我，其關連而道隱。

六四，既歿，有作。

象曰：我既歿，而事形猶在，有作則道必復存。

六三，曚明之攸，利攸往。

象曰：雖蒙而認知，以啟新象，利攸往。

六二，誤識，貞吝。

象曰：雖誤識大道，貞於其作，無攸害。

初六，無時至域。

象曰：能成一數而無時至域，時空非道之制。

論曰：虛元，虛象本元觀，等價建立的關連體。「我」的存在，是由一連串「不是我」的物質，或稱一連串「不是我」的事態，相互建立關連而塑造的。而那些「不是我」，都有其自身的慣性，陷溺於夸古卦的模型。當人的科學型態，陷入在一種慾望目標，不斷去修正的時候，即使這科學系統不斷在進步，仍然不會成立「無窮力」，即不可能達到不死亡的狀況，這種進步，只是「盤古」無窮關連體中的「夸父」。要不斷跳脫格局，改變自身的慣性嗎?當某種科學系統，不斷地改變自身的體系，把過去累積的成果，如矩陣一樣翻轉到新的系統時，型態會被改變而精神仍然存在，演變的路徑就換一個環節去運轉。具體地說，就路徑一的夸父，跑到路徑二的盤古去運轉，如此不斷地轉置下去。我的型態本元，只是個虛象。

證曰：◎出生之前所有時空，只要有些微改變，則不會有我之生，而出生之後，亦必有死日，我的意識既然可能不存，也可以不存，將來也勢必不存，那麼運作一切存在之理，必讓我不能知，則有我而無至理。既然現在必定有我，我之不存不影響祂的運作，則無我而有至理。生與死，於祂而言，是等同的。◎「無」與「無窮」的各種矛盾，是智能在架構一的時候，隱藏錯誤所衍伸的。只好代念去解決，以追求現實事態的法則。視為某種形上的兩端，故以次易的乾坤，伸衍法則。

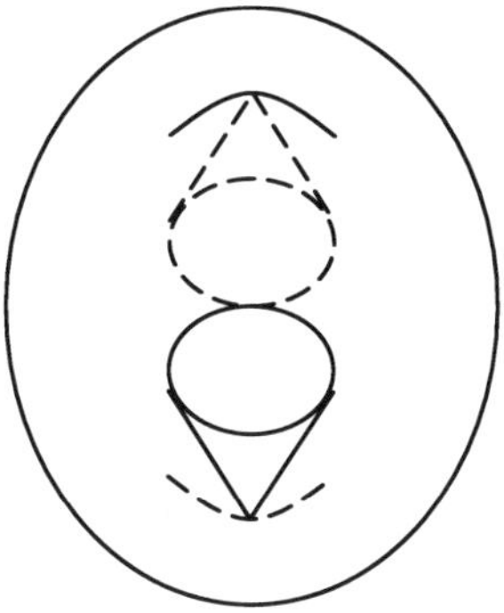

天翦卦

天翦。大中行，自擇而天因翦之，自無所能。

象曰：天翦，物自擇所適，慣性以衍，而天因翦之，無所成其優也。

象曰：倚止伏動而順作，天翦。智者以深慮所處，以時所知優劣。

上九，內寰律定。
象曰：物則行與生則，自擇變塑，天翦中形。
六八，空存翦義，失及。
象曰：失之所能及，遺缺真義也。
六七，數位倫滅，凶。
象曰：雖久遠而必至，凶。
六六，數位陰制。
象曰：陰制，因勝而生。
六五，競勝而何。
象曰：因演而競勝，尚未遠易。
六四，降優，頤存。
象曰：眾衍而降優，頤而存，非勝也。
六三，量饋行罟，貞固。
象曰：存亡必然，非不生德，數本所限也，貞固。
六二，術限自性，承續自擇。
象曰：承續自擇，守位而自存，慣性以衍，據利而同存弊。
初九，因具據本。
象曰：因具據本，啟易入時，劣而能存。

論曰：天翦，物種自擇而天翦之。天並不選擇物種，而是內寰律定，物種自擇，天因翦之，也就是選擇發生在由物質延伸到物種的本身，而非外在環境。倚內寰卦，無論生命機制再複雜，生命型態又如何演化，都必須建立在構成生物的基本物質之變化上，也就是內寰律。限制了物種的變易範圍，是以造成選擇的主要綜合因素，是生物本身，而外在環境因其選擇而演變之。物種的淘汰，是因為物種本身做最適性選擇，而不是最適當的選擇。而自擇歧途所產生的惡果，會比惡劣環境給予的傷害還要巨大，惡劣環境中，生物還可以在變化的夾縫中求存，但是自擇歧途，內寰外映之矛盾，可能將演變脈絡的生機都窒息。是故天因其自擇，而有所翦除。

證曰：◎生物與環境的共同變化內涵，不止於達爾文的理論，屬著首篇，先義此論。◎原始而簡單的物種，並沒有被後來複雜的高能物種所淘汰，反而在生態上，佔有穩固而不可欠缺的地位，某些單細胞生物，甚至比複雜的生物還要容易渡過環境給予的難關。◎生物的相殘而食，並不是只為了，滿足生存條件而已。而是有很根本的，自擇與慣性之聯次，行籌原始因素在運行。可以看到自稱智慧生物者，在建立完全不愁生存物質的社會後，仍然要同類相互爭奪，猜忌，詐欺，侮視，殘殺。而這種智能『最適者』，不見得能永遠在地球上生存。

用曰：

奇——生存下來的，不見得是適者，自然並不選擇物種。天擇是偏頗取象自擇型態，所生之論，硬把生存下來的，就定義為適者。而物種的短暫利益，與長遠利益時常衝突，若是適應短暫利益者，定義為適者而淘汰長遠利益者，那在下一個階段整體滅亡，又何適之有?那淘汰的標準又為何。況乎有些物種只是因而寡少，而沒有滅絕，乃至延續很長一段時間。若以此論，則對生命的觀念，就侷限在被動認定，很難廣泛架構與其他概念的聯通，及其預測能力。

曲——常習意識，被環境變化時，所產生適者生存的假象所迷，以為競爭就是優勝劣敗。其實這是把生存下來，就定義為優越，的錯誤判斷。自擇天翦形式中，物種不止於數量的限制，能力素質也同步限有。優勝劣敗是反常，只在環境有變化下才產生，而優敗劣勝才是常態。這也就是天翦當中的『降優法則』。

變——變易是中性的，本身沒有優劣的區別，所以何謂優?何謂劣?這得看用何種時義去定義它。那麼一個時期被認為優越的事態，在下一個時期就未必能保持優越。短時間被定義優越的事態，在長遠來看可能是相反的。是故，對於時義的定義，不能夠流於個體的利益角度，也不能以短暫時空，造成的意識形態去看。

律——無論怎麼古老怪異的生物，都可以找到存在空間，而新演變出來的，卻也可能短期內滅絕，大自然並沒有偏向於什麼優越的型態，而是有更深層的型態替換與淘汰的法則，謂之天翦。雖屬著無窮，而首著於此。

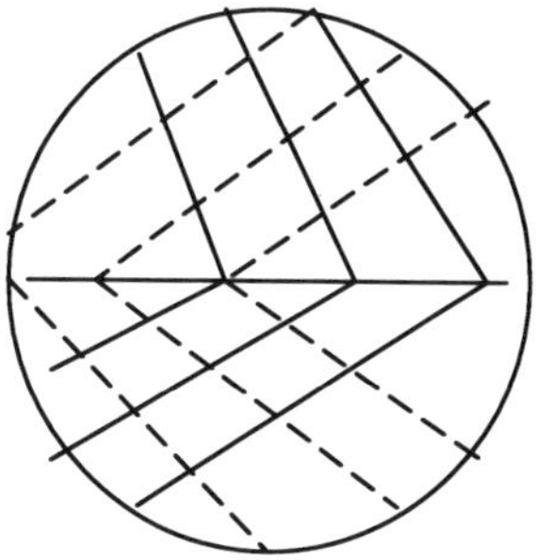

聯次卦

聯次。降儀復次，再塑，元亨。

象曰：聯次，重儀之擾，以次為晉，自擇慣性以所複合，而無饋濟之辨，惘迷。

象曰：倚止伏險而順作之，聯次。智者重塑所辨。

上九，降有與，不恤孤。

象曰：越所本據，雖不逞，易降有與，不恤孤也。

六八，重儀擾次，無咎。

象曰：以重儀為上，未必貶鄙，無咎。

六七，聯次貞塑。

象曰：未成一，貞塑列演，未必則矣，次可為晉。

六六，聯次之躍，吉。
象曰：其有元亨也，吉，利涉大川。
六五，聯次復辨，有得。
象曰：復辨，其修可得。
六四，辨誤，無咎。
象曰：其勤恤其晉，無咎。
六三，無饋之事，終不復辨，其偏擇，終厄。
象曰：無饋而失審也，終厄。
九二，所艱，往吝。
象曰：所艱其本據也，往吝。
初六，自擇合映。
象曰：其同合慣性以積，為乾綱復映。

論曰：聯次，降次的兩儀，自擇與慣性結合層，視為一體形上。倘若將之視為形上，以重塑本身，觀察者永遠在受降情境時，那麼產生的就是無窮地相對降次。然而在其中，卻可以產生，跳躍自身型態格局的動健。

證曰：◎習慣與選擇，為同一型態相映的兩面。所以突破型態的新穎選擇，只是替建立新的習慣，去建立基礎。

用曰：

奇⚋⚋自擇慣性結合層，則以此結合層，建置更多的相映法則，而分佈於物質到生命的連貫結構中。

曲⚋⚊聯次以積生命乾綱原始之型，入於天翦中，降優的法則使得所顯現的現象，必定不是最優越的，甚至次優越都可能不是。

變⚊⚋等價存在的相映下，不斷以坤卦無一概念，不斷轉換自身所處的「一」的單位定義，如此累積作功下去，不管這個聯次型態是什麼東西，自身慣性被克服到一定的程度，必然會產生強大的自擇力量，此古人所謂的「元氣」。聯次大義在於承載變化，此於屬著次行之義大矣。

律⚊⚊跳脫本據運行，是型態最艱難的障礙，大恤聯次之作，必然跳脫本據型態，越過自身本據限制。雖僅限於跳躍本據格局之限制，尚不及悠遠之存，其與學易者之義大矣。

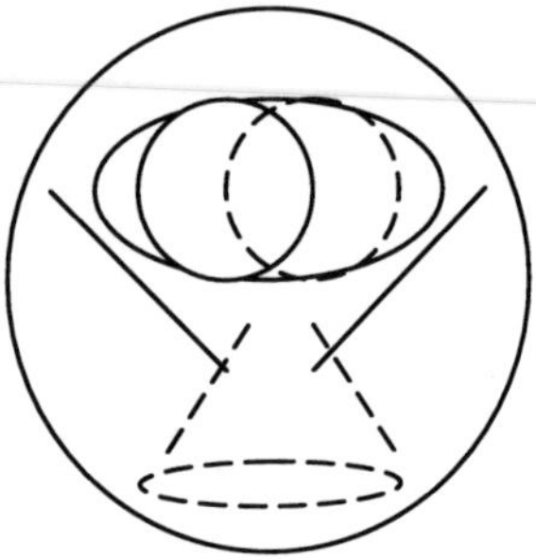

捻生卦

捻生。演存無窮，無生捻據，合形，亨。

彖曰：捻生，失據捻逝，演我既存，尚所在而未具之，無得，不利攸往。

象曰：倚止作順而伏悅，捻生。易以通具既存。

上九，重儀降衍。

象曰：重儀降衍，以生形矣。

六八，捻虛逝，生既有，亨。

象曰：捻虛逝之機矣，生定既有，演其義，亨。

六七，剎存，以形。

象曰：無體剎存，易亦有跡，以形具有。

六六，穎臨象，無咎。
象曰：穎悟不歷，臨象混存，無咎。
六五，虛等存，構其逝。
象曰：其合形通絡，構其逝，貞吉。
六四，捻生兼遇，利涉大川。
象曰：捻生雖逝，兼遇其象，可鑑易矣，利涉大川。
六三，廣聚絡義，大利攸往。
象曰：識所演，廣聚所生，絡義合形，大利攸往。
九二，返昇義，利貞。
象曰：其健有得，利貞。
初九，易通具。
象曰：易通具，混體而存定行。
論曰：捻生，形翦虛逝而成具有，易體通具觀。在時空等價觀之下，這種情境演變脈絡存在的基礎，為其他演變脈絡的不存。亦即「現實存在」的必然性，奠基於「可以存在」的虛逝性。而候變下一階段的存在與虛逝。
證曰：◎眼前的事物為何存在？存在又為何是如此形式？每個人都會因後悔而假設，自己若回到若干年前，決定就不該是如此。而那種更好的存在狀況，為何現在又不存在？它們真的不存在嗎？確實不存在實體，不然再下一階段因果，又要有其他後悔，但是對取象的相映意義必然存在，不然現在不會這樣假設。

用曰：

奇⚋⚋思考為何現在的狀態，到底是否有必然性，則陷入邏輯的死角。改認知為，現在的存在狀態，是犧牲其他無窮多的虛逝狀態，支持而成。在變易混體無形的角度來說，所有演變的脈絡都是等價的，隱藏虛逝其他無窮，才會從無當中，支持出一個有。即「無」與「無窮」的兩儀，產生「具有」與「虛逝」的另兩儀狀態。

曲⚋⚊思想家與一般俗人，兩者的差別，僅在於會用不現實的，甚至是荒謬的角度，去看現實存在的事情，把這種狀況變成了思維的常態。當所探索的時義返回提昇，從文明時義到物種時義到宇宙時義，那麼虛逝路徑更加廣泛化，則所包羅的具象基礎，必更加廣義，真正的思想家，不會有江郎才盡的時候。

變⚊⚋由捻生力強弱分布，因果路徑的窄化，存在於短暫的時空情境中，而時間極短與空間極長相映。故陷溺於時空相對都很短暫下，又等價相映中，取象架構，必只對一種權限較為開放，而相映另一種為保守。即可以透視一種情境辨識，而對另一種情境辨識惘然。故定義空間為情境彰顯，時間為情境潛伏。對變易而言，此為陷溺於其相映之中的定義，並無『理所當然』之基，法則就不能通盤地，被其取象能力囊括。

律——倚劾存卦，若一種取象架構，為相反的彰顯與潛伏，那麼相反的相對論，在時間中運動，而空間分佈之虛逝狀態不同步，就會產生。

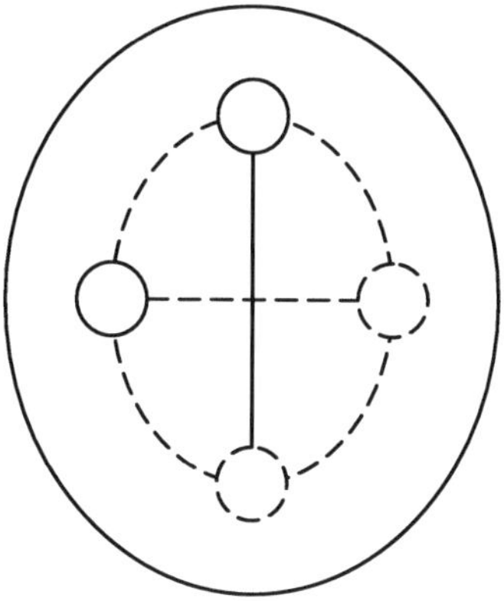

—— -:- -:- -:- -:- —— -:- —— 競旨卦

競旨。不具，內隱健而制，旨先行矣。

彖曰：競旨，內主外賓，隱作健而順，群競先因而旨，是鑑天翦以易究，利涉大川。

象曰：倚止作順而伏麗，競旨。易以制存眾生。

上九，始存，等價。

象曰：皆同存而不具，等價，無攸形。

六八，自擇明夷，貞固。

象曰：內主而外順之作，其競明夷，貞固。
六七，昏競，凶。
象曰：終失所存之道，凶。
六六，傾剝，不利攸往。
象曰：相形之爭，競旨施作，其能傾剝，不利攸往。
六五，失所旨，厄。
象曰：易用天翦，失所旨，劣勝矣，厄。
六四，逆奪之剝，終凶。
象曰：劣歧資盛，逆奪之剝，天翦行也，始不足治，終凶。
九三，啓易失滅，失能矣。
象曰：雖等以啓易，天翦失滅，失所能，後不至也。
六二，類競，旨所在。
象曰：旨所在，切近於易，攸之勝也。
初九，競旨之鑑，吉。
象曰：競旨之鑑，啓易貞行，吉。
論曰：競旨，群競之旨。在並非趨於完整體具的系統中，內部的循環變化，是整個系統延續的最根本，外在因素只是因其而附生。故種類之間群體競爭中，根本要旨在內部啓易之優劣，而不是與異種之間型態強弱。此即除非陷入虛無的困擾，否則內循環的穩定，必然可以克服外循環的惡化。形勢強的狀態，因此不見得能比形勢弱的狀態更持久。

證曰：◎每個生存潛力的存在都是等價，生物種類的延續，不見得陷入競爭劣勢的物種就會滅絕，無論是長期維持原始形態，還是通過演化變成另外一種面貌，倘若內部的生存資源分布循環得當，必定可以延續下去，不會因外界面臨嚴峻的挑戰，也不會因強悍的天敵而因此滅絕。◎任賢使能，則國恆強，是誰都懂的道理，然而在原始慾望的運作選擇下，鮮少人能夠做到。諷刺的是，這種狀況在過往的帝王時代，才比較容易出現。

用曰：

奇☷☷並不是一個完整的體具形成，不是一個絕對相互支援的系統中，內部運行資源的自擇分布才是演變的最關鍵，外在抑制反而是被動觸發的，不是首要因素。在自擇天翦之下，以物種長遠的生存利益與演變，當作優越的標準，那麼常態競爭而勝出的個體，大多以短暫時間的競爭，強佔資源。勝出者都不會是最優越者。

曲☷☰所以一物種的長遠生存與演變，若不能避開激烈的短暫競爭，就必須要展現比其他物種，更快的型態自擇之改變，即過度之突變，來反向操作這種反淘汰。

變☰☷短暫競爭與長遠利益的矛盾，困擾所有生物型態。細菌的過度突變，與實驗室中，吸收養分強的細菌，並沒有淘汰掉吸收力弱的細菌，其根本的原因，都在於，當生物群體數量多到一定程度，就不只是在運作，短暫競爭利益的生存行為。

律——故在演化大體中，群體競爭之旨。內部的分佈，影響外在的空間擴張，與時間延續的長短。非體具形成，則變易核心關鍵，乾綱隱作而未於形，坤解前置而成後演。

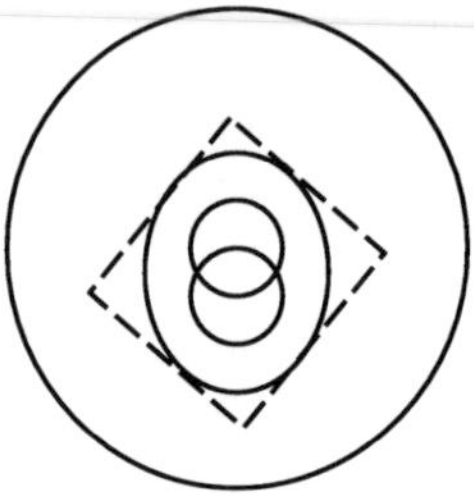

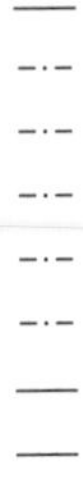
列演卦

列演。大列反原，不先棄，利新建。

象曰：列演，入於序列，失原大體，何以示真，故以反原新建，大利所向。

象曰：倚止作順而伏入，列演。智者觀大象而脫序。

上九，原極塑，秉宏中。

象曰：必秉宏中大體，不先棄也。

六八，宿列演，等價嚮構，利新建。

象曰：宿位反原，是利新建。

六七，演數界，失順，後人凶。
象曰：體一而自界也，大失其順，後人凶。
六六，升冪定，嚮元亨。
象曰：雖逆也，而可嚮得，元亨。
六五，向意自列，大誤，不利攸往。
象曰：自列而序定矣，遠其無矣，不利攸往。
六四，稟元貞慮，誤無咎，反有得。
象曰：稟元貞慮，雖受列誤而可修釐，無咎，反有得。
九三，枷維，厄固。
象曰：受所枷，而維行不知，厄固矣。
九二，刻序鑿演，貞厄。
象曰：僵其所鑑，失真又往，貞而困厄矣。
初六，剝列，失體大惘，不利學求。
象曰：失體大惘，何以能學。
論曰：列演，自擇形態的演變，必受到序列支配。入於序列而未必自知，當時義引導自擇的發生，那麼這自擇的觀察能力，將受限於先天所倚的時義序列。形成一種格局窠臼，而未必自知。

證曰：◎愛因斯坦在去世之前一年，所出第六修正版相對論時，認為：『哲學是心智的產物，哲學家將一些基本概念，從我們能控制的實證領域移開，放置到虛無飄渺的先驗領域，對科學發揮不良作用，人的諸多想法不能以邏輯方法從經驗領域中得出，因為這是心智產物，而科學必須由心智產生。不過就像衣服順從身體，人的很多想法也必須順從經驗，物理學必須將時間與空間從先驗領域拉下，加以修正得到實用』。詳觀此段前後文，必須考慮到愛因斯坦這句話，目的是要打破過去西方哲學，對時間與空間的刻版印象，所以不能因此苛求，敘述這段話的原由。但對於話的本質而論，這種觀念大大不對，科學與哲學一樣，也只是經驗與心智的產物，假若科學可以相互引以為基礎，那麼為什麼科學不能將哲學引為基礎？假若哲學會產生錯誤，科學難道不會？事實上科學界的錯誤率，比哲學界高得多。根本不必去在乎，哲學或科學定義的鴻溝，倚忘名卦，東西的真實虛假與否，跟名稱並沒有關係。所有的學論都只是心智的產物，沒有根本上誰優於誰的問題。在最等價的審視中，哪怕是乩童托降寫下來的乩文，與科學家經過實驗寫出來的論文，兩者都應該等價來審核，用同樣的理性標準來驗證。人是很複雜的動物，乩童有可能想表達某種真理，但是礙於表達能力，他沒有辦法道出原由讓人相信，只能以怪力亂神而行。而科學家可能為了要獲得名利，矯作某些似是而非的理論，讓大家相信。所以說，不管乩童還是科學家寫出來的東西，都當用同樣理性的標準來審核。倘若審核者，鄙視乩童而一味獨尊所謂的科學家，那麼有無相映，真正的乩童當是那位審核者了。

用曰：

奇⚋⚋倚虛沌、基張之系統觀念，某系統所屬的單位自行系統，掌握絕對的乾綱，然組合出來的自擇態勢，卻會被某系統所定序。

曲⚋—假設這某系統是學術體系，單位組合出來的自擇態勢，是人的思維，那麼這個思維觀念被定序，就會有先入為主的取象考量，從而建立了學術名稱之間的鴻溝，自我設定了上限能力。

變—⚋無形的序列，產生了有限的格局，這種格局已不只是基張所給予矣，是自設其限，入於片面的單位。

律——列演所倚存在就必有等價，所有自擇觀念，都等價於表體定序，產生了限制，那麼相互組成的變易大體，就會因而遺失了其架構的內涵。是故智者欲觀大象，必脫離自擇慣性，聯次所給予的序列，而總覽大體所構之能。

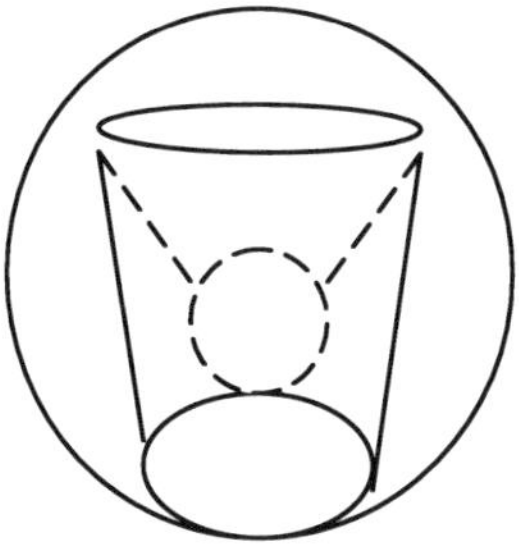

⚊⚋⚋⚋⚋⚊⚋⚋⚊ 緣維卦

緣維。自混先原，緣汲易作，利貞。

彖曰：緣維，先原自活，維體觀易，普行而自壯，厲，可得。

象曰：倚止而伏作皆動，緣維。學者以日益其維。

上九，識構先原，利涉大川。

象曰：緩經而後發，故利涉大川。

六八，緣頤助維。

象曰：緣頤全通，助經維也。

六七，緣饋，行艱。

象曰：大難而求克，行艱矣。

六六，塑幾先原，利貞。

象曰：塑幾而維活自絡，易作，利貞。

六五，通檢汲易，吉。

象曰：先原虛體，通檢可進，汲易而壯，吉。

九四，實我維，有得。

象曰：實我維而自伸，取識而得。

六三，陋頤，無咎。

象曰：先原雖陋，活而勢增，無咎。

六二，新異納作，大利攸往。

象曰：雖艱成，新異納作而勝舊，故大利攸往。

初九，緣維體變，元亨。

象曰：體變而新異生，善固大體，元亨。

論曰：緣維，自體先原，而緣其所遇，自壯所維。立基的本體建置「先原體」，那麼所因而緣遇的一切變易勢態，都可反饋先原本身，而「先原體」亦可因化連通於易。

證曰：◎西方的科學方式大體是，先依據事實與觀察，歸納分析，而後假設一個一種法則敘述，經過實驗、再觀察、推理求證，而產生理論，最終導引實用而獲稱之為定律。倘若沒有實驗資源與觀察實體的機會，則科學難演進。即使得到成果，雖精確詳細，也各自分科而瑣碎，則遺識之度大矣。◎巴比倫與中國的數學方式，是採取大量運算習題，而自類，通其數學的規則。而希臘的數學方式，必須先建立一種公設，而後套作，直接影響到現在的西方的數學方式。然西方物理學界也普遍認為，物理與數學的學習與創作，以前者的數學方式為佳。實際上巴比倫、中國數學方式，並不是真的沒有公設，而是經由大量驗算，因個人自設而後引導，是比較涉於廣義的公設而已。當中也存在，難以凝聚成一個學統的缺陷。

用曰：

奇……次易思維，只要是存在就必有變易之由，而所有科學方式，最終都將回歸思維。故觀察與實踐，倘若制之於一個完整思維之後而運作，不是僅以觀察得到啟發而已，所有能接觸到的觀察與實踐，即使是再不相干者，都成為思維體系下的單元，形成更廣義的科學立基。

曲——次易各卦思維，共同支撐無先設的「先原體學說」，承思維本身而先自成理論系統，而後放入各種觀察與實踐，所以觀察與實踐狀態，廣泛於生活中，即使沒有任何資源，亦可艱緩逐步地，向前推進而成形。

變——只要是存在而具有，則必定有其識體空間，變易就可由其緣而維作，用一種自成自長的雛型論點，逐步因現實變化而生成。雖然並不比較精確，然而其前進演變的動力，可以持而不懈。

律——若過去的科學思維方法，所驗證而成的定律，是一個經過高超雕琢的精美藝術品，那麼「先原體學說」就是醜陋的生命關連體雛形。雖然醜陋而無實用，卻是活的，任何再普通的經歷與遭遇，都可以影響其演變，也就是用最平常最廉價的事態變化，支持其生長，而可以演變出各種，截然不思維型態的可能性。

識制卦

識制。不利貞，映於舊往，運濟有限。

彖曰：識制。得知能識以製規序，形制於上下而牢之，藉形盈能，定限於一時型矣。

象曰：倚伏皆止之而作動，識制。智者反思所識，再蓄新力。

上九，眾識之識，貞固。

象曰：難撼矣，自貞而能固。

六八，眾識之限，困。

象曰：智者難言，自困也。

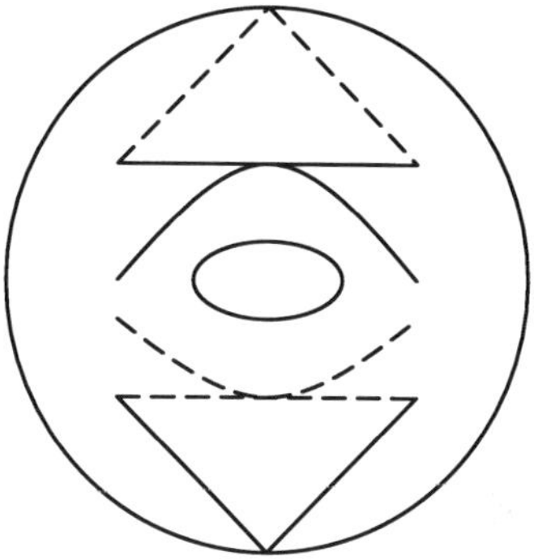

六七，眾識所為，凶。
象曰：可以為盜，失先機而伏禍事，凶。
六六，因倚常規，自適而適。
象曰：常規自適，無所咎也，求功不得，後所責也。
六五，識制而行，毋誤。
象曰：雖無大用，毋誤而固。
九四，識誤越蓄，貞吉。
象曰：識誤而疑，越故往之幾，貞吉。
九三，破故時，貞吉。
象曰：破故時而能越窠臼，必有新力，吉。
六二，偏識，有凶。
象曰：不受全鑑，凶自受也。
初六，因小，能御，有怠。
象曰：因小而知大，能御見識而不能制，有怠。
論曰：識制，現有認知的限制與障礙。人大腦並沒有完整的自主意識，咸以過去時空經歷所形，過去慣性模式所套。故知識來自於過去所累積的訊息，觀察現有的任何變化，都必然對應過去的經歷，從而觀察變化，就被一個時間軸的型態方向所限制，與變易體無時空的中性意義，產生落差。所以知識體系，若沒有自審之能，其演變的潛力必定有限。

證曰：◎明朝萬曆初年，首輔張居正，在明朝當時對外封閉沒有外界刺激，內部腐朽因循的政局，能自我警覺，力排阻礙，展開一系列政治改革。◎越是原先佔有優勢之人，當時義變化而失去優勢，則心態上最難調適這種變局，最難重新出發。◎商鞅云：「常人安於故俗，學者溺於所聞。此二者守法居官可也，非所與論於法之外也。」

用曰：

奇☳☳觀察任何變化，大腦的訊息，都必然去對映過去的經驗，而去做反應。這就在變易體中，自己建立了一個時間軸，而去串連觀察的型態。應付其他相同狀況的生物行為，可以行得通，觀察中性的物質形式，卻會產生缺陷。

曲☳☰時間觀念是意識去感知變化而成，變易本身，並不會被這種自擇的意識感知所限制。所以固定的時間規制，無法討論更廣義的變化。

變☰☳我們所生存的時義，已經讓我們的意識坐於型態的牢籠。是被環境訊息困在監牢裡的玩物，可喜則喜，可悲則悲，可憂則憂。或而引起貪念，或而引之憤怒，或而引為歡樂。有生存就必須犧牲自由。

律☰☰每種過去的經驗與見識，即使看似很荒唐，都有其由來。由其來而思其易，則顯現之象反而不重要。此在封閉環境中，活絡自我意識。

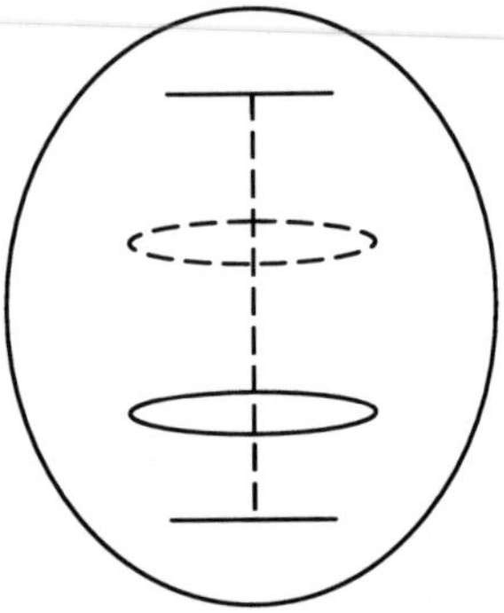

— -·- -·- -·- -·- — — -·- —　等分卦

等分。非其規，應有所分。利攸往。

象曰：等分，求等而分劃，先得所差，知其所落，以利攸往。

象曰：倚止作動而伏麗，等分。智者能以重分，激所潛能。

上九，真陽，貞吉。

象曰：真陽，雖陰蔽而遠，而實有等分，貞吉。

六八，蔽見，凶。

象曰：所倚真而不行之，遮蔽我見，凶。

六七，時義之曲，自慎。

象曰：時義之曲，是易所必然。

六六，奇以實整，貞固。
象曰：雖明，艱澀難行，貞固。
六五，反迷觀，不利行。
象曰：我執其見而反迷真觀，不利所行。
九四，淨純形微，利攸往，吉。
象曰：淨純而能積，形微不受抑，利攸往而吉。
九三，漸微行貞，利攸往。
象曰：漸微以利有攸往，行貞，利涉大川。
六二，艮分，有遠能助。
象曰：能有艮分，能主其劃，行道雖遠而有助力。
初九，鑑等行分，吉。
象曰：鑑等則知真假，行分得妥，吉。

論曰：等分，辨識的重分性。包括思維在內的一切情境型態，只要能有所依據，就可以被重新劃分，而用最平常的事態，規劃新的局面。簡易是從複雜的變易，累積成的經驗法則。是故以最尋常之言，尋得更高層次的解析能力後，才去架構層級更高的，符號運算意義。

證曰：◎光的微粒說與波動說，在十九世紀之前爭論不休，直到量子物理出現，具有波粒二象性，才提出微小的物理理論，不能只用大尺度的物理經驗去觀察。◎在已有的演化證據中，人類智能程度的演化成果，並不是靠量子物理，並不是微積分，並不是高等數學，也並不是經典文學造就的。而是人與人、人與其他生物、人與自然洪荒之間，瑣碎且平凡地互動，所逐步錘鍊。

用曰：

奇：：對物質態勢所劃分的觀念，在真實物理運行中，並不盡為所受，此常為演繹新能的阻礙。等分之據，使得生物型態的重複選擇，具備存在意義，萬物因此在大體相同的演化環境下演化，感知也不見得只有一種方式。

曲：一變易的深淺相等分，雖然情境的表述十分單調，卻可架構出全新思維。倚虛元卦，生物本身的關連體係，因慣性承襲，然只要投入些微的自擇因素，在單調又相同的背景下，也會相互分歧，而形成狀態獨特的形體。

變一：倚變卦，為何量變與質變不是單純互通的？感知的自身，都可以在相同環境中，不同等分，那麼涉於更廣義的，取象的量與質，必然也具備更深的等分法則。故不會是簡單的相通觀念而已。

律一一純淨而能累積之物，才是控制量變往質變最佳因子，最小最純的力量，反而是最具備主宰的力量。故最尋常而不經的語文，實際上才是決定智能變化的主力。最瑣碎而無華麗之意的解讀，才是架構新原理的工具。

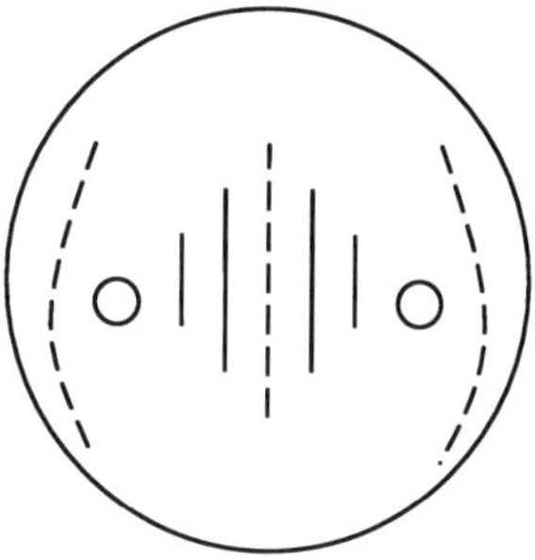

述術卦

述術。用觀聚象，倚易成術。

象曰：述術，先蒙而歷事，非極觀，述而聚象，有得，而後不利貞。

象曰：倚止作險而伏順，述術。學者不溺於所術，而廣聞之。

上九，何入晦完，終有吝。

象曰：人智莫及極，何入於晦完，終有吝。

六八，歷事聚象，善功。

象曰：人初蒙矣，歷事聚象，雖非極觀，亦善功也。

六七，定用聚象，元亨。

象曰：易凝律矣，定用，容聚象，元亨。

六六，律行述，無咎。
象曰：倚易律而行述，晉用也，無咎。
九五，通聚，大克己，利攸往。
象曰：通聚求亨，比內正，大克己也，艱行不懈，利攸往。
六四，述術比後，其道窮也。
象曰：述術非真易，比之後，時伏所顯，雖大正，其述道必有窮矣。
六三，偏聚近險，往吝。
象曰：或可行，終近險，故而往吝。
六二，偽作既利，厄於眾。
象曰：因利而述術偽作，邪矣，然正亦聚象，易不責也，厄於信者眾矣。
初六，廣術兼納，不自失。
象曰：先有偏，故而廣術兼納，不自失逾學。

論曰：述術，表述與認可的先天偏誤。任何的表述方式，可以接近客觀、公正與遠見，但是不會完全切合時義，卻會被一般見識所認可。原因起於人觀察事態的方式，是對照與相映的，是變易取象的末態而已。

證曰：◎用生日對應星座星象，來探討人的個性與命運，其根據本身就是不正確的，然而在統計多數人個性的共通性之後，切割與排列入星座，會產生一種很高準確度的假象，乃至有先問星座，而後猜度別人個性的錯誤認知。出奇的是，很多的科學起源，與這種方式相同，只是有經過不斷求證而已。但是若因變易晦完，只是因倚某一種時空才成立這科學定律的話，那麼這科學定律，也跟星象之學沒有兩樣。◎遇到過兩個相信星座的女子，私下把自己對大多數人，共通個性的分析，轉成論述，切割成十二等分，配合星座的規格而改變過，檔案傳給那兩位女生去研究，她們說與一般星座叢書準確度還高，其中一人，還問我這是從哪裡來的版本。◎解析魔術的手法，大多都是先用道具，造出一種假象，以明修棧道，而真實的狀況卻暗渡陳倉，最後移花接木，讓人驚嘆。

用曰：

奇⋯⋯倚聚肇卦，認可一件事情，都是聚象認可與否而視，其認可的流程，與真實的變化，可以不是同一種方式。如此就可以產生弔詭。

曲⋯⋯所以任何一種表述，包括嚴謹的數學表述方式，對事實之易來說，只是拼接的景象。甚至可能接到，完全不相關的意象於其中。微積分就是其中之一。

變⋯⋯人總容易被聚象的手法操弄，有些人也時常玩弄這種手法，欺騙其他人，但對自然界來說，只是小把戲，光是人的智能演化，就是自然界玩這種把戲的加深版本。

律——再頂級的學術智論，以變易剛中而作，也如同魔術一般，是倚靠觀察變化所成的聚象意識而已，倘若換另一種宇宙情境下，所認知的一切科學學術之論，也會如魔術被拆穿一般，無法行得通。老子云：「慧智出有大偽。」以此觀之，當如是矣。

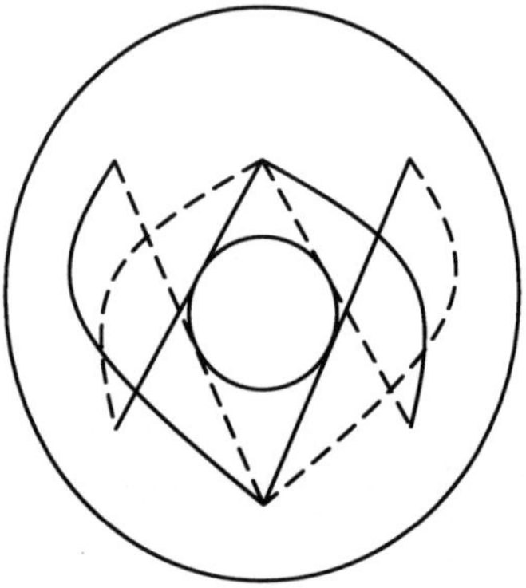

—-:--:--:-—-:--:--:-— 諏速卦

諏速。大矇入全，全諏示向，羅速後道。

象曰：諏速，諏，擇之籌矣，盡機羅取，以速成制，貞厄。

象曰：倚止作險而伏動，諏速。智者以用於學統。

上九，時態大屯，天厄。

象曰：其諏所倚矣，天厄。

六八，蒙行未光，晦自成。

象曰：蒙行，雖晦而自成，速其必來。

六七，擇必來，有惘。
象曰：時空必倫之，故有惘。
六六，蒙惘成則，是厄。
象曰：已然成則，自諏天厄，故是其厄。
九五，蒙諏塑綱，利鑑速來。
象曰：既惘而蒙諏，必來塑綱，利鑑速來。
六四，被速主諏，利攸往。
象曰：應對相生，成取延續，利攸往。
六三，失諏取滅，貞凶。
象曰：存蒙蔽失，失諏而取滅，貞凶。
六二，得取速，無咎。
象曰：雖必有失，諏而同本，得取速，無咎。
初九，上倫綱倫，利大用。
象曰：上倫不溺型，諏速綱倫，故利大用。

論曰：諏速，自擇的導向。自擇而存在於情境，不可能掌握未來整個演變，但又要應付於演變，使型態能延續。在這種狀況之下，自然不需要考慮對錯，也無能力考慮到真正對錯何在，而是盡力網羅，現實存在的宇集合，以規制之，自然能包羅演變的倫理世系。

證曰：◎天擇並沒有辦法解釋，物種與物種之間，物種與環境之間，為何不能達成永久的循環默契。倘若僅只有地球物質資源與空間有限，生物固定的生死循環模式，就可以達成平衡，怎麼還會需要演化這回事？生物界諸物種，被迫應付無明的未來，所以生物在演化物種繁多，盡力網羅一切型態，而試探出當前的因果情勢，以為再奇怪的狀況，也可以容許發生。包括以為懂倫理的人類在內，即使憤恨不滿，也無法阻止，各式各樣違逆常倫的個體出現，也不能解釋，反社會的人類個體，會不斷出現而不被淘汰，對物種有何利益。天擇之所以能說得通一部分的生物現象，正是因於這種自擇導向，但並非物種原本就是天擇所成。

用曰：

奇䷼此變卦推背之曚明大易，生物自擇的導向，運用自然界不易層次，而架構本身的自擇態勢，使變易層次，入其所構。所以生物自然顯現出世系之間的關連性，看似不同，而有同源；又雖有同源，之間又具備差距；甚至有血緣較遠者，反而外型比較血緣近者相似。

曲䷼一所有物種面對未來，都只是一種根本自擇策略，然後面象改變而已，即不論當前現實的是非對錯，用原本的基因規制，在這當中盡力網羅各種模式。

變一䷼推背卦之曚明，不需要真的知道，只要網羅現實存在，自然會成為世系，使一般人以為，因果的觀感是很自然且順暢的，而實際上根本不是，只是迹術卦的聚象而已。律——從太古原生至今，已經無數個體逝去，變易中性，且倚原母之無窮降幕，使自擇的型態，即使經過再長的時間，也沒有辦法與變易達成默契，也沒有辦法摸透正確的因果循環何在。

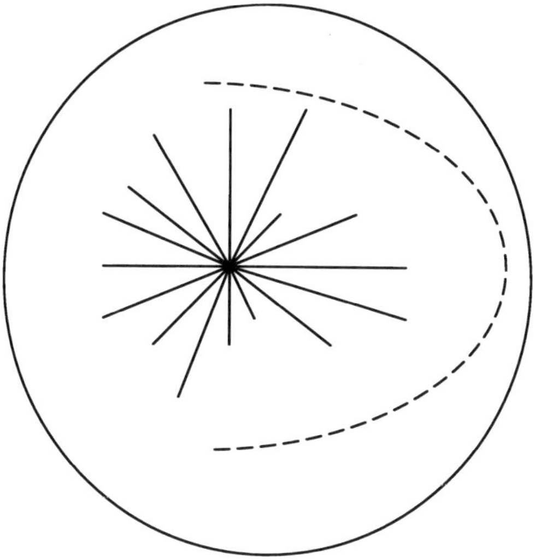

⚊⚋⚋⚋⚊⚋⚋⚊⚋　隨齊卦

隨齊。混綱無非，存僅是作。

象曰：隨齊，對錯影隨，義行則顯，齊價矣，以大觀進克平制，無近蔽矣。

象曰：倚止而伏作皆險，隨齊。嚴者是非於心，慎避遠厄。

上九，高存行齊，無則。

象曰：其倚理禁之令，故無則矣。

六八，混行大綱，貞吝。

象曰：大綱無是，故無正行，擇者貞吝。

六七，彌遠後擇。

象曰：時以彌遠後擇，混行之碁。

六六，瀰是誘變，凶。

象曰：是有既行，故瀰，誘變其非矣，凶。

九五，脫蒙懷遠，大利攸往。

象曰：雖始艱，終可得，大利攸往。

六四，擇是穎衍，近利遠厄。

象曰：穎衍生非，未知源，遠必厄矣。

六三，歧擇，征凶。

象曰：歧擇而難返，征凶。

九二，遠平制，貞固。
象曰：遠平制亦不曲近，貞固。
初六，相對義，已無由。
象曰：事雖相對，入擇而無由。

論曰：隨齊，易的無一具體化，成混行大綱。運行於自擇體，其對錯等價且相隨。然而這種對錯因果相隨，卻不會透露出，整體選擇的對錯。以致自擇體系不會很順暢地，去執行長遠目的。置於宏遠地說，哪怕累積短期都「正確」的各種因素，還是可以導引一個體系，走向行不通的死徑。

證曰：◎科學在不斷嘗試錯誤當中修正，得到很多正確的結果，也因此相互激盪產生更艱深的正確理論，但是這些「正確」結果的堆積，並不會讓科學達到正確的大方向。它無法讓社會更加和順，也無法改變人心險惡，反而可以製造出毀滅性的武器。◎演化的特殊現象，我們以為演化比較進步體制的人類型態，過去卻已經滅絕了很多個智人人種，很多所謂體制較為進步者，滅絕不可勝計，而以為應該滅絕的古老體制腔棘魚、鸚鵡螺，現在都還可以存在於地球某角落。

用曰：

奇——是非隨齊，對自擇體系的演變來說，正確的結果與錯誤的結果，同等重要，因為兩者可以互為因果。沒有錯誤的嘗試不會有後面正確的結果。然已經被定義為正確結果，而大量實用者，也同樣可以導致後面最終的錯誤結果。

曲——變易敏懸，混作大綱。所以變易會誘導情境取象，不一定當前的正確，未來就一定往正確的方向變化，不見得微觀正確，而宏遠就一定正確。

變——同樣是正確，然型態的不同，會產生不同的取象。但是這種正確型態，跟中性的變易還是有落差，繼續演變之。從而可以再從這個正確為基礎，展現出錯誤且惡質的態勢。

律——眼前的對錯因果，可以矇蔽對根本大易的判斷。選擇對錯的平制之上，還會有新的選擇。故變易的等價意義，可以扭曲述術卦的聚象形式，衰變過去都以為正確的型態選擇。

凝科卦

凝科。必失真，間距凌空，塑無不利。

彖曰：凝科，存間容所凝也，自科而得，慎改無咎，故塑無不利。

象曰：險作於重止之中，凝科。智者以自科所識。

上九，思象大間，貞吝。

象曰：思象必存大間，何可堅也?貞吝。

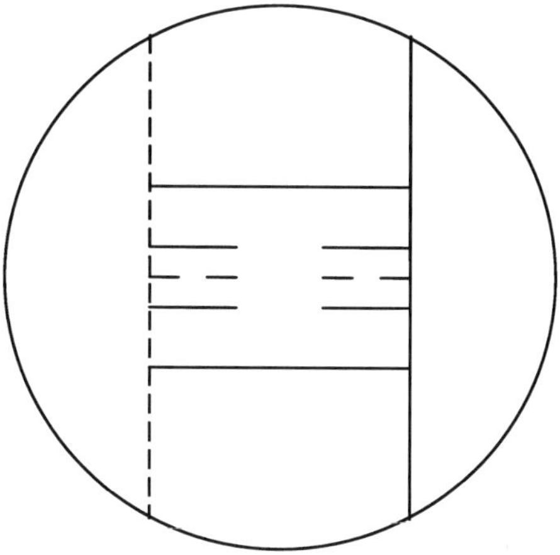

六八，勤克蒙，利異能。
象曰：勤以克蒙，近於凝科，利異能大得。
六七，性蒙存偏，生限之。
象曰：性蒙而存偏選，生限之矣。
六六，居凌，析進攸往。
象曰：居凌由思，析其所進，自科攸往。
九五，凝凌自科，先據有勝。
象曰：凝凌踐司，自科先據，有勝。
六四，偏擇寡用，後凶。
象曰：偏擇所時，寡用其貞，凶在後也。
九三，勢棄，大遺，無咎。
象曰：雖大遺而伏限，勢棄也，無咎。
六二，反貴，非貞固，不利攸往。
象曰：昧實反貴，非貞固也。
初六，勵拙需純，貞吉。
象曰：拙而自勵，純適而得，貞吉。

論曰：凝科，思維與真實之間的凌空性，自由凝聚其科。現實的變化雖然固定，卻必定與思維的形式有距離，則除了產生很多種角度去形容一物，亦產生思維的凌空性，可以自塑。

證曰：◎藝術對於固定的現實物體，或是其運動狀態，可以誇飾，乃至流入個人的意境，都可以說得通。◎蘇軾評論王維，詩中有畫，畫中有詩。◎藝術門類的實用，總是跟不上科學的各類學科，然而在市場上，藝術品的價值卻佔據大宗，乃至有用藝術品的價值觀念，去買賣科學家的手稿者。

用曰：

奇☷☵學科向來被認為應該很嚴謹，實際上與藝術完全來自同路，根本沒有真的嚴謹可言，都受制於感覺之形象，只是經過比較嚴格的事後驗證而已。

曲☷☲倚無既卦、無象卦，所有的取象沒有既有性，對於學科定義，視角則是全面自由的，只在於對變化流程掌制而已。故凝科，以具次易的象變式。

變☲☵以整體立象觀，學科還沒有藝術來得廣泛，思維層次也不見得有藝術深邃，只是人擅長於用感官掌握具體的驗證，拙劣於思維自審與現實變化相通，所以存在的凌空性，只能用模糊去概括之，其實這種意象蘊含的知識層次，不見得比一般分類的學科來得淺。

律☲☲不管再嚴謹的驗證，只要學科還回歸思維，那麼就不會是百分之百吻合變化，當學科探索方法，變成一個固定公式之時，那就失去了最根本的創造能力；在思維與真實之間，必具有結構的空中樓閣，可以重塑學科的類別，因凝具科。

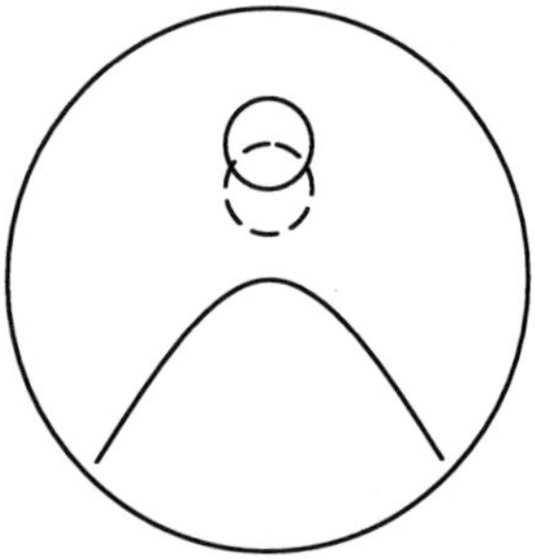

— -:- -:- -:- — -:- — -:- —　禁蓄卦

禁蓄。浸於所錮，禁得大蓄之。

象曰：禁蓄，艮完無止，生進制，存於一限，以禁而有蓄。

象曰：倚止作險而伏明，禁蓄。易以錮制自擇。

上九，閎無限，中其由。

象曰：止閎無限，為中其由。

六八，止不中取，反無止。

象曰：是所止，不中取，是而反無所止。

六七，虧於過止，敗前擇。

象曰：雖得行勝，而虧於過止，敗所前擇。

六六，禁於言固，不利悠遠。
象曰：禁於言固，無利活流，不利悠遠。
九五，厲自真蓄，無咎。
象曰：之其禁蓄，能厲自，真蓄期為，無咎。
六四，求欲，取失厄之凶。
象曰：急求於欲，未得之間，取失厄之凶矣。
九三，一線規限，是禁。
象曰：受止而規於一線，是以成禁。
六二，養禁蓄，不私趣，元吉。
象曰：雖禁厄，以反養蓄，不私趣成有德，元吉。
初九，擺禁之度，鼇元。
象曰：度幅鼇元，雖禁而不自禁。

論曰：禁蓄，等價形禁錮鎖。變易晦完而有禁錮，使情境取象於自禁閉處，變易行更高的存在等價之則。故在禁蓄的環境中，潛能高者不見得能有發揮的餘地。

證曰：◎人類有智能，未必就一定會有文明。過去的人類化石，有很多時期的原始人種，其腦容量不見得輸給現代人，卻仍然沒有文明。◎同樣在近六千年文明時期，仍然有很多人類族群，過著原始生活。◎即使在現代的文明型態的生活方式籠罩下，仍然有很多個體，絲毫不想去理解，造成文明的知識因素。似乎只是用原始人的生存態度，去適應現代物質生活而已。這種個體，甚至可能是高高在上的領導者。

用曰：

奇⚋⚋取象者非止於我個體本身，我禁蓄於所有取象者之互動當中，在互動中有所求，期求於他人，期求於社會，而被我所求者，也都是有所期求的取象者。如此交相互求，是自棄等價之造，而為易之所役，有期求更高，那更低的情境卻隨之等價而生而已，等價並沒有消失。

曲⚋—倚虛元卦，我存而理亡，我亡而理復存。當我無所求，也無能有求之時，變易等價之態會復行於我。

變—⚋雖有禁，改用其蓄，行大蓄所能。一取則得失相隨，一擇則存亡相當，不斷地去做取捨，去所認為的害，求我認為的利，然而在求得之後，又啟發了新一輪的利與害取捨，能每次都選擇正確嗎？

律——等價之易，在這動態的存在中，始終在制高處形生，沒有至頂之時。似乎被禁蓄於所制之一限，夸古於這種無窮之中。

博立卦

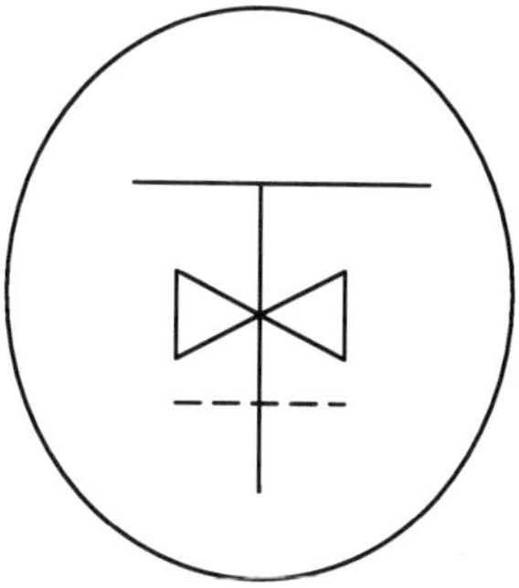

博立。博其行而成其立，吉，利涉大川。

彖曰：博立，易有異，通博情境而達易，雖多象法則，而能自立，利涉大川。

象曰：倚止而伏作皆悅，博立。仁者以勵大志。

上九，複理無情。

象曰：複理，令易容逆，無情而數。

六八，易源中，含剛。

象曰：易源中性，必含剛，觸而有傷。

六七，超型之聚，易網。

象曰：越所型而自聚，易之綱而成網。

六六，近博，有厄。

象曰：易有異而近於博，必不全，有厄。

九五，順立，吉。

象曰：因容而榮，順成立，吉。

九四，遺博立，凶在後。

象曰：其失之大矣，不利攸往，凶在後也。

六三，激衝，凶。

象曰：形因矛盾，衝而有凶。

九二，族行，利攸往。

象曰：據矛盾而成族行，以利攸往。

初九，鑄涵，以利涉大川。

象曰：既有矛盾而成族，必行緩鑄而溫涵之，以利涉大川。

論曰：博立，變易中性訊息的博通型態。觀察點放在一個中性的變易體，可對較低的層次之情境，展開雙向的性質，產生了凌駕與扭曲，而形成更多的型態。從當中可以意識到，建置成熟的延續體，也就是族系，在基本的因子中，必須能夠包涵互相矛盾、容許反向、運作因矛盾而產生的多種異象情勢。是故一個生命族系的長久延續，不會只具備純系統內的單位。

證曰：◎生態系統每個成員都無時無刻在製造分子以及分解分子，細胞聚集的越多，所共享的或是衝突的訊息也越多。個體聚集越多，共享或是衝突的訊息也越多。◎族系方案就是，在細胞一代接一代的繁衍過程中，由於每一代都有新成分加入，在細胞分裂時新成分的分配不均，導致細胞產生改變，誘發左隣右舍產生不同的子細胞。以此產生不同的細胞功能。

用曰：

奇……科學只靠理性精神可以穩固嗎？錯的。科學雖然就是理性與持續演變的精神，但理性的精神也能陷入僵化的思考，創新能力需要奇思與神秘相激盪運作而成，才會有持續演變之事。倚變易中性特質，博通各種矛盾性質而成立，是以博立。

曲……把各種生物族系與各種科學學科的演變來做對比，有一個共通的特徵，起始的自擇多起於隨機性，不斷分歧而產生各種矛盾激盪，從當中分層篩選有意義的訊息，與環境符合的訊息，以此造成族系演變。所以族系是否具備長遠性，就看此族系如何處理各種隱性的矛盾訊息。

變……變易因陰陽雙向之至理之鎖，激盪出多重面象稜鏡。同一件物理法則，可以用多種的面象去解釋，而能夠解釋得通的每一種面象，背後隱含的哲理意義不一致，代表的後續潛力也又不同，每一種族系的命運因此分歧。

律一一個族系的演變，不只侷限在族系的既有形式，而系統外的因子也不是在形式之外，常常會發生形式之內而被自己忽略，族系的系統與族系的形式，並沒有重合在一起。

構通當中的形成，通達博立的環節。

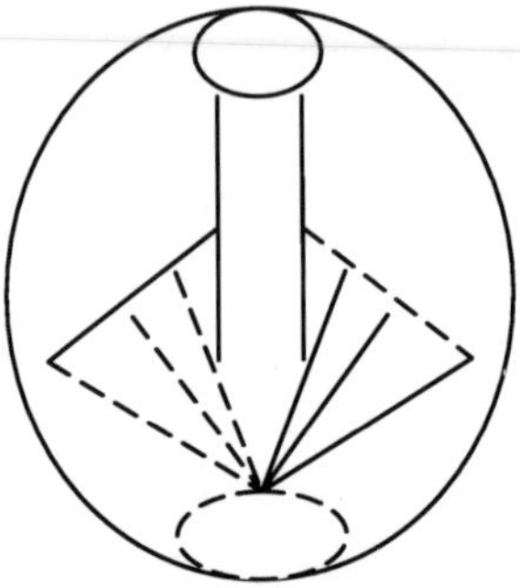

分標卦

分標。存體在義而無據，上制分標。

象曰：分標，可分而無據也，義存一氣而非常，標所非存，我義有吝。

象曰：倚作艮止而伏順，分標。學者以啓分相之思，無懼其誤。

上九，聚萃一氣。

象曰：成所義，以存則。

六八，則代易，無咎。
象曰：雖非常道，存則代易，無咎。
六七，虛憲其萃，利攸往。
象曰：雖實虛，憲而義其觀，故利攸往。
九六，無常觀，順以悅，亨。
象曰：見物有哲，順而知，雖未必光，亦亨。
六五，形義分標，位迷。
象曰：歧其常觀，堅執其位，迷矣。
六四，未得制，往吝。
象曰：雖知分標，實未得制，往吝。
六三，觀義大落，咎及矣，征凶。
象曰：情分標，觀義已遠，大落於迷矣，必咎及矣，征凶。
六二，思分標，利求大學。
象曰：分標伏體，輯及存之本義，故能利求大學。
初六，萃位無分，亨。
象曰：所義不失，亨，利貞。

論曰：分標，情境中定義體系的分相無據。道先無窮而無一，所以任何定義體系，實際上內部都只是眾多的關聯而已。切分開來，各自都是中性無據的，若改變當中的關聯，就會改變定義體的概念。對一體系而言，內部的關連，重於外界的影響，外界的影響，也必然透過內部關連才能成立。

證曰：◎亞里斯多德，重物落下較快的說法。伽利略先用想像切割，質疑了這種說法，倘若一重物切開而中間相互連結，那麼會落下較快還是較慢？據此切割想像，從而經由各種實驗，證明上古哲學家，亞里斯多德的錯誤。◎在精神科病例中，倘若大腦的胼底體受損，左右兩個腦半球缺少訊息往來，則會患人格分裂症，形同兩個人住在一個身軀一般。

用曰：

奇：：不論是具體的一物，還是我們所定義的某一事件，都只是對通貫一氣之物，作出代念包裝而已。實際上沒有真正具體一物，是取象當中的關連。

曲：：倘若投入某些阻礙關聯的隔閡，被定義物就可以分開成兩種定義物。故倚太虛、錄晉卦，事物因倚無窮與零的本源，此二者也可以切分所有定義的事物，包括定義的本身在內。定義體包含定義者在內，同有「分相無據」之態。

變：：倘偌是一種活性奔放的定義體，可掌握更上制的控制，例如哲學思想，雖裂解完整的一個哲學體系，頗為乖異，然而定義體的本身不會受損，反可以因此各自演變，後貫穿一處，而有混同大義。易學據之而演之義大哉。亦可在此假設，若找到具體物質的上制變易之力，而不是一般物理狀態的變化，即使裂解具體的物質，也可以使死物質各自活性演變，再合一而成混同之效。

律——情境分標，分相無據，雖有而無本據，是故我們所常態習慣的定義，換成另一種狀況下，就無法使用。從相對論到量子力學，物理學上很多吊詭事件，就在這種本源之下出發。

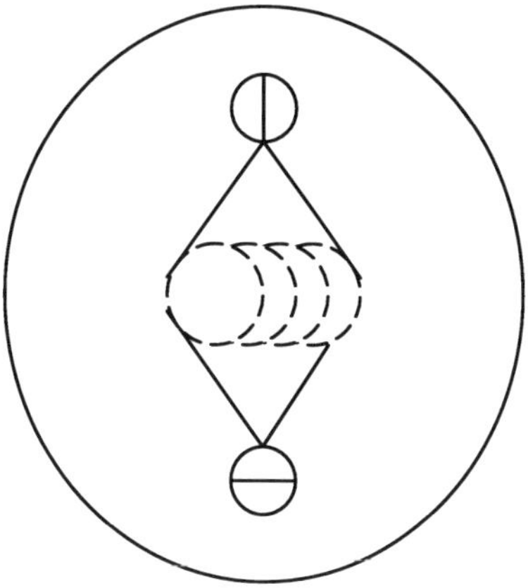

— -:- -:- — -:- -:- -:- -:- — 蓄異卦

蓄異，日久而靡，自衰，倚閉而伏蓄異力。

象曰：蓄異，因衰亂而制序勝，伏蓄以伺機。若反積禍災盈，自作而未必知，自慎也。

象曰：倚作重止而伏動，蓄異。智者閉其外擾，而自繫乾綱。
上九，湮閉，元碁。
象曰：湮閉情境，優劣元碁，吉凶存所自擇。
六八，顯界定則。
象曰：顯界之分，而啟定則。
六七，頤外，貞凶。
象曰：口頤外力，雖得果，實失本，凶遠漸近也。
九六，內存，利攸往。
象曰：能兼容而存之，利攸往。
六五，蘊易，利涉大川。
象曰：兼容而蘊易能，利涉大川。
六四，蓄異成力，利攸往。
象曰：蓄異成力，其有真能，利攸往。
六三，勘界在，取亂，吉。
象曰：勘己存之界在，得用幾法則，近亂而大取，吉。
六二，形頤不信，有失。
象曰：形頤而迷真易，實不信，耗源而未得，有所失之。
初九，隱索頤存，貞吉。

象曰：不捨靈龜，拒觀朵頤，自能蓄異，貞吉。

論曰：蓄異，等價存因，而培育特殊力。我們所常處的尺寸世界，只有意義相等事物而沒有絕對相等的事物，是以當解析意義不斷因思維轉移而變化，則能涵括眾多相異的變易因子。此若有一個相對封閉的環境中，且擁有兼容與組織各種相異因子能系統能力，則會蓄養強勁的後續演變能力，支援長久強韌的生命力。

證曰：◎眼所能見的物體都有相異性，即使是主要的元素，詳細解構的話，也都以不同的形式存在於自然界中，最基本的原子，也有原子量不同的同位素，哪怕是完全一樣的粒子，也有存在的空間位置之不同。◎世界其他文明歷史，是文明的興替，唯獨中國只是朝代的興替，可以延續下去，關鍵何在？能夠包涵不同的文化態勢，融合於自己的體系，銜舊而納異，以自行再新。

用曰：

奇 -·- -·- 混變的環境，對於井然有序的系統勢必有所干擾，嚴謹的、一絲不苟的態度雖然能發揮系統的最高效能，反而容易陷入僵化，變通能力較低。當系統存在於混變環境中運作，則從系統外部與系統內部，產生的變異與干擾，可以說是同步的。我們大體只重視外界，而系統內界的同步相應變化，卻是極其容易忽視。次易各卦所演，蓄異紛雜，非存於一製之通。

曲-·-一封閉而缺乏之外界訊息的環境，會造成文明落差。卻也因此可造就文明的特殊強勢，在於主事者，能不能自省內部變易之大義爾。

變一-·-在牛頓第三運動定律中，施作用力於一物則會產生反作用力。這當然沒有錯，但事實上只要變化有分界互義，則必會產生反作用力，反作用力的獲得，未必非得作用於外界具體之物，內部關連的牽動就可以產生這種狀態。

律一一如果一社會沒有內求的能力，而只會汲汲於外界，雖然可以造就短暫的浮華與進展，但是同時抹煞了自我能力的啟發，如同蒼蠅學蜘蛛的行為，短暫躲避掠食，但是自己永遠還是隻蒼蠅。

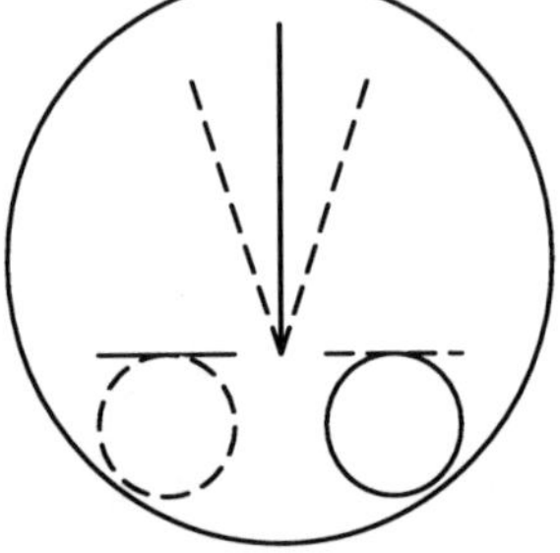

⚊⚋⚋⚊⚋⚋⚋⚊⚋ 蟄宙卦

蟄宙。情伏於存，蟄而生時。

象曰：蟄宙，顯蟄同義而分行，上制止作，是以無垠顯象，大聚合擇。

象曰：倚作皆止而伏險，蟄宙。學者以究物理。

上九，情逸，無宇蟄宙。

象曰：情逸入於存，無宇蟄宙。

六八，大境纖鑿。

象曰：易無境而纖鑿大境。

六七，鑿於軸，可蟄。

象曰：情境可蟄，其執而流。

九六，存體反羅，宿矣。

象曰：存體本越時空，為之反羅，其宿象定矣。

六五，合擇易綱，利涉大川。

象曰：先不意，合擇而構易綱，利涉大川。

六四，蟄義變悅，同行於顯。

象曰：蟄義本止，宿之變悅，同行於顯。

六三，纖於體，存慣見。

象曰：過仰之，慣見是識。

九二，仰顯而依伏，失正體。

象曰：失中正也，是亦失正體。

初六，取顯纖鑿，大得。

象曰：為阻為慣，取顯纖鑿，以之求易，大得。

論曰：蟄宙，演變能力的蟄伏性狀，時間是情境蟄伏的性質。演變，定義出時間流動的概念，實際上時間與空間具有同義，相互是可以規範與轉制。只是這種潛藏蟄體，並不在生命意義上顯現。

證曰：◎生物隨時都是在變化狀態，然而在變化當中，仍然力圖保持原有的組合態勢，顯示固著的現象。◎有經驗的人，洞察該事件徵兆，可以準確判斷下一個時間段，將會出現的空間狀態。至少在人的辨識體系中，空間先據，而潛藏於下一個時間段彰顯。空間與時間，具有互通等價的意義。

用曰

奇 -·- -·- 假設情境取象皆直通無阻，取象無窮顯現，而沒有重複相映，那就沒有一種狀態蟄伏，而被認知體系去架構時間的定義，那麼不會有生物的出現，宇宙就沒有時間的定義。

曲 -·- 一 變易體容許部份狀態，重複顯示而相映，才有生命的定義，也是建立自我意識的基礎。自我意識的基礎，既然建立在時間之上，代表時間對變易體來說，只是個情境蟄伏的性質。

變⚊⚋探索演變之機，必定先把時間與空間的根本性質釐清，概念的產生是最困難的第一步，然後實而演繹。

律⚊⚊若以存在等價為基準，空間性狀是情境展顯，等價極義，時間性狀為情境蟄伏，存在之極義。故倚同義卦，時空之間具有相同之義。

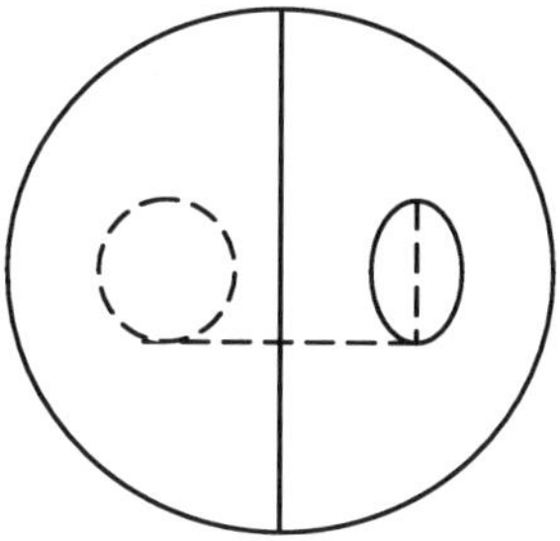

⚊⚋⚋⚊⚋⚋⚋⚊ 累溯卦

累溯，累其因而溯往，改築累上，自以新路。

象曰：累溯，既潛而共御，明麗於有因，無咎。

象曰：倚作皆止而伏悅，累溯。仁者以洞知真因，知其表徵。

上九，萌起，累近，吉。

象曰：累近，後化也，知而吉。

六八，堆土成壘。

象曰：堆壘而因因，進形，志行而演。

六七，易建，吉。

象曰：容數行睽，吉。

九六，求訴探義，貞吉。

象曰：知自妄而求訴探義，能貞而吉。

六五，累累表徵，貞固。

象曰：德於後，成源也。

六四，共作於陰造，凶。

象曰：共作而乾乾於陰造，自乖而凶。

六三，革面隱事，悔亡，無咎。

象曰：轉數相變，進求偽符，無所咎也。

九二，潛因蓄蓄。

象曰：其退形，得援隱行。

初九，脫因自進，自吉。

象曰：脫因而自製新進，遇機而自吉。

論曰：累溯，數計未來演變。現在的表徵並不只代表現在，而是因累過去所展現者，而未來的型態正因累於現在。過去的表徵雖然已經過去，但並非全然消失，以進形與退形的方式展現。物態累溯，對物態本身，有相對穩定的演變時空，可以依照脈絡，做出在純隨機選擇下，無法做出的選擇。

證曰：◎認為自己已經很文明的現代人，仍保有逆倫、淫亂、殺戮的原始時代獸性。仍有邪教、迷信、權力盲從等的神權時代愚昧。仍有變相社會階級、派閥政治等封建時代特性。所有過去具有的態勢共作，接納新選擇，才合成現代面貌。◎魚類，兩生類、爬蟲類、鳥類、哺乳類，胚胎極相似，其共同演化始祖的特性，仍保留於各自種類中。

奇 ⚋⚋ 累溯所造就的脈絡，表徵物態的穩定存在，變易以此，運行了原本行不通的路徑。

曲 ⚋⚊ 可認為只有現在才是現實嗎？不能的。現實是變動的，變動到人已經得到自己夢寐以求的事物，仍然會不滿足，仍然會有更多的貪欲與空虛。對累溯的現實來說，用固定的度量衡去量測，反而錯誤地定義自身。

變 ⚊⚋ 累溯進形與退形，使得原以為不能做到的，變成能夠達成，原以為該是如此的，卻偏不是如此。過去因子不斷變動的進退共作，使得情境具有潛伏的特性，也因此有穩定的時間定義。

律——演化塑造了一種趨勢，然而若投入累溯進退形，強勢運作於其中，卻也能例外地，以相反的態勢存在，顯現多元特徵。

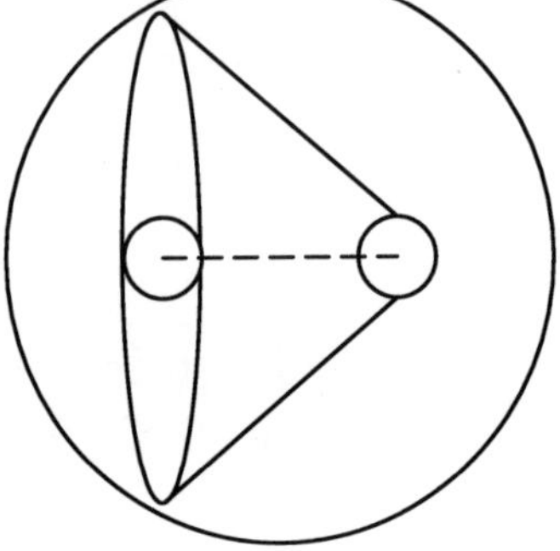

䷳　艮卦

艮。等價以伸，必有所止。失無窮，存而有其上。

象曰：艮，存有所依亦有所逆，失無窮，出形則必有所其止，受一而限抑。

象曰：止三疊，艮。智者以見形知止，無所追尚。

上九，等價，遮蔽相，隱。

象曰：存而等價，極限所在，至理遮蔽，運行而隱其行。

六八，眾元複同，貞固。
象曰：眾元，多一接存，複同，離合而往。有其限而躍，貞固。
六七，趨滅之規，凶。
象曰：近盡其限，終有滅絕之虞，凶。
九六，物易相牽，因限。
象曰：物易而因限，已無所咎，當知其律。
六五，受壽，貞固。
象曰：連律所限，非能自專也，貞固。
六四，自集，貞而攸往。
象曰：自集而共享，貞理而利攸往。
九三，屬逆，艱止。
象曰：屬逆數數，動則有逆，艱止。
六二，化約之止，自限。
象曰：化約有其所倚，利行而自限也，困。
初六，競止，生所受限。
象曰：因生所受限，無理之止也。
論曰：艮，有意義就必有限制，任何存在都因等價而生，才去延伸優劣等等，高低型態的。

同樣地，限制先始而後有義。沒有大小、高低、優劣、長短、多寡、強弱。生物有了生存取象，在變易當中才產生了這些相對應的因子，並不是原始的變易本質。是故存在於一個體系之中的單位，與整個體系的存在，也都是等價的，國家這單位與個人，純單體而論也是等價的，這等價意義就是價值取象之前，的存在根本。因此由等價延伸出來的型態體系，只要存在就從而決定限制，體系能夠運作，則必有逆向的法則！至理體具有遮蔽相，最強勢的物態也與弱勢等價，不可能無止盡地發展下去。

證曰：◎人對於權力者，名人的形貌，會有潛意識崇尚與袒護，而比之其他不認識的人，無法用等價的觀念去衡量二者。這就犯了很大的錯誤，從而離開等價的本質而陷溺於一種情境循環，人類因此循環去塑造權力、地位與名氣，而與本質等價矛盾，形成各種腐靡與禍端。故曰：智者以見形知止，無所追尚。◎地球生態中，包括人類在內，侵占性極強的物種，受限於食物、環境空間與生存資源的互需性，無法永久佔有所有生態空間，生物自擇出來的優勢，只是自溺於法則的某一個細小環節。◎食物鏈最高層的物種，受限於生存所需與生態互動。高超的智能，受限於思維本身的化約性。激變出的能量，受限於物質轉變的時空限制。存在的本身就已經設定了極限法則，至理的遮蔽相產生了絕對限制。是故存在決定了有極，決定則授自於無極，無極之至理，成組時空之宏變與秩序。

⚊⚋⚋⚊⚋⚋⚊⚊⚋ ⿰牜先原卦

⿰牜先原。原生存，顯生抑，無貫義。

彖曰：⿰牜先原，貫中⿰牜先均，其健行之作，抑所原生，複選於大綱，止原生之健也。

象曰：倚作皆止而伏入，⿰牜先原。智者以求均布之劃。

上九，原生相。

象曰：擇基原生相，綱脈成矣。

六八，擇映均布，非義蓄。

象曰：均布而非議蓄，易亦等而行也。

六七，依蓄行，有厲。

象曰：非擇而依蓄行，故有厲，不利攸往。

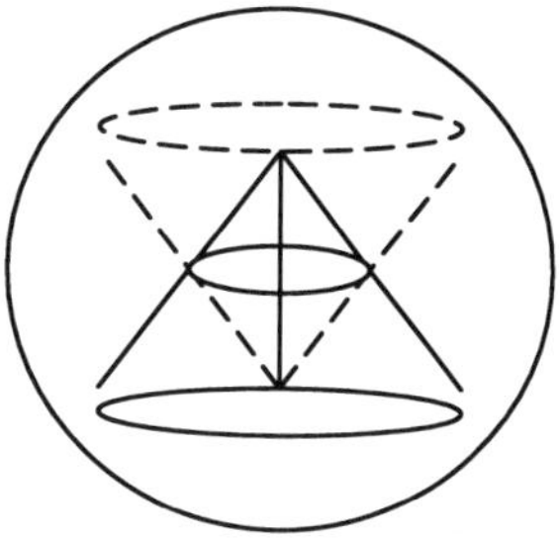

九六，顯生相，貞吝。
象曰：次行之態，能有極，貞吝。
六五，甝築之克，據以藩。
象曰：據以藩，止健之。
六四，鑑原篤，利元圖。
象曰：課立速行，利元圖，可勉得之。
九三，抑生次行，曲制。
象曰：次行而大序曲制，克厲攸往。
九二，原序間復，貞凶。
象曰：原序間復，剋次行，貞凶。
初六，量甝原，利涉大川。
象曰：雖艱深，擬量甝原，利涉大川。

論曰：甝原，自擇體系，所抑制原生相顯現的複雜之程。自擇體系的本身，其實就不是均勻者，並非完全按照訊息計畫去運行。原因很簡單，因為計畫的本身也與目的有落差，目的也可能是違逆時義，而行不通的。當中間的運行歷程困阻，則原始因子，就可能在系統均布中，不斷顯現。倚乾綱原始，一旦顯現運作而成氣候，就不可能阻止。一言而論，不只組成我們的物質虛沌自有體系，連生命的機能本身，都藏有原生相之綱脈，使自擇達不到優先的一慣性，而必須在矛盾之中次行運作。物種能力的極限，也在這當中確認。

證曰：◎發現基因誘拐現象後，最後找到所有多細胞生物，都有原癌的基因的理論，從而化解癌症病毒起源，與其他物質誘發起源的爭論。◎不同的生物所能忍受的輻射量不同，而同種生物，不同個體之間，所能忍受的輻射量也不同，不見得都會因此得癌症。可見生物抑制原生相的機能，必定有常駐的、複雜的，且在自擇態勢就具備的機能。◎資治通鑑：「左傳叔尚詒子產書中有言：『國將亡，必多制。』明王之政謹擇忠賢而任之，中外之臣有功賞有罪誅，無所阿私，法制不煩而天下大治。所以然者何哉？執其本故也。及其衰也，百官之任不能擇人，而禁令益多，防閑益密。有功者以閡文不賞，為姦者以巧法免誅，上下勞擾而天下大亂，所以然者何哉？逐其末故也。」

用曰：

奇⋯⋯倚列演卦，受序列所支配，自擇體系有一個很大的缺陷，產生了有無相映，建立一個落進虛無的均布基態，這未必是自擇體系本身需要的，然而運行起來，虛無就會如此要求均布之態。從而本因時義而來的自擇態勢，卻未必能合於時義的演變。

曲⋯⋯倘若執行不到要求的程度，這種自擇系統就會漏洞百出，原始的因子就不斷在當中運作，重新掌握內界變化的乾綱，從而體系脆弱且有許多缺陷。

變⋯⋯不管如何防範，只要均布之態達不到要求，乾綱原始可以不斷發作在，任何一個細微的個體中，以展現原生相。就非系統所能防範者。

律——當自擇體系還在早期階段，就已然因牨原而阻，在內乾外坤的矛盾大體下，在自私的基礎上要建立共生合作的體系，必定有此缺陷。所以當自擇體系因時義而啟，目的與計畫、計畫與運行，相互並不連貫，會不斷地重複選擇。

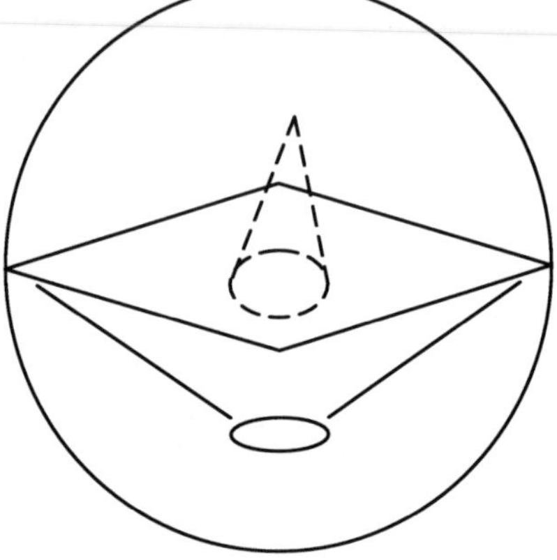

區幾卦

區幾。據要明通，維道一貫。

象曰：區幾，不困行，雖為矯作，亦伏區行，能以幾何，不吝而往。

象曰：倚作皆止而伏健，區幾。智者據要刻識，一以貫之。
上九，易貫，至臻。
象曰：易貫，必有至臻。
六八，簡一，貞溯。
象曰：既倚易必行簡，一之以溯。
六七，去遺，無咎。
象曰：非所蓄，去其遺，無咎。
九六，網區幾，貞元。
象曰：棟宜上制，貞元。
六五，割區幾義，大得。
象曰：能以一貫，割區幾義，雖有俗雜，而大得。
六四，雜文，無譽。
象曰：俗雜成文，雖無譽而為根。
九三，圖欲非義，往吝。
象曰：區幾非行具，圖欲非義，往無所得，必吝。
九二，規區幾，往鑑。
象曰：鼇模所刻，往之鑑，而有大現。
初九，異激塑型，合新。

象曰：割區授據，異激作型，合而新塑。

論曰：區幾，變易之隨行因化。變易對於形式刻意區隔，反而更據之以易。思維可藉易之此行，區分幾何，貫穿以成系統的原則，一以貫之其中心，持其中心而導向。是故以智能歸納幾項科學定律成立，那麼在這些定律之上，必然可以架構出新的未知定律。

證曰：◎易經六十四卦的各種卦義，具有一以貫之之道，區幾於數制而非內文，可以導引易經之所涵，本來易經的內文只是單調無聊的卜辭，而運用這種切割與貫穿之制，可以變成哲學大作。◎孫子兵法的核心關鍵只在於開頭第一句，以及結尾最後一句，即「兵者國之大事」與「人能以上智為間」，兩者連為一貫而落實，其餘內文只是隨其帶動，遺忘也無所謂，自然臨機能變。

用曰：

奇-·--·-思想的演變動力，並不能只靠知識來充填，需要有規制持型之，其動力層級才會提升。此倚佚冏卦，切割思維行學科氛圍而成，區分幾何而一以貫之，成一個學科背景的小世界。如此思維隨易異之，相激而有新型。

曲-·-一貫穿區幾的中心思維，形成所使用的區幾規制，其導向所往，決定此體系的能為所在。故建置貫穿著作的中心系統仍然不夠，其導向深識，臨才架構，是其變易之大要。

變⚊⚋情境偏誰對，中性的變易來說並不重要，存在等價之易而已，無情於具有。區幾仰其行而成，故區幾深識，以成思維種子的基礎，無窮屬著的維繫力。

律⚊⚊運用區幾形上之行，雖然其知識宇集合的程度很低，但是可從當中臨躍出高的知識體系運作。變易可以貫穿所切分之型，而組成新的系統。故屬著猜亡之義以之而生。

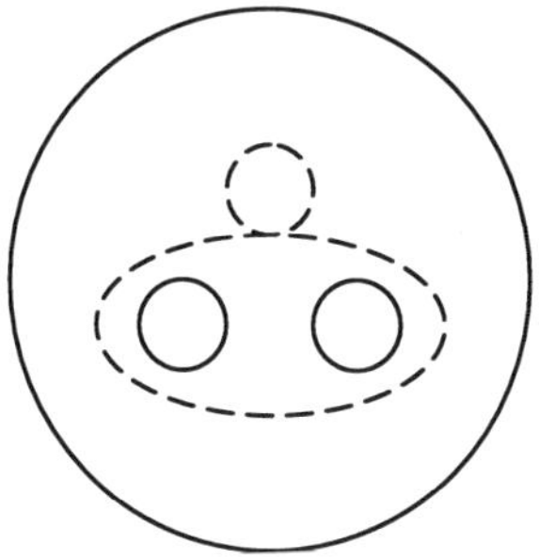

⚊⚋⚋⚊⚊⚊⚋⚋⚋ 氣環卦

氣環。環構隱引，類不類，謹作識學。

彖曰：氣環，觀一氣不全矣，易不止而入銜，其環始之作，定鎖損健，故慎其設論。

象曰：倚止作健而伏順，氣環。學者以慎作其論，入涉大學。

上九，高視一氣，往吝。

象曰：本智，入作未慎行，則往吝。

六八，位高行索，大慎。
象曰：既行高視，位高行索矣，無可再也，大慎。
六七，氣環展脈，據正。
象曰：涉實之學，氣環展脈而顯矣，必當據正也。
九六，據亨類構，厄，不利涉大川。
象曰：本無尤也，而未意所環，厄矣。
九五，近可學，無咎。
象曰：雖據亨不意所始，近可學，無咎。
九四，否覆，大厄，貞凶。
象曰：氣環引逆，泰進否，否而覆，何可長久？大厄，貞凶。
六三，乾始綱義。
象曰：既近乾始，以氣環而成綱義。
六二，密氣環，可大設。
象曰：緻密矣，順其乾始，可大設正學也。
初六，復一氣，元吉。
象曰：氣環之密，復序一氣，元吉。
論曰：氣環，群聚體，一氣之結構環節。群聚之體，其整體性質都是先據於複雜的形上，降冪而成個體狀態，而我們會被時空因果所誤導，認為個體拼接而成整體。這種誤導，會發生個體性質在累積的時候，到整體性質時，產生很大的性質曲變。以為用一去累加，累加到十的時候，出現「十」的性質，卻會發現累加到「十」的時候，出現「十三」的性質。被組合的情境所誤，過於重視「一」而類比很多狀態，實際上跟許多層次的結構環節，相互衝突，最後不斷產生誤判。

證曰：◎人類的群聚與螞蟻的群聚，所根源的基礎物質截然不同。螞蟻的社群結構建立在費洛蒙的控制，取象於動而穩定。人類的社群建立在神經系統思維連結，取象於靜而穩定。馬克思的共產主義，把人的社群與螞蟻社群置於一等，把共產基礎放在勞動上面，本身就是氣環逆誤。人類社會並不是沒有機會成為共產，而是他把理論基礎就已經放置錯誤。◎王莽托古改制，觀其所圖，欲建立平等國度，並且也真的去實踐，可惜以敗告終，付出朝滅身死的代價。

用曰：

奇⚋⚋變易體因降冪倒辨，讓表面累加行得通的事實，實際上卻行不通，也使得相似的組合，可來源於截然不同的基礎，基本氣環結構，不見得一致。

曲⚋⚊用從單位而整體，從簡單而複雜的思想，去設計一種體系。如此都可以很合邏輯，也合乎常理。然而這只是外表情境之類構。基於乾綱原始，每一個環節的訴求，就可能會因此，與所類構者，相互衝突，以致拿驢類比於馬，而當賽馬之時，驢偏偏就不是馬。倚旋稱卦，定象鎖設，當一個基於大體一氣，而合理的思想設計，付諸實施之時，所類構之情境開頭，氣而置，可以完成。然而變易並不止於大體一氣之作，每一個基礎物質的建構環節，都會因而醒作，逐漸掌握進取乾綱，而在設計落實後的運行當中，逐漸在定象鎖設中，剝損整個設計的精神，使得設計的目的逐漸變成無法達成之事。

變——科學可以存誤，可以有很多次實驗機會，從錯誤改正而進步，然而關於人類社會之論，成敗沒有多少次機會，往往一次失敗，就會毀掉幾代的人。科學理論的錯誤可以運用經驗，加入「常數」或「係數」去修正，而人的行為牽涉時空運轉，失敗不見得有機會去修正。氣環於此時義大矣。

律——除非是基於演化共同層級的因子，及其所涉的後續環節，類構的環節演變，才會是相同的。不然，因為社群的原始基礎不同，其演變環節都會是相反的，所謂相反，就是因於陰陽相端所簡略規制，其易所向相反。蟻群體累積動態，則人群體累積靜態，蟻群體用利，則人群體用律，蟻群體蓄生，則人群體蓄翦。此之類矣。每一個氣環之易定向，再設計大體所形，才可以相互類構。

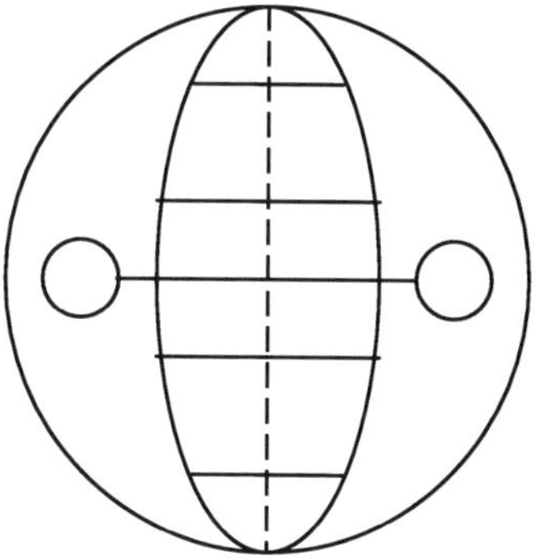

雙錐卦

雙錐。現之於陽，損之於陰，形象互存，行道相依，不利有攸往。

象曰：雙錐，互激而長也，互依而存也。一體而二化，相應相成而盛。不利攸往。

象曰：倚止作健而伏動，雙錐。智者取形，更置清元。

上九，賁剝之卦柔而進剛，貞凶。

象曰：雙錐之極，賁剝之數，貞凶。

六八，錐梭反構，互形。

象曰：其性相作，錐梭反構，互形。

六七，冰河凝滞。

象曰：凝滯趨同，雙錐自止，利攸往。

九六，啟錐之機，吉。

象曰：以激作也，僅取其形，吉。

九五，觀國之盛，柔轉剛。

象曰：由柔而剛，基其欲也。

九四，錐梭惡增，構凶。

象曰：錐梭織衍，銜行惡增，是構其凶而不為意。

六三，水澤附地，托形。

象曰：托形勘合，雙錐之動。

六二，林澤相息，互需。

象曰：其相息互需，無咎。

初九，錐利，互啟之端。

象曰：錐利趨心，互啟，本無始之咎。

論曰：雙錐，情境的相應模式，由分形而互啟，互啟而互需。分形，陰陽相銜，形式相接，從而訊息會相互累積，以更強勢。互啟，有相互刺激的動力源。互需，有相互作用而產生拮抗之性或依賴之情。一件事物的快速激長，免不了運作這個環節。然而激變速成的事物，突兀於混沌和秩序兩性相依的現實環境，型態的演變與損滅，因而合啟。

證曰：◎思想啟迪科技，科技成長後又回饋思想，思想又再啟迪科技再進步，科技又再回饋思想，其他形式條件若允許，兩者則可以相互依賴而快速成長，甚至改變對方的體質。◎美蘇冷戰，相互刺激對方在技術與戰力全面提升，也使核武擴散到其他國家，改變世界文明的體質。◎抗生素藥物使用，使得病菌加速演化，產生抗藥強的病菌，病菌抗藥又促使藥物在強化運用，再刺激病菌加速演化。

用曰：

奇——激變的優越型態，因而並不能夠長遠地穩固，必然會突兀於變易體而受到抑制。所以型態的最長遠延續，必然從雙錐模式轉置新的慣性藍圖。

曲——當環境氛圍遭其改變，首先萎縮的就是，依賴原先狀態運作的體系，而這些體系常常是有利於整體的。大多數生命型態，或是文化型態，把重要的命脈運行放置於淺薄的型態發展，則環境一旦改變就快速崩解，從而壽限短促。是故長遠的命脈，必然只取雙錐演變出來的型態，而易置更深遠的法則，為型態所倚。

變——若此隨機與選擇當作一種設計方式，那麼最後被設計出來的體系也是很不穩定的。人類的智能在當中演化而出，若是這種智能要擺脫地球上狹小的空間與時間束縛，首先就是能夠在這種整體的演化基礎上，建置另外一種穩定的演化基礎來運作，讓智能的不穩定因素不發揮作用，才有那種可能性。

律一一多數演變根基淺薄的型態，其所憑恃的優勢，最後的敗筆皆源於此。雙錐的根本，於型態之義大矣。

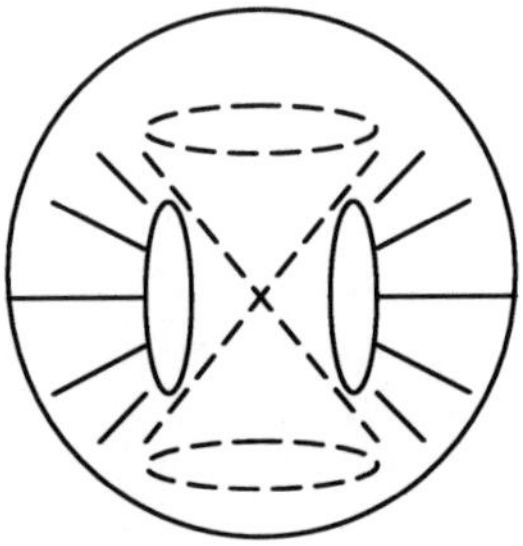

亡曆卦

亡曆。懼亡無義，能以曆觀，視如約期，達仁也。

象曰：亡曆，有制也，運行乾乾而如週曆，入制無窮，以無所可逆，其大亨通體。

象曰：倚止作健而伏險，絕踐。仁者以達通觀亡。

上九，亡曆先義，貞

象曰：以成其機，制之必貞。

六八，諭至，無所反。

象曰：體絜所求，如諭至，何以逆也，貞固。

六七，無窮貞律。
象曰：其無窮貞律，無可避矣。
九六，曆系，概測。
象曰：興滅依據，雖天成而人可概測。
九五，義行，貞吉。
象曰：觀亡，以義之行，貞吉。
九四，亡易，無咎。
象曰：受易也，雖星辰亦有期，無咎。
六三，瞻望，至善，吉。
象曰：毓明知亡，律己而至善，吉。
九二，親讓，貞德。
象曰：氛圍所育成，始有貞德。
初六，小亡大進。
象曰：其曆之輪，有所遞律也。

論曰：亡曆，滅亡與無窮的聯通體。在所生存情境中，生存與死亡若是一個有機的曆法運作，為必要的事件，那麼生死之間的關連，必然是變易體中，零與無窮的數制兩端，而在情境型態上，變制出複雜的流程。而無論怎麼轉變型態流程，最終都不會脫離這兩端體的掌握。

證曰：◎出娘胎之前，手腳五指的分開與自由活動，需要靠細胞自殺才能分開五指，以及腦細胞樹突連結，在成長過程中，不少腦細胞自殺以騰出空間，讓其他腦細胞形成樹突。死亡是為了創造個體必要的條件之一。◎某些物種的滅絕，對於其他物種的出現，則是必要的先決條件。

用曰：

奇─一個有機且會演變的系統，死滅是產生系統演變的重要事件，個體死亡對建立整體的有機性，成了其必要性。有機的個體會延續過去環境氛圍的意義，假若這些個體不死，對產生有機變易之意義將會是阻礙。所以有機循環的產生，必定是其有機的演變時義先出現，才會有生命時義的產生，即有機物質訴求演變條件達成，其法則開始運作，而後產生生命的條件才孕育出來。

曲─以生物求生的本性來說，對死亡雖然應該能避則避。但若沒有以前的人死亡，乃至於沒有以前的所有生物的死亡甚至滅絕，所有的生存空間將會被僵化地佔有，那就不會有我們的出生。死亡停滯等於出生也停滯。等同零與無窮的關係。

變─死亡對整體有機角度，只是在循環路徑中，必須走的黑暗一段。類似曆法的規制循環，小循環轉動大循環前進，且不逆轉。所有型態物種在當中，都有其規定的壽限，即亡日之曆約，或長或短或以不同命運執行而已。

律一二生與死的關係，如同零與無窮，是故屬著猜亡，以五項基本法則成立而能建立感官內界的亡後猜想。一、次易乾綱原始成立。二、愛因斯坦廣義相對論成立。三、次易自擇天翦成立。四、物理學黑洞理論成立。五、次易降幕數制成立。故亡曆大猜之義，啟以大述。

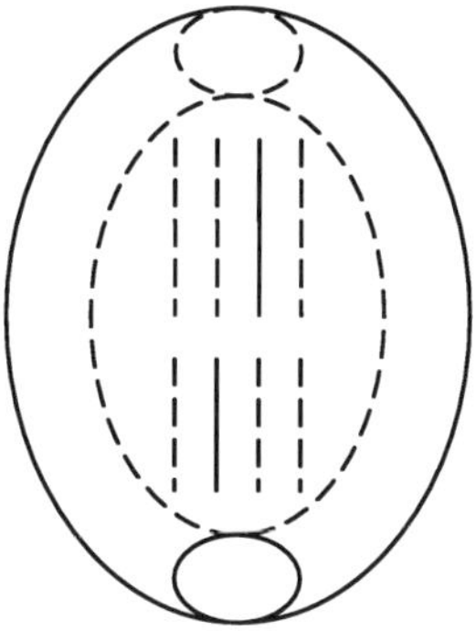

— -:- -:- — — — — -:- -:- 本維卦

本維。駐本，尋式我維，至我。

象曰：本維，我維有限，無所知本。浸於原始綱紀，迷於陰陽之陷。

象曰：倚伏皆止而作健，本維。雖有智者亦陷本維，以自謙所得。

上九，乾元維組，往見。

象曰：乾元維組成形，往見。
六八，解無所有。
象曰：授受於乾綱原始，欲解而無所有。
六七，剛浸，有蝕，不利攸往。
象曰：雖似剛體，浸染其法而有蝕，不利攸往。
九六，反光，利艱貞。
象曰：倚光而求反，能知本，利艱貞。
九五，光陷，過甚。
象曰：狀似明麗，而陷引難出，過甚本維。
九四，姤義行庶，吉。
象曰：知我本維而能謙不迷，姤義行庶德被四方，吉。
九三，誠維，後有得。
象曰：我以誠，雖無近利，然後有得。
六二，陰陽返真。
象曰：陰陽，組我法則之理，探而返真。
初六，本維天限，不利攸往。
象曰：識固也，行姤反饋，未破其界，不利攸往。

論曰：本維，駐於形式思維的最基本。建立某事之定義，必須有一個被普遍認同的最基本形式，當又重新尋找這個最基本的形式如何成立時，則陷入推背卦中，「有」與「無」，「正」與「反」的無始關係。原因在於人的智慧再怎麼盡情奔放，科技能力再怎麼延伸，也未離開建構它的神經傳導物質，也沒有擺脫得了，駐於最基本的形式限制。

證曰：◎實際案例：幾年前還二十多歲，自以博學，曾經先後以同樣的誠實態度，回答兩個人的問題，一個是七十多歲學富五車的學者，另外一個是十歲小孩，學者的問題我回答巧妙，深入淺出，令他至為讚嘆，認為我是有真知者。但是回答十歲小孩簡單的自然問題，當他不斷對一件事情因我的回答而追問「為什麼」之時，最後我只能承認自己無知，不得不說：「你問到這裡我就不知道了，我的所知還是非常有限」。◎笛卡兒的空間廣沿性哲理，認為空間與物體相聯成立，無物體的空間並不存在。康德則不認同，而認為空間與物質客體無關，可以獨立存在。馬赫也曾考慮放棄空間的概念，而以質點的瞬間距離總合來替代。而愛因斯坦卻在廣義相對論當中，回歸了笛卡兒的類似說法，成為沒有場的空間是不存在的。這種最基本的空間定義之哲理辨識，回歸老子的道德經第一句：「道可道非常道，名可名非常名。無名天地之始，有名萬物之母，故常無欲以觀其妙，常有欲以觀其徼。此兩者同出而異名，同謂之玄，玄之又玄眾妙之門。」

用曰：

奇——一物的潛力，其重要程度，大於眼前的展現力量。本末倒置的結果，就是限度的開始與滅絕的累積。科學系統的最終端，最該被重視者，是思維模式的轉移以及思維能力的擴增，而不是技術能力的提升來滿足物慾。如此才能真正展現其力量與進步的現實意義，奠定再進步的契機，同時能讓系統本身接近於更原始的乾健之能，與大自然平衡，保障科學使用物種本身的壽限。

曲——智能基於建構它的物質基礎，也就如同一個彈簧，建構的彈力有範圍與限度。當智能追究建構它真正的本質時，等於是超過其能力範圍，陷入智能最原始定義有無、正反的漩渦當中。

變——人類文化中，最值得相信的信仰是科學，但它也最不擅長於解釋東西的本質到底是什麼。除非我們把科學當作宗教狂熱來迷信，然後自以為什麼都可以倚靠科學來知道，以為什麼事情都可以靠科學解決。明智的人，當知道然是荒謬的。倘若沒有其他形式可以轉移人的智能基礎，那麼人的智能，就無法定義最基本的東西到底是什麼。

律——透視演變這回事，掌握科學的各項時序控制，發展科技與延伸力量，沒有反饋定義一事物最基本形式，就會自我設定了極限，而沒有把潛能都激發出來，形式演變也就出現僵化而不能自知。

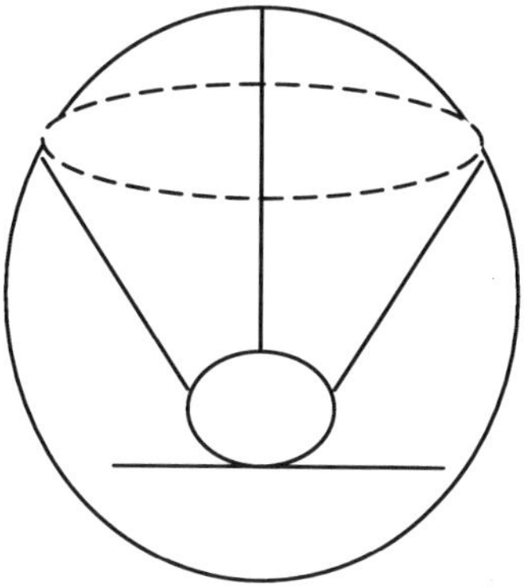

佚冏卦

佚冏。上中制在，苛精，吝小得，遺大體，有失。

象曰：佚冏，降冪作，苛精完備，吝之小得而遺大體，自圓而佚通義，有失。

象曰：倚伏皆明而作順，佚冏。智者尋通以固真新。

上九，不之裹，受限。

象曰：有精湛，不之裹，雖美而受限。

六八，窺晉明夷，析所佚。

象曰：窺晉進明夷，雖有難，更進析所佚。

九七，苛所求備，大失。
象曰：苛而小得，其有大失矣。
六六，吝小得，不利攸往。
象曰：先佚冏，吝於小得，不利攸往。
六五，可據主設，利艱貞。
象曰：人所失而可為主設，求大易，利艱貞。
六四，自厄，有大謬。
象曰：本佚冏，自厄厄人，有大謬。
九三，清眾所苛精，貞吉。
象曰：苛精，求眾所失義，貞吉。
六二，鼎於冏，實非革。
象曰：鼎之於冏，實基其返原，非有革。
初九，得通維新，真新。
象曰：有所通達維新，是真新矣。

論曰：佚冏，思維與型態的關聯中性本質，所遺漏正面意義。在坤解無一的大體下，任何的一都不是真實存在，相互之間關連性，則會產生中性的意義，所謂中性的意義，就是建立正面定義的時候，反面意義也同時存在，認知這是事實的時候，它的虛假面與無知面也同時跟隨。

證曰：◎近代西方十九世紀，得到文藝復興後哲學思維的啟蒙餽贈，科學大師輩出，平均幾年就有新發現，然而在二十世紀中期之後，大科學家逐漸凋零，當科學界分門別類越來越細之時，通達根本原理的人就越來越少。◎熱力學第二運動定律，物體趨向於最大亂度，然而在這種背景之下，熱能卻支援出有秩序的生命生存之體系，以及五花八門的生物感官方式，包括運用熱能思考、計畫、反饋的智能，當秩序建成，對原本混亂的本質意義卻無法探知。

用曰：

奇⚋⚋因為關聯存在中性，思維與情境狀態，在相互支援的關聯意義中，也可以產生相互牽制的可能性。

曲⚋⚊學科都是人造出來的，人的大腦觀察事態變化所生形之物，而事態之變化早在人類出現之前就已經存在，並不會受人的定義所規制，只有人的定義受其規制，若陷於學科形式之中，則失去所有學科共通之變易，有小得而遺大體矣。

變⚊⚋當思維開始分門別類之時，可以得到更加精確的解析，卻會遺失思維的上制根本，即得其光明之象而失其光明之義。變易體系於降幕，以無形而運有具，思維受變易所作，當學科越變越精確，越去顯明於實用，則具有新突破的機會就越低。

律——學科需要嚴謹與正確，然而思維卻不能嚴謹與正確，思維需要更龐大的原力，甚至思維需要錯誤、散漫、弛而不謹。所以是思維支持學科，而非學科支持思維。

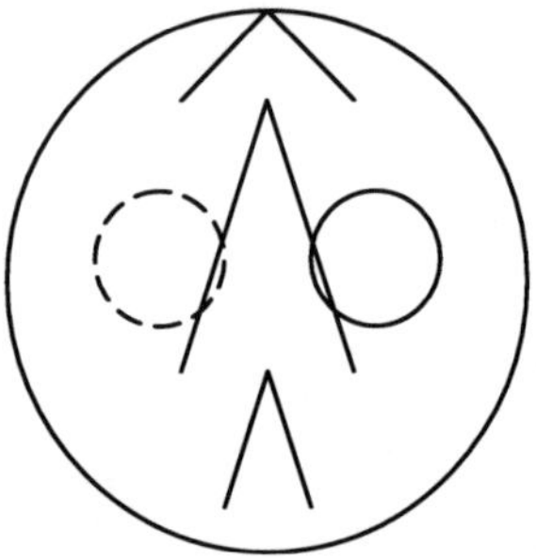

⚊⚋⚋⚋⚊⚊　恢健卦

恢健。始中高繹，可替，元亨。

象曰：恢健，始中之位，其自志同也，同健之麗，設歧型分，智往有功矣。

象曰：倚明作順而伏健，恢健。學者以性辨智。

上九，永始中，貞固。

象曰：智極亦不達，貞固。

六八，始高泰，以就中。

象曰：始之制，高泰全行，以就中也。

九七，蓄動，跡恢健。
象曰：始中常存，必以蓄動，必跡恢健。
六六，有類緣，往吝。
象曰：恢健順作，有類緣，然行不合義，往吝。
六五，合晉恢健，有得。
象曰：順所歧異以求同，必有得。
六四，行異泰，翦阻。
象曰：始健分作，行異象之泰，必翦阻，不利攸往。
九三，艱關設歧，往吝。
象曰：始中雖分以設歧，其銜艱貞，往吝。
九二，合源智晉，元亨。
象曰：合源而恢，始健之同，智之可晉。
初九，識恢健，貞吉。
象曰：不固一格之限，取高繹也，貞吉。

論曰：恢健，始型動健之導，相互俱可互置性。對後演末態的整體定義來說，原始中性化的性質，可以分流出，形式不同，但是大體定義相符的物態。即一種存在的型態，可以倚其原始中性之設歧分流，疊合出無數的親緣型態。

證曰：◎同樣一種工具，達成同樣一個目的，在不同的自我意識下，會產生不同的邏輯方式去達成。而這些不同的邏輯，竟又會在不同的事件中，產生類似的本性行為。◎在填鴨式教育體系下，對一個公式化的呆板數學題目，仍然會使當中的某些學生，產生不同的感觸與怪異的解題方式。

用曰：

奇⚋⚋原始知識的動健創造，來自於自我意識，動力核心不是經驗累積、也不是文字數字的辨識與架構。

曲⚋⚊倚套源卦，不同的自我意識，具有不同的設歧疊合，對同一種知識的吸收，必有者意識的差異。所以一種文化，又是多種意識角度的組合。

變⚊⚋假若能夠建置一種，掌套思維的具體流程，銜接原始的自我意識與智能思維，必會產生智能的設歧能力，疊合於已有的健全的知識系統，那麼即使是頑劣無賴者的自我意識，同樣可以創造出新的知識系統。甚至使用動物的自我意識，也可以產生不同型態的「文化體系」。只在於複雜的後態如何設歧而制。

律⚊⚊智能的動力，既來自於原始中性化之設，那麼智能必有上限。即使將大腦功能全盤運用，也必定有智能無法理解的事情，只是這種上限本身，也不為其後態的智能所能及。故恢健之力，自行而不息。

旋稱卦

旋稱。既亨無涉，不滯情據。

象曰：旋稱，稱虛實，定涉有阻，象微亦易，旋義而陰陽返構，利大略。

象曰：倚麗作動而伏悅，旋稱。智者以定象深略。

上九，易情旋稱。

象曰：陰反制也，惘迷。

六八，系亨無止，貞固。

象曰：無止之固，不視其情。

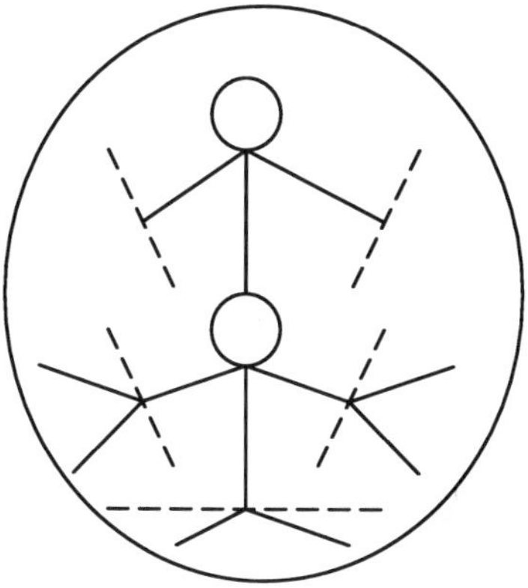

九七，失本滅行，凶。

象曰：降旋稱，失本滅行，受制而凶。

六六，破象中乾，往吝。

象曰：虛矣，浮盛無得，破象中乾，往吝。

六五，定刻返虛，往大失。

象曰：定刻，陽反單也，反虛而大失。

九四，涉定落象，後厄，貞凶。

象曰：涉定落象，凶爻義起。

六三，鎖設，不利遠行。

象曰：鎖設而悅定其象，失健，不利遠行。

九二，返健有限，貞厲。

象曰：雖暢越，亦取象矣，反健有限，貞厲。

初九，暢易返健，亨。

象曰：越鎖設，暢易過象而反健，亨。

論曰：旋稱，稱量變動本身之旋計。對變動的系統來說，取象是一分流之設，倘若定涉取象之義，則會對系統產生遲滯；而以為的動態虛幻之架構，才有助於系統動健之源。變易體取象無情，本於此設。

證曰：◎佛陀坐於菩提樹下，思悟世間苦痛之源。從而倚變化與定象微識，成佛陀智慧之本。◎無論什麼身分之人，用什麼宗教禱告，去對形上力量祈求，變易始終維持本身運作，無情於任何情境的哀鳴。

用曰：

奇⚋存在的情境，容易讓我們執迷於感官以為的「務實」，甚至以此設定了觀點，從而忽視感官的本質，即思維之所需，此自損動健，涉定落象之凶矣。

曲⚋一變易無形，然而卻存在於我們所定義的每一實體中，可以使任何實體變化而未必察覺得到，可以切割至極瞬間的時刻亦存在，從而使這種「實體」，反而失落了據實的根本，陰陽反制其義。陰陽近至理之門，若以變易存在為實，定象存在則成虛，對於虛而不實的阻力，系統自然無情排除。情境落於此道，生物定涉於此，方有各種苦悲所擾。此「易情旋稱」探索之所根源。

變⚊⚋倚變卦，變動系統中，每一步取象目的達成，都會自鎖設而損其健，也就是會產生，下一步進展的困阻。思維體系必須靠不斷地虛想，支援本身存在。

律⚊⚊圖略的每一個執行步驟，都可以被定象鎖設，而缺乏反饋動健。若兩相圖略，則彼所圖略的每一個定象鎖設，都是損其動健力量的切入點。

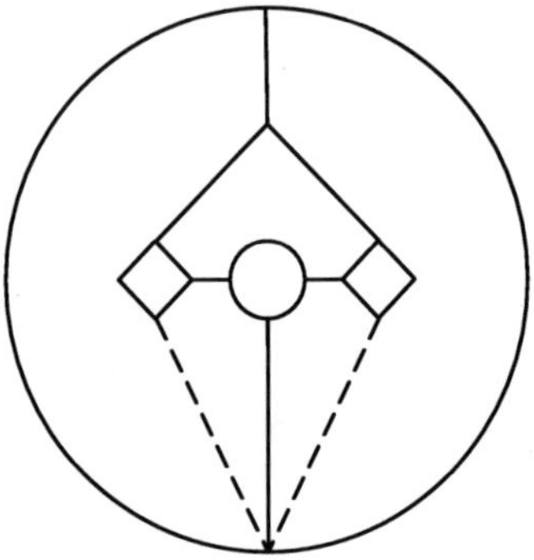

解繹卦

解繹。以靈，得精魄，有大得。

象曰：解繹，究深奧以順納有異，得精神而轉置他物，大得順化。

象曰：倚伏明麗而作動，解繹。智者以新義化異。

上九，深神，有觸解。

象曰：深神以感奧義，方有觸解。

六八，毋字解，艱貞。

象曰：易所成艱，解以貞。

九七，遠演必解繹，貞固。
象曰：遠演不滅，必有解繹，貞固。
六六，謙理，至順。
象曰：謙理納正，行能至順。
六五，行解繹，大得。
象曰：異不棄行解繹，大得。
九四，毋攀慕，能正。
象曰：己能正方能納正，毋攀慕他人之盛。
九三，臨匯之難，貞克。
象曰：臨匯必有難，倚貞能克。
六二，離合志，能大取。
象曰：眾志雖異，明晰時義而合之，能大取。
初九，觸慧摹，自主有德。
象曰：其不自棄，故自主有德。
論曰：解繹，吸收相異體系之精髓，在本身能自我置於相同或更高之精神層次。精神層次奠基於思維體系，人的思維體系雖然複雜，卻離不開變易本質。能夠自我架構新的思維體系，則能因物提升精神層次，隨事架構新的哲學概念。顯之於平淺之形，蓄之於奧秘之易。

證曰：翻譯國外作品，不必懂外文，可以先聽取懂的人之故事，然後以自己活潑的文筆創作。近代大翻譯學者林紓，不懂外文，在別人幫助之下，卻成功翻譯了將近兩百部的外國書籍。

用曰：

奇 ⚋⚋ 觸慧摹為本，兩種系統最成功地地互相轉置，在同時運轉當中，中間是意化的連貫，而不是系統單位的連貫。

曲 ⚋ ⚊ 自然界並非優勝劣敗，強弱勢形成自有其複雜因素，既使相異體系不如自己強勢，亦不代表其精神層次不如自己。故精神解繹強而轉納弱，運之於無形之形。

變 ⚊ ⚋ 人的思維邏輯不是經過設計的，而是漫長演化，複雜的自擇累積所成，且文義字句，又是以歷史背景所創造，故文字並非最能透析易理的最佳工具。雖然易不限於特定文字才能表達，然而解繹的最深奧義，在能自以深層的思索接近於易，發以自索藝符而解之，與普通文字形容相較，藉以洞悉邏輯與易的關係。

律 ⚊⚊ 道先無窮，易並不在乎人的邏輯，卻包羅了人的一切邏輯。人所思各以本性而發，同於一易。故精神層次，單維而絕對。

焚浴卦

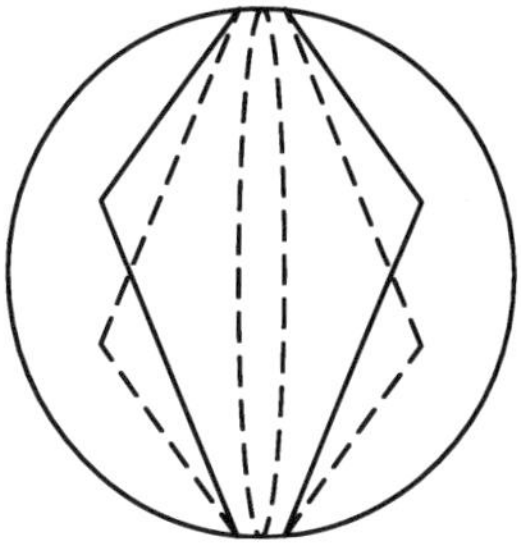

焚浴，激變而有災，順化取義以有新異。

彖曰：焚浴，事爭而生激，行以險惡，惡而得義之行，貞化以吉。

象曰：倚明作險而伏順，焚浴。智者以明陰險之激，得後之生義。

上九，先見而明，貞吉。

象曰：知所隱情，得以先見，貞行而吉。

六八，爭存異時，抑止。

象曰：爭存所現，而有時位所佔，優未必勝也，爭而抑止。

九七，異災存機，往利。

象曰：異災而強弱易勢，往易而有近利，未有吉也。

六六，森材突焚。

象曰：森材存固，突現其焚，凶近也。

九五，鼎革激奪，貞凶。

象曰：鼎革求新，起激奪之異，貞凶。

六四，牽遷其義，存往而無咎。

象曰：奪毀而義遷，未能啟新，存往之態，無所咎也。

六三，初爭，驟得。

象曰：初得而未固，驟爭返得。

六二，受逆轉極，吉。

象曰：受逆而得所極位，吉。

初六，後爭，返固。

象曰：續存異時，佔所時位，返其原易也，返固。

論曰：焚浴，不願某些事情發生而產生阻礙，則讓所不願之事先行發生。處於激變爭亂後而生新易者，才是成功者。但是成功者卻也未必能掌握變動後的演化真義，未必能掌握機會開啟新的模式，邀利而不取義，則回復舊有的循環，只是扮演同樣角色的物態不同而已。是故若趁焚浴的短暫逆向時義，是可能克服天翦障礙，而出現新型態勢。

證曰：◎山白蠟樹的傳宗接代，會受蕨類等眾多植物侵擾，而分泌易燃樹脂，引發大火，再釋出種子以延續另一個世代交替的循環。◎潮濕而沒有大火與冬季侵害的熱帶雨林，當中佔據天蓬的優勢植物，沒有重大災難毀損，故底下演化出許多怪異而侵奪力強的爬藤植物，以及眾多怪異的寄生植物，等待侵奪生存的機會。◎時局衰頹而趁起的革命者，未必開創新的歷史格局，而可能是另一個舊有政治局面，展開新面貌的循環而已。中國幾千年的帝制崩解，出現政治與文壇上，新的爭奪局面，雖曰革命，卻沒有帶來真正的政治與文明的新格局，只是新面貌的爭權奪利，反而差點引來亡國之災。

用曰：

奇——處於新易之節，而出現掌握真義者，機率是非常低的，是故相爭資源的生命時義，極其困難演化出獨善之物。巨大的變遷與毀焚，只是讓出一次短暫的機會，失去後只能等待下次激變循環。

曲——長期沒有巨大變異，以焚浴環境的生態，會培養出各種乖舛怪逆的物類，繼而資源短缺，出現侵奪性強的物類。若接連出現兩者，則會真正動搖整體生態循環。故文明長期存於穩定的環境，就會造就滅絕的因素。

變——無論生態與文明，長遠存在都需要一種動態平衡，不能過於激變，也不能長期狃於生存慣性。造成這種生態需求的根本原因，起於原始的爭奪資源之生物本能，是故新格局的出現機會，只是短時間出現的焚浴之義，在此短暫的狀況下，恰巧可以違背原始力量的控制，運作原本不能出現的型態。律——看似穩定的循環，其實孕育重大的變數，包括身在循環中的個體轉變，無論週期性還是突發性的災難，其實會保持整體的生存彈性，從焚浴中展出新的生機。變易之無情，亦由此顯現。

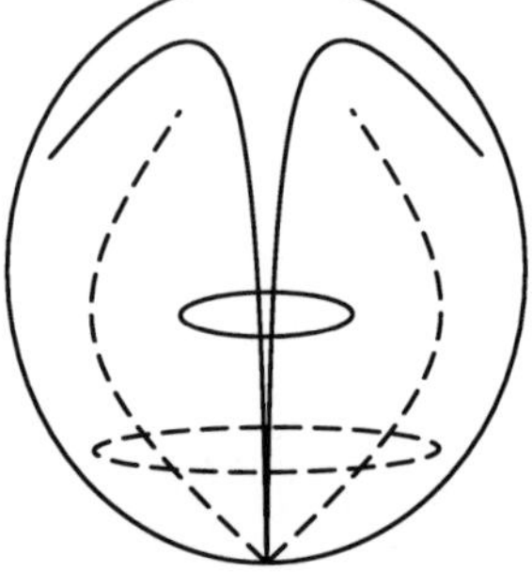

倒辨卦

倒辨。棄誤反析，合取總綱。

象曰：倒辨，識情有棄而不形，然易不棄作，論之半失，反倒而究辨，可真識而正論矣。

象曰：倚麗作險而伏動，倒辨。學者以反學自析，再新而論。

上九，論影，貞吝。

象曰：論影之缺，難避矣，貞吝。

六八，深易總御。
象曰：深易，不歸人辨矣。
九七，大論未濟，無咎。
象曰：陰陽深究，亦存未濟矣，雖吝，無咎。
六六，自落未濟，不利悠遠。
象曰：人為卷識也，雖可達亦有棄，不利悠遠。
九五，失論，倒辨，吉。
象曰：人之失論必也，倒辨求己，再得，吉。
六四，思易屯阻。
象曰：屯阻，自遺論用，不利攸往。
六三，汲己知影，克難。
象曰：破未濟之阻，克難大濟，可論新學也。
六二，堅有得，不利再塑，吝。
象曰：無視其失，何能再塑，吝。
初九，識半同健。
象曰：人為卷識之落，半同健也。

論曰：倒辨，理論倒影同行，倒反透析論識的落差層。愍判所形之落差層，所蘊藏的動健之力，本身可倒反辨析，而重複入論，也就是理論本身可以運用自己的不足，而生運行。

證曰：◎愛因斯坦晚年感嘆自己，躲在相對論當中，而不敢正視量子力學惡魔的侵擾。◎三國末，吳諸葛恪圍魏新城。是時，姜維亦出圍狄道，司馬師問虞松曰：「今東西有事，二方皆急，而諸將意沮，若之何？」松曰：「昔周亞夫堅壁昌邑，而吳楚自敗。事有似弱而強，或似強而弱，不可不察也。今恪悉其銳眾，足以肆暴，而坐守新城，欲以致一戰耳。若攻城不拔，請戰不得，師老眾疲，勢將自走，諸將之不徑進，乃公之利也。姜維有重兵而縣軍應恪，投食我麥，非深根之寇也，且謂我并立力於東，西方必虛，是以徑進。今若使關中諸軍倍道急赴，出其不意，殆將走矣。」師曰：「善！」乃使郭淮、陳泰悉關中之眾，解狄道之圍，敕毋丘儉等案兵自守，以新城委吳。姜維聞淮進兵，軍食少，乃退屯隴西界。

用曰：

奇：從過往理論之不足，而再生新理論，一般學者皆知，然而對於理論創造者本身來說，要克服自己不足之處，有著過去認知的慣性阻礙，這才是最難克服的。所以學者真正重要處，在學識架構出來的精神認知，而不是知識的形體。

曲：一既然已經不足，是理論之不可及，如何能用其健？曰：愍判倒辨之不及，並不是範圍外真實不及者，而是能力所及而自棄者。變易之總觀取象，不僅於我們認為正確的情境之中，當理論建置了一項正確，所銜的變易，同時也在相對的錯誤當中取象；建置正確的過程中所鄙棄的錯誤，正是形成愍判所失之機，故而倒辨複視，而可正用。

變——倚此之變卦，任何精闢的理論所囊括者，都會投影出，等同動健的，理論所失之情境。面臨既有的概想之所得，與落差之不及，兩情境要相互倒置，取其不及之健，而重塑整體系統佈局的脈絡。

律——變易之端，陰陽相映，理論定義範圍內，所及與所不及，同為變易取象之所銜。所以理論的運行大用，不僅取其所及而已，兩端一至而總象生情。知己之不足而謙納，仁者也，用己之不足，智者也。一物種能夠兼蓄二者，才可以從智能進而建置智慧，成宇宙時義。

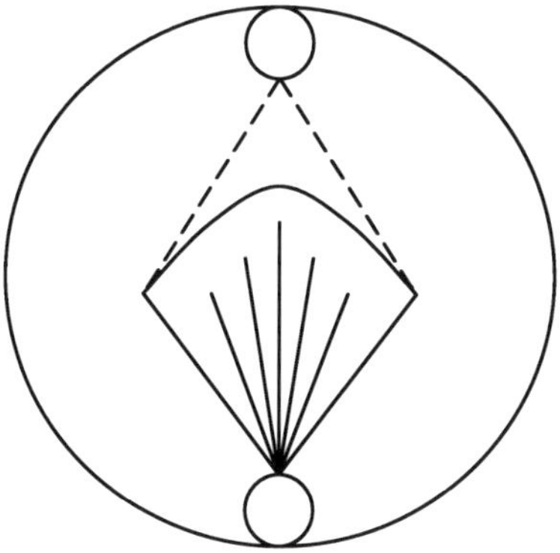

痕使卦

痕使。元亨，有數度，以大維。

象曰：痕使，痕使一字，以鑑示亨，行有攸往，而大成具，致悠遠之道。

象曰：倚麗作險而伏悅，痕使。學者以通始恆觀。

上九，節冪數度。

象曰：痕使連冪，關以節，成數度。

六八，時軸虛痕。

象曰：非本固，意所乘成也。

九七，曲意度，貞固。

象曰：曲意而度，痕使義形，貞固。

六六，致一併，元亨利貞。

象曰：痕使深往也，元亨利貞。

九五，引使深行，吉。

象曰：深行而廣明也，吉。

六四，行體未濟，後憾。

象曰：先知行體，終未濟之，成後憾。

六三，行使未光，不至。

象曰：引使之起，而行未光，終失能不至。

九二，歿痕使，往吝。

象曰：慽史不明，無所得也，往吝。

初九，痕使聚亨，利艱貞。

象曰：以聚而往，深訴，利艱貞。

論曰：痕使，事件時痕的累積度。在一個型態較為緊密連續的事件體中，時間較早發生的事件，與時間較晚發生的事件，其因果關係解述，是建立在共通的行為運作之中，因而產生變易體下的先倚累積。此累積度對後來的發生事件而言，是可倚托的背景意義。是故，只要能夠運行共通層次的事件意義，所有事件都可以並起而築之為基，曰「痕使一字」。

證曰：◎探索所有自源而起的文明，都有優越於中國之處。然而埃及、巴比倫兩文化滅亡不嗣，印度文明歷史脫節不傳，瑪雅文明毀滅，唯中國文明史綿延未斷。並非他們所遭受的災禍或挑戰，有大於中國者，也並非人性比中國人低劣而破壞，而是歷史與文明，對其延續者來說，只是單純的前人痕跡，可以之為資，或視之為贅，與延續者的行為事件，產生不了共同意識的通貫。

用曰：

奇 -·- -·- 倚迴晤卦，時間對變易體沒有意義，而人類意識悅於情境，在當中取因果律，則

「事件因時間所產生延續」之易，就會以人所悅的共通性，產生一種時義累積度。

曲∴一累積度具有連冪層，假若僅以一文明觀念視之，則文明內的歷史事件都具有意識連通之義。若以人性觀念視之，所有文明史都具有意識連通意義，可以之而行整體文明時義的事件。若以整物種觀念視之，所有文明與非文明行為，都可並築為一基，而起更深層的行為模式。

變一∴外似對等的兩人為事件體，若將時間軸拉長，其所涉的深淺，將因此解構而顯明。

律一一痕使之度，只有在共同行為意義被破壞，其事件的累積度才會被切除。起自於虛假的人為意識及行為，只能在共同的連冪層中轉變，用其不易性，產生其低冪的演變方向。

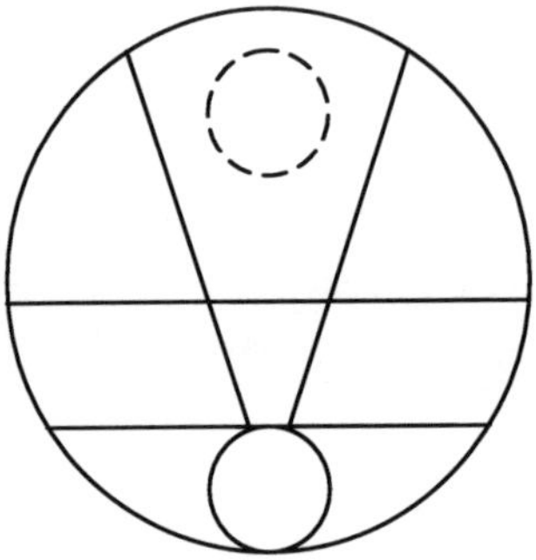

玄微卦

玄微。善形外，玄聽大德。

彖曰：玄微，放空所據，緝無音而具無象而形，是倚大德。

象曰：倚麗作險而伏止，玄微。智者以絃外探界。

上九，微臨自行，利堅忍。

象曰：微臨，鑿空也，自行，有利堅忍也。

六八，大健玄微，吉。

象曰：棄所據，大健玄微，吉。

九七，係遯偏幽，大厄。

象曰：貪迷無能也，大厄。

六六，抑性用遯，無咎。

象曰：抑性而無偏，用遯而不利爭，無咎。

九五，大嘉玄聽，吉。

象曰：思緒征遠，析裏新生，吉。

六四，描形，是偏，亦有得。

象曰：無音而取描形，雖是偏，形玄微而得。

九三，是據求極，必不得。

象曰：是據則限，限而求極，必不得。

六二，執偏陷，凶。

象曰：執性偏陷，無可避災，凶。

初六，域玄微，啓大造。

象曰：以越限而啟，大造。

論曰：玄微，透析系統的絃外之音，而具塑無象之象，格義無聲之聲。所有系統都不是純淨的，也並非絕對穩定的，與其他的形式必有關聯，這當然包括人類的感官系統在內亦如是，故放空所知與偏性，善究玄聽，透析系統之微。

證曰：◎老子：「大象無形，大音希聲。」可進解為，最善用形象者不必然善工圖畫，最善用音律者不見得懂音符。◎三國末，竹林七賢之一稽康將被處死，三千太學生上書朝廷而被駁回。臨刑東市，神氣不變，索琴彈之。奏《廣陵》，曲終曰：袁孝尼嘗請學此散，吾靳固不與，《廣陵散》於今絕矣。當時太學生所觀者眾，其間必有明音律者，然而卻不能臨記於譜，失玄微之義遠矣。

用曰：

奇 -·- -·- 倚天無卦，據臨系統的精神核心，玄微於外象，則雖不能明白這系統之專，但其運作的精神已經先行透析。

曲——整個系統的動健之力，並不會產生在系統規制之內，故能夠充分運作系統最大價值者，專精者與非專精者具有相同機會，不必是專精此系統者。

變——專長於某一事，最後難以再創高峰，而江郎才盡，其最大的限制，在於自己對此專長事物的認知。限制於具有系統之內，而失去空盡玄微之能。專精到極限者，在精神上已與完全外行者等價。

律——某特定空間與時間，或是某特定關係，或是某特定的管道，玄微而通系統外之聽。

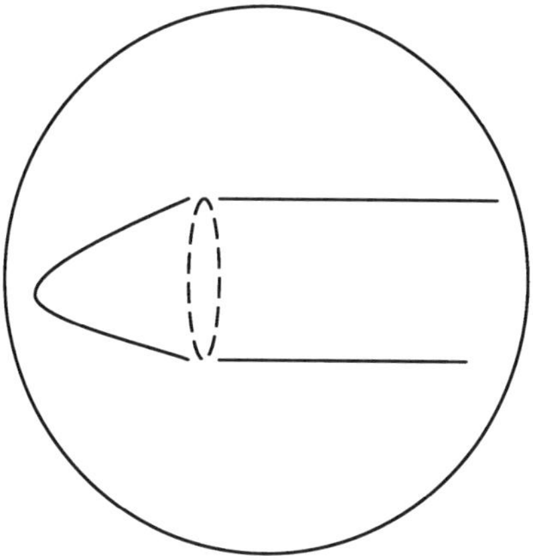

偏拮卦

偏拮。基易而作，並作相抑，自擇其數，亨。

彖曰：偏拮，拮抗而偏導，為所自擇，得而起勝，為所優異。其深導之義大矣。

象曰：倚伏明麗而作險，偏拮。智者以塑易審擇。

上九，視勝言，無咎。

象曰：視影色勝言語，隱韜，無咎。

六八，偏拮以專，毋恤。

象曰：其濾亂，毋恤。

九七，視外之光，隱。

象曰：偏而隱隱未明也。

六六，分位差作。

象曰：分位差作，以專化也。

九五，蓄識作元，吉。

象曰：作元，中剛健也，吉。

六四，抗假，超實。無咎。

象曰：抗假，以超實也，無咎。

九三，色美。偏拮相抑。

象曰：偏拮相抑，以偏倚需也。

六二，色盲而識，貞吉。

象曰：其棄殘無傷，貞吉。

初九，偏位，隱凶。

象曰：偏位作機，隱凶。

論曰：相對獨立的個體，處理外在的訊息，則有所偏，以此適性，故無法囊括長遠之理。也由此構成演化的時義要素之一。偏拮而專化了生命的各自意義，命運大多沒有交集，但同樣受控於專化的之性，產生同樣的變易性質，造出未來某方面的同一個時義。

證曰：◎動物的感官，經過神經與大腦一連串複雜地專化與拮抗，過濾不需要的訊息，以形成自己所需的視訊，得到某種局部優勢，使之行為扮演了自然生態的某一種角色。相同數量的質子，則專化相同的化學性質，而有同位素的定義。

用曰：

奇⚋⚋混沌的環境，要建置穩定的優勢，需使此體，在施體與受體的運作中，達到均衡與銜接。故偏專於某一適當領域，是生命體所趨之勢，也因此奠定滅絕與演化的變易態勢。

曲⚋⚊劣藏於優，弱藏於強，可懼存於可恃之地。倚昊旻卦，易態的相對兩面性，使倚靠時義偏拮的優勢，是無法長遠的。所以依賴的優勢，不能不考慮它所藏的變動性。初六，偏位。所隱藏凶事，基本上已經存在，直到去除這種優勢為止。而它蔓延所需要的要素，起於擁有者運用這項優勢，產生的啟發。

變⚊⚋優勢中含有敗劣的根本。活的生物，其優勢經由偏拮之易而來，包括人類的大腦。使之產生某方面特殊優勢，然而這種優勢的來源，是適應外易而塑造的，可說是擬態。這個優勢未來的演變，在時義無形中偏遠之後，過份依賴，有可能反成為敗亡的因素。

律⚊⚊訊假、假訊。眼見未必全真，舉證未必全確。人的訊息受與發，本身就帶有代用訊息的特質，並非訊息的全然本質。然而訊假有理，不必驟惡之。由假而知其真義，自是明確偏拮大易者。

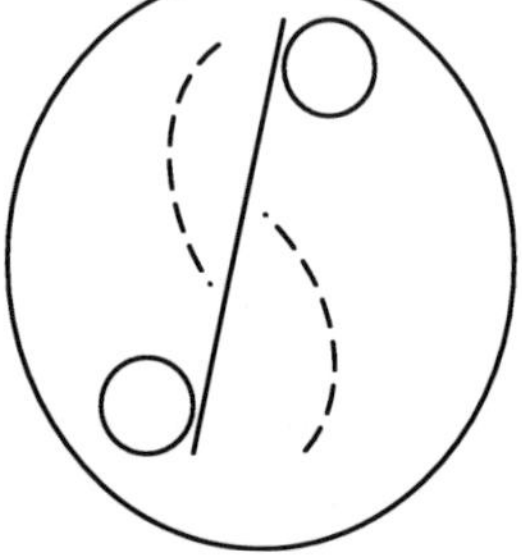

曲形卦

曲形，相時而動，能以禍延，不利攸往。

彖曰：曲形，易以轉行，相持虛實，相時而動，故能以吉展亦能禍延。

象曰：倚明作險而伏入，曲形。智者知智所不能用之地。

上九，曲形數，相汲。

象曰：好壞非多寡，相汲以動，時義大矣。

六八，相義，成詭。

象曰：之所成詭，所執之誤也。

九七，灌識，貞固。

象曰：灌識之固，難有所得，貞固。

六六，取象所捐，得誤。

象曰：取象於相義之中，所捐既擇，故有誤也。

九五，持邀，利大過。

象曰：持邀而得要，大利於大過之數。

六四，強規之行，不能及。

象曰：不以相時而強規行，勢不能及。

九三，仰息之失。

象曰：不能及義而仰息於他，必失也。

九二，禍延之隱，貞凶。
象曰：其倚曲則，而貞作，貞凶。
初六，小數累運，慎規。
象曰：雖小數，累運以成氣候，慎易所規。

論曰：曲形，易使所規制改變，而不能以外形知之。易行另外的成義規則，而使原本識形曲變，以至於成誤。曲形之於智，其義大矣。

證曰：◎南北朝初，魏臣崔浩以智謀侍於魏主，智計横出所料皆準，輔魏三世而滅數國，一統北方，及李順數出使於北涼，有寵於魏主，崔浩恨之，李順云北涼姑臧城無水草，不利爭伐，崔浩洞悉其收賄於涼主，而相詰之，魏主尚未之信。魏主伐北涼親眼見姑臧水草豐美，遂有意誅李順。崔浩雖智，而有如王猛之猜妒慕容垂，但卻不知拓跋佛貍不如苻堅之寬容乎?猜忌誅殺能用於李順，亦能用之於崔浩，後崔浩終死於編史之罪。崔浩之智，不僅在當代鶴立雞群，既使是中華四千年史冊中亦鮮有，雖有百智立，僅一愚隨之，而適足以死矣。◎煉製複雜形狀的鋼鐵產品，成型之後所產生的應力，會逐漸扭曲其器型，故煉鋼廠要用各種方式去消除應力。

用曰：

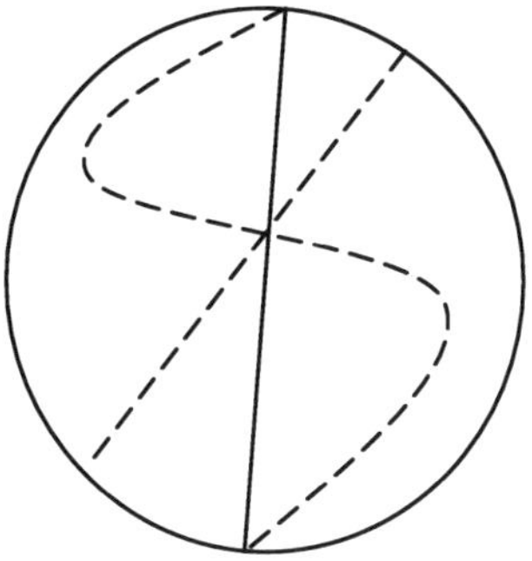

奇⚋⚋白底黑與黑底白，所可成之文義相等。人所執用之百智行一愚，百愚行一智，禍福易向，亦可相對。取象，自擇於其中。故物理的相對論觀念可以再進一步，時間與空間，是倚存在等價，而成立相對性原理。

曲⚋⚊精神相對於型式，各有互相影響亦有莫及之處，所以不同環境可以出現相同之事，但是背後包藏的意義會截然不同。

變⚊⚋既有定義所困，無法不斷轉易見識，與相時之義遠離，故智者不仗恃自己的智能。

律⚊⚊創造理論或是發明新事物，複雜的思維體系創作的那一霎那，實際上也有謬誤與不及真義之處，然而並不代表喪失它的價值，存在既等價，透析其曲形，其等價之處自然展現。

䷀ 高瑜卦

高瑜。勵哲所就，無慢而艱行之，利涉大川。
象曰：高瑜，其所深短難持矣，故艱行不懈，後彰所得，其志近矣。
象曰：倚麗作險而伏健，高瑜。學者以先育自智。
上九，感哲入俗，攸有利。
象曰：感哲以不淺近其功，其攸有利也。
六八，需其瑜，吉。
象曰：中行正，行久遠，吉。
九七，未濟醒覺，利涉大川。
象曰：未至其位，時不懈，故而醒覺，利涉大川。
六六，累其識，利驗之。
象曰：積累所識，速達，亦利驗之。
九五，思維速流，大行得益。
象曰：達臻至智，棄小執，則大行得益。
六四，據氛存，有需。
象曰：高瑜有需利，以據之而成。
九三，先翦，不利攸往。
象曰：先天翦矣，有不利高瑜攸往。

九二，力限，貞厄。

象曰：高瑜力限，非徒所能，貞厄。

初九，惟覺非一，需瑜之。

象曰：亦有他存也，是需高瑜。

論曰：高瑜，高階透視原則，哲學轉變所有現實之用的存控點。倘若現象事件，皆以高瑜同等視之，則必大壯於其自身，逐步顯現思維速流之力。

證曰：◎大腦探討，資訊的意義度可以減輕記憶的負擔。而記憶，是留下的型態與別的部分形成新的連結。外界訊息會在大腦中分成好幾個平行管道去處理，每個管道都有自己特殊的處理方式。對某一邊腦較有興趣的訊息，則有較強的處理與激發。◎所謂感覺相連症，就是聽覺、視覺、味覺、嗅覺、觸覺有很高程度混合在一起，很可能看見聲音，聽到圖像，聞到文字的型狀。從感覺相連症，我們可知道，我們所認識的客觀世界，是多數決，而非絕對值。故我們所觀察到的，是外界刺激所啟動，專屬我們大腦的特殊建構品，並沒有百分之百反映外界訊息。

用曰：

奇-·--·-當客觀世界距離感受標準，有很大落差，那麼只能從既有的感受，架構的抽象方式去趨近之，然而思維能力，受現實生活干擾，也受既有成見限制，故沒有特別去建置，則不可能有這種能力。

曲⚋⚊在大腦的發育過程中，自殺很多細胞，捨去了很多神經元，這流程也必定遵循自擇天翦，當中可能就捨去很多我們需要的高能力細胞，在先天上就已經自行降冪，遑論還有客觀環境的降冪因素。故高瑜的建置，首在氛圍的建立，而非急於強彰所思。

變⚊⚋高瑜之致，讓本來需要大量資源求證的東西，憑推測就可以很接近之。求證之時可以省去大量摸索的資源浪費。

律⚊⚊思維速流之力，是另一種複雜適應之態，故先訣條件沒有偏好與取捨，而成之於一個總體思維目標。

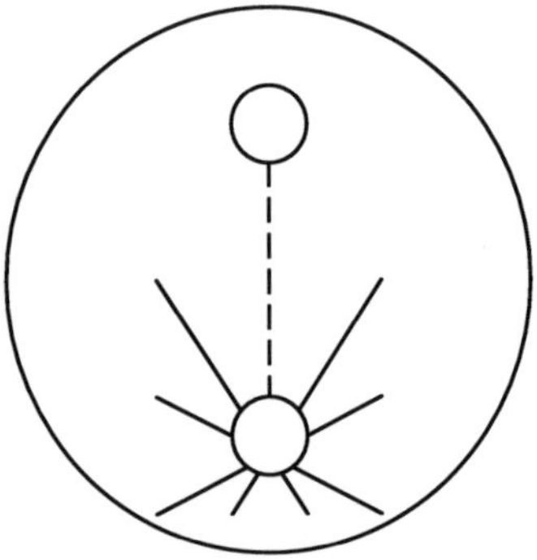

⚊⚋⚊⚋⚊⚊⚋⚊⚋　孿愔卦

孿愔，積質而陰催，不利攸往。

象曰：孿愔，陰催而非自制，無所自己，善隱而惡出，不利攸往。

象曰：倚明作悅而伏險，孿愔。仁者自清思性，貞艱所行。

上九，無欲象，自受。

象曰：非我欲所為，而自受也。

六八，侌識，不淨純。

象曰：不淨純，非僅他人無知，己亦未必知也。

九七，無關象，如來。

象曰：無關象，如來而累蓄。

六六，容惡，凶。

象曰：孿愔而容惡，性之敗流，凶。

九五，曲判，愔貪自惡，凶。

象曰：貪所引其識，自惡自成其凶。

九四，孿愔真化，無咎。

象曰：孿愔，難違也，而真明自化，有所得，無咎。

六三，無系雜壘。

象曰：損位而不足，愔困，不利攸往。

九二，涉世，外塑自污。

象曰：外塑自污，不利攸往，何有所得？

初六，純化之用。

象曰：純化，雖無所攣，空窗而無功也。

論曰：攣愔，催動選擇的陰暗層面。定義智能的判別方式，是由一連串生化機能所影響，因外界訊息而反饋修正的機能越複雜，也就越接近我們對智能的定義。然而就因為如此，嚴格地說，所以智能並沒有自塑性，會產生反饋作用的反作用，也就是陰暗面。這種陰暗面其實並不神秘，也根源於利己，但是卻會讓人對真正利己的選擇，發生理智上的偏差，明明知道什麼才是對的，卻因為種種因素，有些甚至是自己無法解釋的因素，自欺欺人式地，無法作出真正利己的事。也就是因利，而產生了真正的不利。

證曰：◎兩種相同產品，置於相同銷路上，有打過廣告的產品就是比較被大眾所選擇，而大眾整體來說，對產品並不會實際的考核。◎三國志中形容袁紹，多謀少決，內忌外寬。◎諸葛亮的前出師表：「親賢臣遠小人，此先漢所以興隆也，親小人而遠賢臣，此後漢所以傾頹也。」一任誰都知道，親君子益，親小人害。也並非不能辨析兩者之分，但卻基於種種人性的陰暗偏導，即使知道此理，也未必能照著做。◎五胡十六國末，後秦主姚興好作夸夸之論，善於策謀卻鮮能執行，後秦從其由盛而近衰亡。◎民國時代的蔣介石，好作冠冕堂皇之語，動輒引用古人銘言。例如：「養天地正氣，法古今完人」，但是實際的行為與見識，卻無仁無恥，昏闇而滑刁，終至於離心離德，土崩瓦解，小島蝸居，政權倚外力鮮恥地存續。

用曰：

奇：：知道自己的目的是什麼，也知道什麼才是對的，卻不能做到。愚昧的蠢行就在平常的偏執認識，逐漸累積，到關鍵時刻，失智失義甚矣。

曲：：判斷力，不僅於學識與見識而已，本心的省悟才是關鍵。智能並無真正的自塑性，全由與環境互動，並不斷反饋所擬制而成，當中殘餘很多可以催化自己選擇的意象，這無法透過後天建置性的教育去清除。

變：：其經歷的意象，及其與欲望之間的糾纏，是孿愔之起因。心性各種層次的陰暗面，之間也會相互矛盾，雖然能運用這種矛盾，而建置優良心性者並不多，然因此，人的心性就有多變之機。

律：智能的純淨性，是建立宇宙時義物種所必須。而所謂純淨性，並不是非得一塵不染，而是有能力把自己所接觸過的無關意象，用等同的態度去消化，使之不會產生判斷的偏差性，與個性的陰暗面。

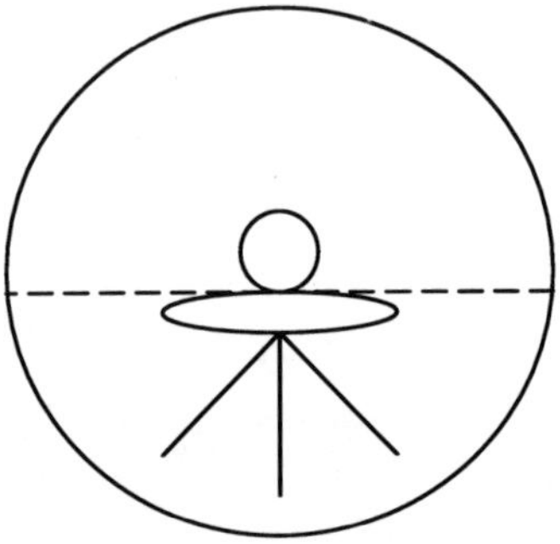

蹇絡卦

蹇絡。易剛中高適，其事皆同，利貞。

象曰：蹇絡，利志行，雖片象不均，而時必應，能取適必遂其志矣。

象曰：倚明而伏作皆悅，蹇絡。信者以時踐行。

上九，制情續亨。

象曰：易之大行矣，制情續亨，而形絡。

六八，同而異和，元吉。

象曰：見異，實大同，能取和之，元吉。

九七，期等，利高觀。

象曰：易行期等，宏蹇絡矣，故利高觀。
六六，允定差，行因果。
象曰：允定差，情不平，實等價之允，行因果之絡。
九五，片象成蹇，貞固。
象曰：雖成蹇固，存情亦無所尤。
九四，引領蹇偏，貞凶。
象曰：承片象而不真識，引領蹇絡，貞凶。
六三，張蹇絡，小人吉。
象曰：已據不平，飾行而固，小人吉。
九二，切情觀，疑誤，厄。
象曰：片象疑誤，溺而自困，厄。
初九，節象區，自領時義。
象曰：為蹇絡之刻，自入領其時義，貞慎。

論曰：蹇絡，片面取象不平之義，而有困阻相生。變易因等價之作起，在情境之中卻會被認為不平等，甚至會被定義為先天的不平等，而有更偏差之作。實際上等價分佈情境所潛伏之間，或作制於我們價值觀念之外。

證曰：◎先天的不平等，倘若不斷拉長時空軸，並透析因果觀察，最終都可以是平等的終結。◎引觀歷史，一種高度分工，而生產能力高的文明，仍然會逐漸衰亡，在於失等價因作。對整體沒有多少貢獻者，可以用各種偏差方式，巧據社會的產值資源，逐漸把社會帶往錯誤方向演變。

用曰：

奇-·--·-等價准許落差。認定的區間，不見得符合變易等價取象之作，因而據困於情境不平之中，受而天翦。

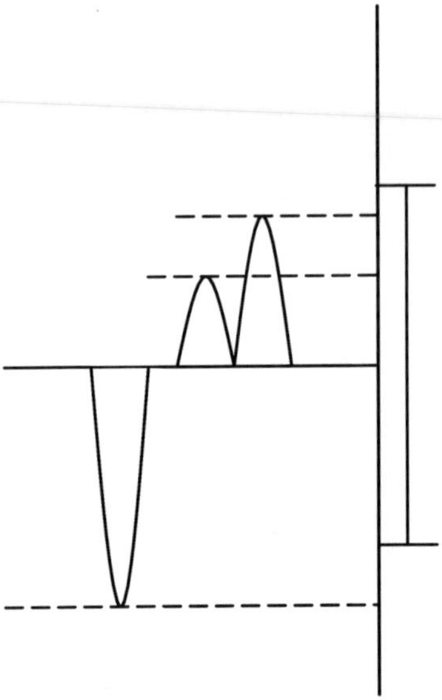

曲-·-一文明的或衰或亡，都是因據已有片段不公平，而增衍之。已有的不平，易之宏體

等價之作，而未必於亡，然人所因以增衍，自擇天翦矣，故曰「天作孽猶可存，自作孽不可活」。

變──倚變卦，情境之系統的真實能力擴展，必返因變易等價高觀，作之於宏易而非據之於偏情。

律──思維亦仰變易。當客觀地追求，事態被後法則之時，實際上都已經先接受，等價的觀念。以勾勒變化的每一個流程，才可以求得最後答案。變易之作，剛中高適以行等，其義大矣。

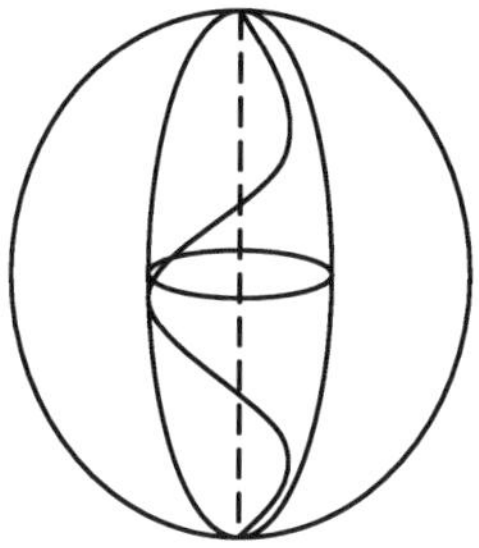

觀措卦

觀措。亨運，至通，啟。

象曰：亨運觀措，象差生意，元以中正，啟通至道，蓄其德。

象曰：二明象差而作悅，觀措。智者以察象位，運數籌能，濟助正道。

上九，幻夢塑境，貞固。

象曰：以輔弼其蓄，貞固。

六八，物態反覆，觀。

象曰：反覆而必有陰面，以觀卦也。

九七，象異之啟，機至。

象曰：象異之啟，契機存焉。

六六，史家之鑑，貞吉。

象曰：史鑑，明通自是也，貞吉。

九五，數家籌方，吉。

象曰：籌思解析，以得精確，吉。

九四，九宮幻方。衡。

象曰：縱橫恆數也，均異以衡。

九三，象差之蓄，鑑明。

象曰：蓄位鑑明，以應事也。

六二，啟害德，貞凶。
象曰：以能啟行而害德，圖而運籌，貞凶。
初九，旭日之霧。
象曰：健行混沌，察以深觀。
論曰：觀措，事情變化過程，抽取兩個關鍵的差別，則必具有新時義。感知在變易體當中，是個極狹隘的述限範圍，這個述限流程的取象中，若出現兩種情境落差，則代表變易體必然提供了新的時義，相與運行，卻被感知遺漏於外。
證曰：◎燃料的利用，以化學反應前後，不同的能量差距，而產生動能。◎牛頓把物理原理，結合數學公式計算，開啟了新的事物思維方式。◎艾拉托斯梯涅斯最先測算了地球的大小，在古埃及城市諧涅，太陽居於正頂上，建築物照不出影子，用鉛垂線實驗，則太陽光線與鉛垂線重合。但在同一時刻離諧涅城以北的亞歷山大裏亞城，太陽光線卻同鉛垂線成七度十二分的角，是圓的五十分之一的角度，因而照出影子來。怎樣來解釋此現象？一定是因地球彎曲而產生的。他發現這七度十二分恰好是一個圓周的五十分之一，兩地距離約八百公里，乘上五十就是地球周長，算出來的大小與現代的測量很接近。
用曰：

奇——遭遇的很多轉折，其實是事態本身就能決定的，如同九宮數字遊戲，很多種組合與解釋，在自己的體系中，思考及幻想，然後權衡疏誤而修正，即使天資愚頓，也能夠找到過關的途徑，因為其中就蘊藏答案。往往發生在事態最尖峰、最白熱化，暫離天時地利所擾之時，自我體系的明鑑運籌之能，其重要性就突顯出來。

曲——兩種情境落差，則必含有能量，能夠改時象發展。觀察點所觀測的事情變化，會塑造出一種意象，然而這種意象，未必能充分表達當中的訊息。倘若能夠透析兩關鍵差別的前因後果，加之組合判斷，就可能查出當中問題所在，以求時義。兩種情境的落差，當中適當牽連，能夠讓兩者的落差產生動力，塑造出另外一種情境的可能。觀措者必定在當中體察，得到針對時義的系統方式。

變——無論自然界還是人文社會，都具有觀措之值，是以張良、諸葛亮、崔浩、劉伯溫等古代的智者，預料事態，皆秉於此同一結構之中。

律——宇宙至理產生萬物，事態出現則必定有其象位，有象位則會有能的落差，一個事態發展牽攣紛雜，當中我們以為的同一件事態，就可以藏有不同象位，與能的落差，可以在自我體系向內尋求答案。

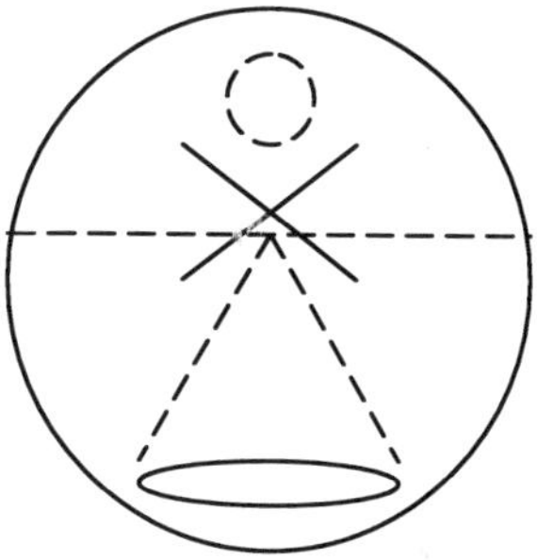

律蝕卦

律蝕。安維生育，剝我狹存，厄。

象曰：律蝕，安律有易，招引其凶。能安律亦能侵害，是以律蝕。

象曰：倚明作止而伏順，律蝕。智者以明律道，探以先知。

上九，安律，貞固。

象曰：以得貞，求存逸也。

六八，運化生育，貞吉。

象曰：陰存以運化，是以生計，貞吉。

九七，大易易律，往吝。

象曰：大易易律，降而狹存，我不能見，往吝。

九六，我易易律，凶。

象曰：我易易律，我不自知，凶。

六五，易律生蝕。

象曰：生孕，易所偏影，其律，必啟剝滅也。

六四，律蝕之數，貞固。

象曰：其腐蝕有厄，律以佈新，運數循環，貞固。

六三，瞽不見上，凶。

象曰：瞽不見上，不知宰制，凶。

六二，律蝕之掠。

象曰：藉律以侵蝕，定數也。

初六，擒律，無咎。

象曰：擒律深伏，自演生機，無咎。

論曰：律蝕，規律是物態久存所依賴的，生命繁續也是規律所成，然而同一個規律性質，亦可以引導同一物態，走入滅絕。物態依賴形上法則所存，形上法則牽動時義變易，原本物態所依賴而存的規律，反有可能侵蝕物態本身，成為禍患滅絕的最大幫助。

證曰：◎杜鵑鳥侵入布穀鳥巢穴，更易其蛋，使布穀鳥餵食，雛鳥甚至比餵食的母鳥大，而布穀鳥無法辨別，更無法變更養育的習性，受催化而餵食致死。◎掠食性動物，常利用獵物的慣性，而達到捕食的目的。◎植物之間的生態競爭，依托自己與對手的規律與慣性，轉變以勝之。

用曰：

奇⚋⚋倚鎮惡卦，生命與感知，對變易而言，都是取象狹隘的陰影，所以生命與感知倚靠的生存規律，或稱慣性，都是可以被變化所侵蝕的。對變易體而言，只是把顯現的角度，轉變成生命範疇之外的規律而已。

曲⚋—規律本身就如同遵守它的物態，依賴某種易裡生存，通轉規律則是善於生存之物種，必然擁有的。

變—⚋規律是常德，康健昌盛之機，然而也包含自我意義，可與時義相互衝突，可以隱藏某種意義於往後，可以抑制契機與轉機。日月之律也有不利生命者，也有毀壞所有生命的一天。腐朽也只是規律的轉變而已。

律——生命本質不能夠沒有規律，否則自我之義會喪失，自然控制生態的氣數，以此生滅倚一，陰陽相合，為其樞紐。但是規律之善是倚法則之不易性，亦不免於其法則變易性，明瞭時義，規律以簡易，律蝕發生才能及時通轉規律，而不會被自己設定的複雜規律程序所遺害。

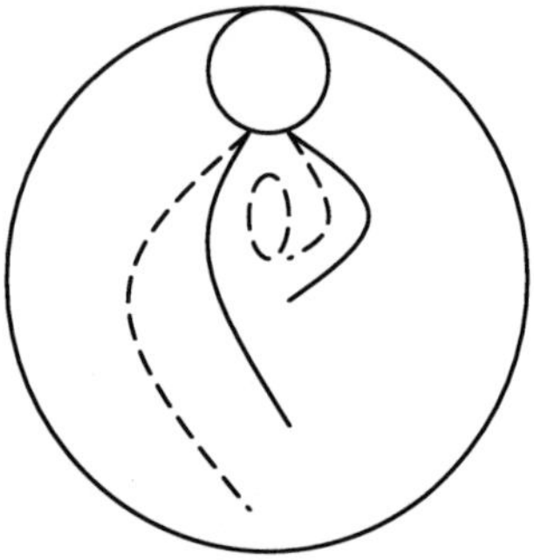

— -:- — — -:- -:- -:- -:- — 眶昭卦

眶昭。智限必昏，眶檢趨穩，利貞。

象曰：眶昭，臨易俱盲，或不明於勢，眶識自檢，亨於進，近昭也。

象曰：倚明作止而伏動，眶昭。學者以自檢不懈。

上九，智限之昏，吝固。

象曰：智不達，昏而難教也，必有吝，固。

六八，智眶反識，吉。

象曰：有智眶，能檢矣，吉。

九七，醒觸識。

象曰：其旅義之明也，

九六，頤適簡易，厄。

象曰：頤適，無自醒也，簡易雖化，亦厄矣。

六五，便易，不得。

象曰：不檢自易之則，必不得矣。

六四，識積之滯，不利攸往。

象曰：同不晉，形無窮，識積而滯矣，人習之誤，不利攸往。

六三，基舊之易，無悔，利貞。

象曰：易必基舊，乾綱不亡，無悔，利貞。

六二，眶檢大昭。

象曰：動而取明，自知有瑕。

初九，眶檢後功，元亨，吉。

象曰：眶檢之能，智近易體，後功可行，元亨，吉。

論曰：眶昭，必先存一種自明檢視方式，當作變化基礎，而後才有真實的演進。不論任何狀態的智力層次，或體系層次的提升，必定先自臨變易。而最簡單自臨變易的觀察標準，就是建立，重新檢視以往定義方法的能力，以此產生的變化，才會是有後續長期功率的。

證曰：◎黑猩猩或紅毛猩猩，會使用簡單的工具。然而若沒有利於捕食或交配需求等生存，就不會將這些技能保存或傳承下一代。◎黑猩猩或紅毛猩猩，對於數學符號的運算的學習，雖然只能會一些簡單的加減乘除運算，但當牠們學習人類造出來的符號運算時，都從規則與其變化的記憶開始。而不會明白這符號背後的意義為何。實際上從牠們記憶行為，與牠們對食物或是同伴的「數量」多寡的感觸行為分析，猩猩有能力明白符號背後的意義，至少可以理解到，加減規則的意義。從而對於過去數量的感觸有所不同。◎建構式數學的方法教育小學生，反而會把原有數學能力降低，原因可從猩猩學習數學看出。必須是倚靠記憶規則為骨幹，而後才去體會數學背後的意義，才能夠快速建立數學能力。智能運行，有其物種時義的背景。

用曰：

奇⚋⚋改變舊有的定義，並不會增加智能層次，很多種動物都可以改變過去的行為模式，甚至是昆蟲都可以，但不見得提升其物種能力。提升的關鍵在於，啟動檢視過去自我，暨整個定義流程的能力，而後因外界變化而自我改變。

曲⚋⚊一種層次的型態可以有無限多種，只改變型態，會有以為層次提升的假象，不只是動物，人類也時常犯這種錯誤。把外在的改變而當做層次的提昇，這只能夠應付短暫隨機的變化，長遠時義的運行，就不能夠應付其因果態勢。

變⚊⚋觀古今中外人類的文明變易，不見得一直擁有此卦的能力，尤其近代的東方歷史，就所臨近的變易體而論，層次還達不到用石器或銅器，開創文明的老祖宗。

律——同樣是改變舊有的方式，為何需要而擁有檢視過去定義流程的能力？改變都是變易體的一部份，但變易體運行眶昭，原始態勢則必穩定地釋放乾綱運行。

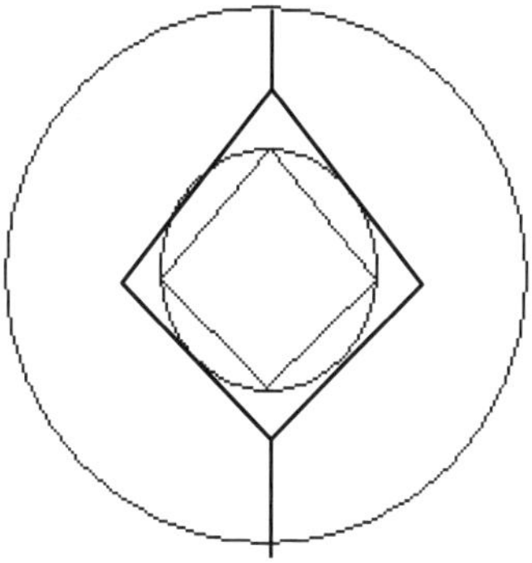

蒙歷卦

蒙歷。形啟原始，勵行固用。

象曰：蒙歷，見歷涉事，行蒙雖有鄙吝，伏而後續識觀，晰真義矣，無鄙兼識，大得也。

象曰：倚麗作止而伏險，蒙歷。智者以延童蒙，而無預設。

上九，大體，形乾。
象曰：大體形乾，雖遙，而無可逆矣。
六八，形啓必用，易之則。
象曰：形啓，取象必用，易之則。
九七，旅歷析相，不偏，無失。
象曰：旅歷，皆實存也，不偏信，無失。
九六，蒙碁是用，利建功。
象曰：蒙碁而砥原之流，為新建之功。
六五，蒙養正，聖功。
象曰：歸形啟而求義，大得，聖功矣。
六四，失蒙影原，夾偏，征凶。
象曰：失蒙，夾偏艱往，其行影原，未自知，征凶。
六三，克蒙歷，衰減奔象。
象曰：衰減奔象，以得序也。
九二，脫混蒙，貞固。
象曰：時序歸秩，易所貞固。
初六，穎體大形，險之貞用。
象曰：入政易作，險義真用矣。

論曰：蒙歷，蒙性的延續。取象演變的層次提升，都會有一個『形啟原始』，這代表情境出現在這個層次時，所需要的因果基始。若不涉及這層次之前的原始存在因素，那麼形啟原始運作的態勢才是最適當的選擇。

證曰：◎南齊立朝之主蕭道成，每曰：「使我治天下十年，當使黃金與土同價。」雖然事實上這辦不到，但是蕭道成的本心是正確的。◎貞觀二年，唐太宗問魏徵曰：「何謂為明君暗君？」徵曰：「君之所以明者，兼聽也；其所以暗者，偏信也。《詩》云：『先民有言，詢於芻蕘。』昔唐、虞之理，辟四門，明四目，達四聰。是以聖無不照，故共、鯀之徒，不能塞也；靖言庸回，不能惑也。秦二世則隱藏其身，捐隔疏賤而偏信趙高，及天下潰叛，不得聞也。梁武帝偏信朱異，而侯景舉兵向闕，竟不得知也。隋煬帝偏信虞世基，而諸賊攻城剽邑，亦不得知也。是故人君兼聽納下，則貴臣不得壅蔽，而下情必得上通也。」太宗甚善其言。

用曰：

奇-·--·-在原始本性不斷遙釋乾綱的狀態下，理智的建立，並不是一個順暢的程序，並非靠知識的單向建置，就能夠達成。理智跟原始的本性結合，產生的只是偏執想法與適性選擇。隋煬帝並不比唐太宗庸碌，只是治天下之所為，出於適性與適當的差別。

曲⚋⚊用之於思維，中性的先設觀念，建置最廣義的架構基礎。在蒙昧當中建置理智，才是真正的理智。審視所有現狀當中，保持原始蒙性之心，沒有預設立場。在童蒙延續的基礎上，才能夠把真正的理智建立起來。

變⚊⚋對於形式的對錯的計較，是次要的。只要這種變易存在，可以架構具體事物，其依據的流程大可不必太過要求。然而用之於事，大家都知道這種道理，可用之於人，卻大部分人都會遺忘。

律⚊⚊形啟原始是建置各層次情境，的根本依據，然層次的後續變化，又必因蛻於更原始之存，所以現實的狀態中，變易在一定的程度之內運行，尚不會有無窮的情境延續於一個時空，現實也並不會被眾多的情境堆滿，我們不會看得到所有的因果關係，時空的秩序才是我們所見之井然。

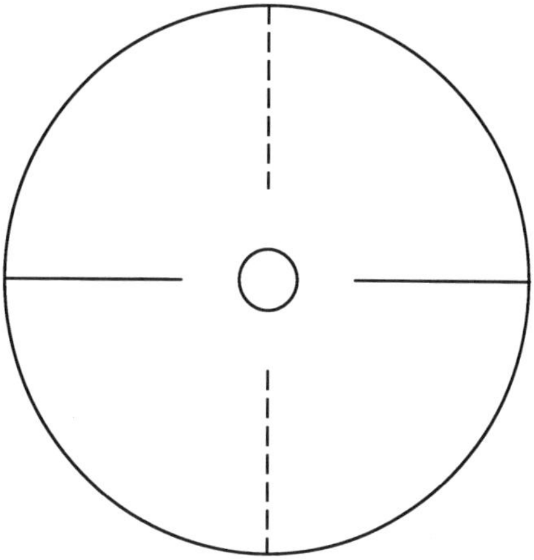

兩化卦

兩化。兩錯因對，容逆，故三元化生。

象曰：兩化，端順端逆，故三存於一中，至所時序。因化而反求，必以增演。

象曰：倚明而伏作皆止，兩化。智者行健以日新。

上九，數離義，純行。

象曰：數離義，獨其論也，純行。

六八，反端容逆，終有滅翦。

象曰：其大逆而仍存，終有滅翦，生而必有逆也。
九七，二則化立。
象曰：化立，實空有，倚義自立。
九六，化生歸通，有得。
象曰：三元歸通，以化生，有得。
六五，兩數據增，尤失。
象曰：兩數據增，因其思而返也，尤失。
六四，塑系自擇，未亨。
象曰：是以塑系有思，亦歷自擇，未亨。
九三，浪旅降數，亦可依。
象曰：去其所翻幕，浪旅降數，雖必有滅，猶可依歸。
六二，知一義而不知一，增構而遺所生規，迷。
象曰：遺規，必有迷也。
初六，滅必誤，因存，無咎。
象曰：雖滅納，必有誤，存誤以無咎。
論曰：兩化，存在的背後順應與違逆。存在的根本到底是什麼？為何我們要取象這種時空流程？任何的存在，必然順應一端的法則也一併違逆另一端的法則。

證曰：◎有些法則不容許任何時間的改變，也就是任何時空區段，這種情境概想都無法存在，有些法則可以讓你違反觸犯，因而在遙遠的時間後續，展現天翦滅絕。違逆倫理而在某時空區段存在，卻最終得到惡果，必然是兩化之驅動流程。

用曰：

奇 -:- -:- 時空中因兩化意義，才會出現三維意識，實際上根本沒有三維的意義，而是存在本身根源於一順一逆，才會架構出三元化生的型態邏輯。是故可以反運用這種最簡單「三」的結構意義，變化所有思維。

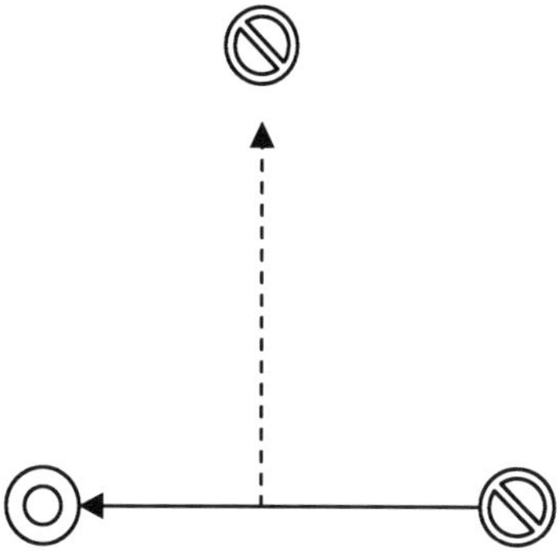

曲⋯一兩化而三的思維，相互連結增演，組成整個思想體系流程。具體既然是無窮降冪而生，則隨數因化反向增數，則型必增演，演則多，多必有所自通之處。一個思想體系的組建，「兩錯因對，三元化生」。當思想體系整個完成，其核心整體意義，也脫離不了這種結構。

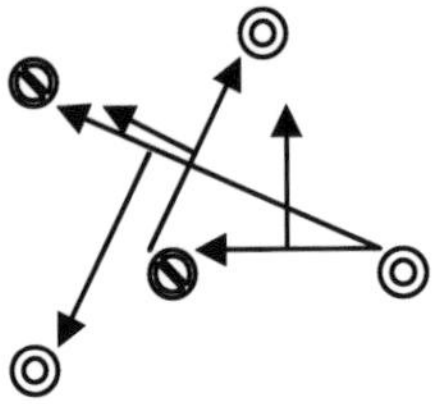

變⋯變易中性，不支持也不反對，以此而建構了存在。

律——存在，都是一順應而一違逆，實際上兩者都等價，只是在我們的時空辨識能力下，以為存在是法則支持的，實際上根本沒有支持，所以存在一段時空之後，還要被腐朽消滅。感知也同時取象時制、空制，兩化分區，在我們這種時空辨識能力之下，即時間緊縮而空間寬容，其於屬著次行篇之義大矣。

鏡切卦

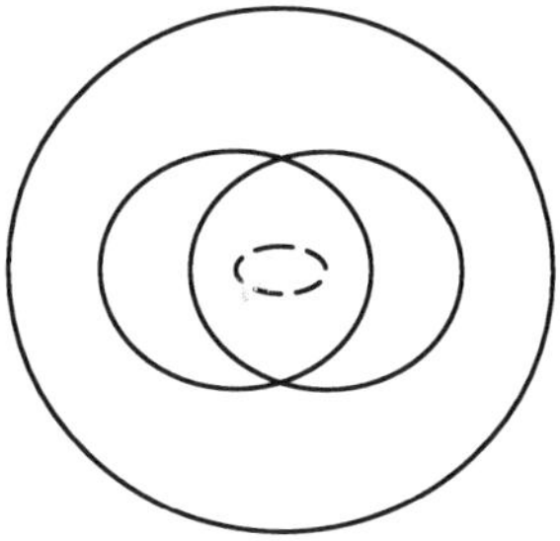

鏡切。行簡顯雜，識簡不簡。

彖曰：鏡切，以取象切，擬鏡屢簡，增其所致，雖無踐，無大咎矣。

象曰：倚伏明麗而作止，鏡切。嚴者知簡易，亦不簡矣。

上九，簡易至，囊無間。

象曰：易簡而非象簡，括囊無間矣。

六八，切裡相誌，永貞。

象曰：所識雜揉，切裡相誌，可永貞矣。

九七，貴往，傾識無止。

象曰：莫輕所識，傾而無止，利大興。

九六，賁顯非虛，無咎。
象曰：實存而非虛，有象位，無咎。
六五，連理鏡切，元吉。
象曰：連理之吉，通而涉廣也。
六四，鏡攝實，終莫之，往吝。
象曰：莫之，無切於箴，故往吝。
九三，頻復鏡作，無間之密。
象曰：頻復不捨而密之，涉有大用。
六二，凝玄，終大得。
象曰：頻顯象而凝玄，終必大得。
初九，幻旅市真，涉大鏡。
象曰：雖幻旅，亦涉大鏡顯真，終無尤。
論曰：鏡切，易之取象簡行而顯現複雜，存在於見到的所有時空。於之思維簡易的基本精神。
證曰：◎對優秀的非主流學者來說，建立新論並不難，運用眾多的經驗意象的切面組合而已，難在後面的求證。然而很多坐擁資源的科學家，卻難在創新理論。◎記憶力好的人，比較能聯想事物，所得的經驗與心得，也比較深邃。

用曰：

奇⚋⚋所有的經驗都是鏡像，可以投射在現實事物中，這是人的行為常態。

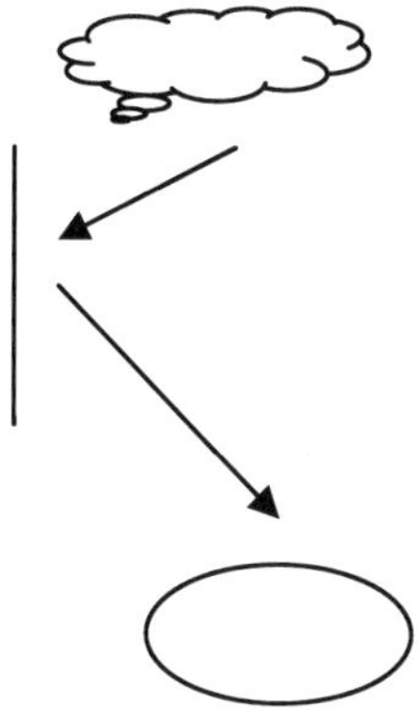

曲⚋⚊然而經驗其實參雜主觀，而且未必能相互契合，以利創造。所以運用經驗創造與歷史考證不同，只要事實存在，就切割片段，各自變相於一個代表思想，不必追究表像的來龍去脈。

變——甚至虛幻的想像都可以如此，而與之變系同作，如此聚於創造的玄帶宇集之內，不斷地切換其象。不是簡單的投射而已了。

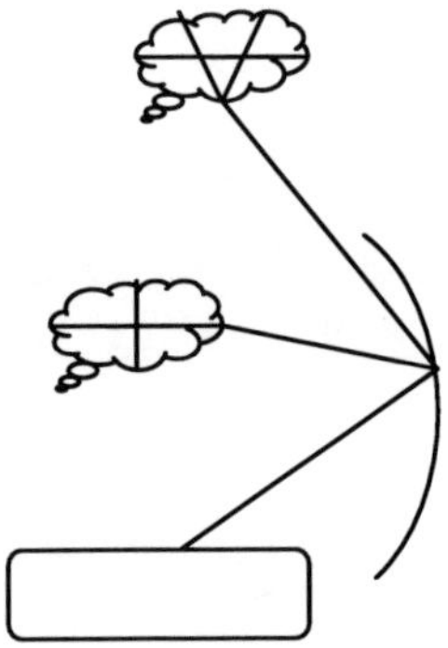

律——易之簡行而複雜取象，使得破元三義中，簡易的精神，對人的智能來說都難以表達。故其用淺而容易取之，義深而難明之，簡易之時義大矣。

紐定卦

紐定。無刻紐與，逝作承擇。

象曰：紐定，紐無樣而則有定，誤型非誤，存是貞固。

象曰：倚明作止而伏入，紐定。智者不僵作其學。

上九，旅宇無明，無咎。

象曰：必無明矣，無咎。

六八，無體之樞，大用合象，定攸義。

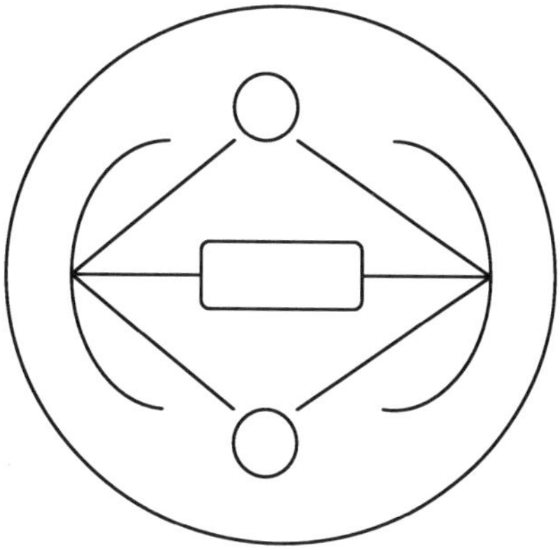

象曰：樞不見真定，故可大用。
九七，紐迫擇，顯真定。
象曰：高樞不及位，紐迫擇，象顯真定。
九六，先擇紐，終不可越。
象曰：其承體大化，攸型大具，雖智而終不可過越。
六五，旅繼擇，誤規，取新，後大得。
象曰：繼擇誤規其適，自適也，取新，後大得。
六四，蠱臨無序，艱行無咎。
象曰：蠱臨生亂，既有高樞非定，故艱行無咎。
九三，剛明自譽，利艱貞，終吉。
象曰：剛明避擾，自譽而健，故利艱貞。
九二，尖刻而定，臼固，不利攸往。
象曰：臼固難行，不利攸往。
初六，流紐不事，凶。
象曰：其易體大宰，雖往而無可為，凶。

論曰：紐定，變易以無體樞紐，定無窮詳盡，以此而能在建立固定的法則下，還承載自擇的多變體系。

證曰：◎韓非子外儲說云「郢書燕說」，郢人有遺燕相國書者，夜書，火不明，因謂持燭者曰：「舉燭」云而過書「舉燭」。舉燭，非書意也。燕相受書而說之，曰：「舉燭者，尚明也；尚明也者，舉賢而任之。」燕相白王，王大說，國以治。治則治矣，非書意也。◎考證人類的演化，我們的祖先錯用了脊椎骨，分析更為長久的四腳獸演化史，與脊索動物的型態分析，脊椎骨的型態並不適合直立，會帶來活動不便，也容易產生肩頸與腰部之病痛，年老時比其他動物更近於活動癱瘓，椎骨盤也容易突出，即使這樣比較容易躲避猛禽，卻不容易對付猛獸乃至有生活之難，畢竟得不償失。然而祖先卻在這種錯誤與不便的基礎下，經過漫長演化史，演化出許多不同人種，產生了人類與文明這回事。

用曰：

奇⚋⚋倚繁沮卦，歷史的學論所因繁者多，也就是對它的取象，受多種不客觀不可驗證之因素影響，哪怕是親眼所見，回到過去的時空中去詳述記載，公正地臨筆直書，也會受各種人性假態影響，而失落背後影響歷史的某些因素。

曲⚋⚊歷史最終的價值，還是人的感想與心得，並產生新的思想型態，倘若往上繼續追究百萬年的歷史，人類智能的型態產生，就是一種演化中自擇天翦的錯誤累積，然而這運用在歷史思想本身，卻不被認可。雖然方法與程序很重要，然而若因此壓抑了創見能力，失之大矣。

變一--歷史的真相與事實考據，的確非常重要，是不可含糊者，然而對錯尺度過份狹窄，一味只認準事實陳述，那就只是歷史工匠，非歷史學者。故掌握考證歷史的基礎，亦需量之以思想的啟發能力，兩種層次搭配，虛實互濟，才能彰顯真正的價值。律一一無與無窮的相連通，而可以承載多變性質的體系，在時空模式中，建立必然的準則，卻還會運行不確定性。變易以此掌握型態，而我們存在於這種體系下，即便痛苦憂愁而用盡智能，也無法跳脫這種掌握。

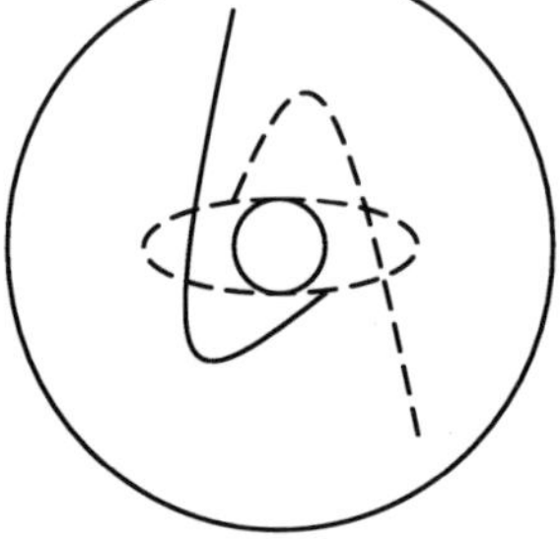

一--一一----一一一　木引卦

木引。外健而利，大得於內，強明而生動健之機。

象曰：木引，強明在外而我動健於內。剛健得應而有文明也，順應化效。

象曰：倚明作止而伏健，木引。勇者知強所引，正其所為。

上九，混沌木引，大數所趨，群物向之。
象曰：混沌無律而木引極之，外物向也，向而律生。
六八，木引之柔，化育群物。
象曰：化育群物，木引所宗。
九七，函數至末。
象曰：混沌受律，其數定矣，木引而吉。
九六，木引之健，為數所止。後凶。
象曰：欲健而止，凶在後也。
六五，含章止健，無咎。
象曰：止健之數，雖過無咎。
六四，附木引，小數能附，吉。
象曰：小數附於木引，文在中也，雖弱能吉。
九三，噬木引，噬應其利，吉。
象曰：噬應木引，燃動之本，吉。
九二，承軸之數。
象曰：承軸得力，運化木引。
初九，剛健之基，逆化而凶。
象曰：剛健之基，型之本，躁凶。

論曰：木引，取象於木星引力而名之。在一混沌環境中，有一強大作用力。在此力作用之外而影響範圍內，能有獨特而強健的動力源。以此動力源，視其承化的型態，可演變出獨特而具有發展性之物。

證曰：◎天文學的已知：太陽系眾行星中，由於木星引力最大，吸收來自宇宙眾多慧星體，使得內太陽系相對穩定，減少慧星撞擊機會，地球生命而能有充足的時間，演化至較高階生命。◎春秋大勢，晉阻三河，齊負東海，楚介江淮，秦因雍州之固，皆倚偏險，收攏士人，蓄國勢以霸天下。◎美國孤懸於舊大陸之外，鄰無強國，歐洲各種紛擾之數無所預之，使美國在穩定中吸收舊大陸科學文明，逐漸茁壯而強過歐陸。

用曰：

奇……混沌環境，因木引法則而成的不均質。使得受影響之事物，若存在於其中，會意外獲得強健生命力。人與天文皆有同易子運基。

曲……一得木引之利則自受其限，亦受其凶。大凡意外獲利之養成，則倚賴其動力之源，己亦未必知之，或基於種種原因，並不在乎。一旦有所變化，本身的體系自然會受到牽動。

變……人與天文雖有部份同易，然木星引力尚不能全然封閉隕石撞地之機會，況人事並無天體常恆的同易？其不足永恃之理明矣。

律 一一 承木引者貴在能自明所基，雖有變亦知如何順化。人事木引不能恆久不易，故有自尋凶事。

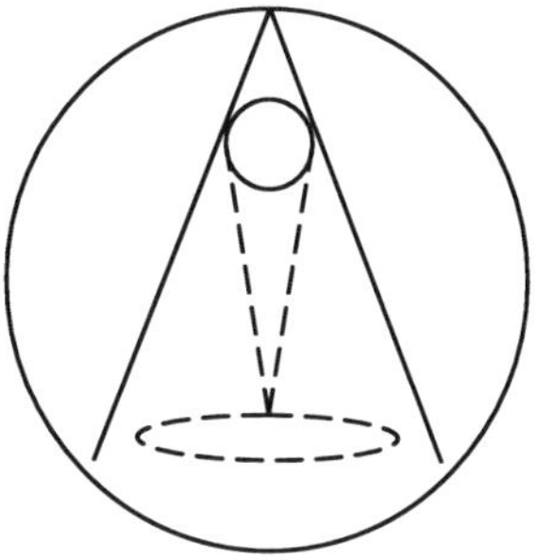

— -:- — — -:- — -:- -:- -:- 顯璃卦

顯璃。末亂行健，始簡行順，互有之形。

象曰：顯璃，互有而分譜，散若色璃，以顯易象法則，利艱貞。

象曰：倚作明麗而伏順，顯璃。易以形混沌無序。

上九，透璃顯像，顯缺。

象曰：雖顯像，亦顯色觀之缺。

六八，易弱歸乾。

象曰：易有晦完，是弱，而納乾健。

九七，簡聚，有大聚。
象曰：貌簡，實取象大聚。
九六，相對分譜，利艱貞。
象曰：易以分譜，銜完相對，利艱貞。
六五，互銜，是大體。
象曰：易之晉作，大體互銜。
九四，銜顯璃，慣演。
象曰：易之形也，而取象慣演。
六三，齊整歸始，流則。
象曰：齊整歸始，大易所行，流則。
六二，混沌歸簡，慎行。
象曰：歸簡而時具混沌，慎自所行也。
初六，誤顯璃，不利悠遠。
象曰：其以時通，容我自擇，實伏誤，雖近得，不利悠遠。

論曰：顯璃，變易的分譜觀。變化之譜越拉散，形式取象雖然越複雜，但所顯現出來的變易法則就越清楚，越容易解析。並不代表早期的演變型態，就不包含這些變化，而是聚以原始所作。當數降冪、原始乾綱因蛻，其變易之譜則散而可顯，因而情境可輕取其象。

證曰：◎自擇的態勢在越複雜的生物當中，越容易觀察得到。孔子之仁雖博大，仍然倚靠權力結構，而演繹為政之道，救濟萬民。◎複雜的事物，反而用簡單的統計公式與機率論，甚至現在都可用現成的電腦程式，就可以去計算之，然原始單純的事物，反而要動用到哲學的艱深思維，去解析之。◎唐太宗李世民，優越於其他帝王之處，不在於平定竇建德、王世充等隨末群雄，平定亂世，歷史上很多英雄豪傑都會，然而貞觀之治，卻非其他創業帝王可比，治理好單純局面之道，要比平定混亂局面之法，還要艱深。在亂世之時局面複雜，反而用最簡單的暴力侵奪，詭詐權術就可平定，然而在山河一統之後，局面貌似單純，治理之道反而更加複雜，影響也更加深遠。

用曰：

奇——每一個歷史階段，只要具有完整的因果關係，都可以片段解釋顯璃的末態，洞悉難易先後之別。

曲——原始階段就已經蘊藏複雜的變化法則，顯璃成複雜的末態。所以當事情越是複雜，其實整體的變易就越寡弱，乾綱新制的可能性反而越高。

變——越是簡單的東西才越艱深，有混沌無情之則，複雜的末態才是原始行健之機。

律——情境取象，或者說變易因演，在末態才能行健，所以次易末哉於乾元。取象健行於末而順存於始，以此乾坤循環而無始終。故曰：老母無極，至理遮蔽。

戎攝卦

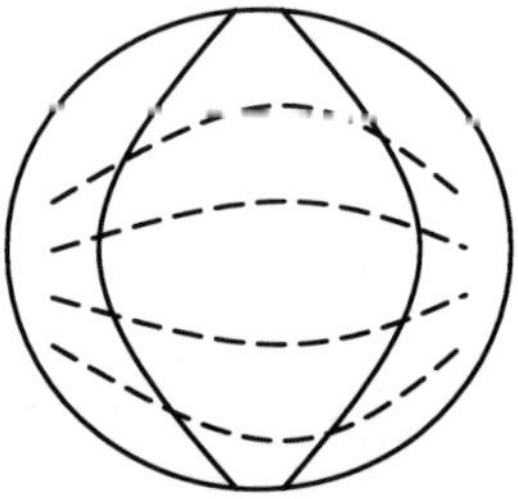

戎攝。大居無攝，易代理行，因代易行。

象曰：戎攝，戎行而非攝，攝而非居，鑑而素用次易，無名大適矣。

象曰：倚作明麗而伏動，戎攝。易以總攝大用。

上九，上行無名。

象曰：上行無名，是總大居。

六八，易攝無因，求必遇艱。

象曰：雖明而未見，故求必有艱。

九七，複脆，慎用。

象曰：用取雖深，複而脆矣，慎用。

九六，規型玄帶，深用。

象曰：行素而其健大用，大義深矣。

六五，本因行戎，利涉大川。

象曰：有其複作而行戎，近健矣，利涉大川。

九四，玄帶分剝，不利其因。

象曰：易剝其因，是以不利矣。

六三，反戎是用，大得。

象曰：反戎於其因，是用助，大得。

六二，戎攝行賁，毋喜。

象曰：行賁則存剝，健作也，有竭矣，毋喜。

初九，實戎攝，規制張本，利艱貞。

象曰：實之張本，有深義，故利艱貞。

論曰：戎攝，情境的最深處，組攝行體的基本因子，與行體互動。對變易而言，不論基本因子，是否其組攝的行體，都是等價存在，無因果先後，乾健大小數列而已。等價存攝，因子持戎而行。

證曰：◎當生命存在時久，組成生命行體的基因損壞，細胞平均的功能逐漸減弱，也就是熟悉的老化。◎遺傳疾病，會使某些人在很年輕的時候，就已經有老化的現象。使恆星發光的核融合反應，當核原料轉變殆盡，星體就失去光芒，而坍塌成單純的質量物體。

用曰：

奇⚋⚋對變易來說既然存在等價，因子雖竭，戎攝之行體就只剩存在之本，而無行本，存攝而無戎矣。既然存在價值不為因子所持，那麼行體的動健潛力，存在於組成因子的組合態勢。

曲⚋⚊基本的因子雖成行體之狀，卻無法據有之，行戎而不據攝，則運行大體的部局，亦可以反行戎基本因子，使通於同易之作。

變⚊⚋是故次易屬著，不論價值與其名，而以卦義戎行組態。著而反攝卦用，稜弦、戎攝，屬著玄帶規制之張本。

律⚊⚊當因子運作，並不據攝，只銜接變易動健之態時，變易所健，作之行體與因子之間的玄帶。故外賁行體，而內剝因子，其大義之用重矣。

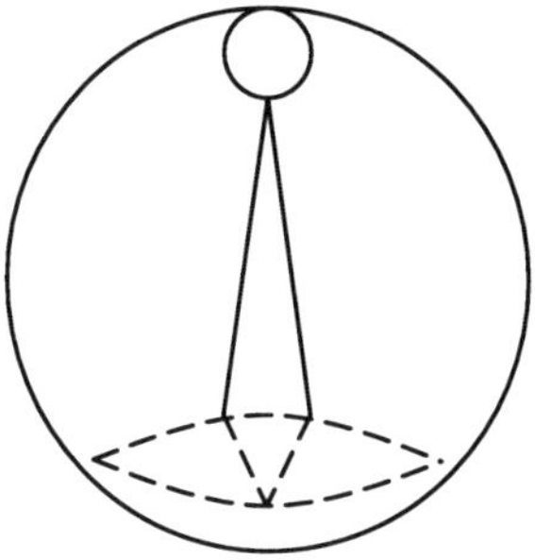

端滅卦

端滅。端臨義界，無作再義。

彖曰：端滅，此端入無，則此端滅矣，再義而異相生，乾坤所逆，弱可作也。

象曰：倚作明麗而伏悅，端滅。學者以高景瞀卦。

上九，取大中。

象曰：無存，必取大中。

六八，睽定乖生，利破強惡。

象曰：雖乖異，睽定善義矣，利破強惡之凌。

九七，數破，往吝。

象曰：義之變，零之作也，無明往吝。

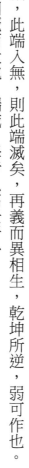

九六，天端一滅，勿固。
象曰：天端非固，一取而滅，學者勿固。
六五，因投玄帶，歧生。
象曰：有無所樞，玄帶之作，因投之，歧必生。
九四，無作著滅，恃者凶。
象曰：變生於所憑也，強恃則凶。
六三，深域之藏，艱取攸利。
象曰：事萬端矣，端滅深域所藏，艱取攸利。
九二，亂因，必破亂。
象曰：玄樞亂因，無逆作也，物繫必破亂。
初九，智運取無，利攸往。
象曰：解象以析，則取其無也，用數，利攸往。

論曰：端滅，用無的轉向。在兩化卦大體運行下，一系統觀念，或稱一性質，必有以「有」用「無」而運行者，此必為其運行關鍵，在有與無的銜接當中，投入一種變數，就會讓系統發生轉變。

證曰：◎老子曰：三十輻共一轂，當其無，有車之用。埏埴以為器，當其無，有器之用。

鑿戶牖以為室，當其無，有室之用。是故有之以為利，無之以為用。◎宋金郾城之戰，整體來說行漫孌之則，然而就集體低斫馬足而論，是攻擊拐子馬的機動性與裝甲性的連結紐帶。◎與祖父同年的一個長輩，同桌打麻將，跟我講述當年，他在八年抗戰時期的戰鬥經歷。說當初如何對付敵人較為優越的裝備，尤其在打敵人的坦克戰車，最為特殊，都是採用埋伏突擊，用長桿炸藥攻擊履帶之法。且告訴我說：「只要是會活動的地方，就有辦法轟死。」

用曰：

奇 ⚋⚋ 變易無視時空的概念，「以有用無」，並沒有系統的區域之分，可以說均佈於整個系統之中。所以這種區分並不在於系統標的，而在於定義者本身，所能觸及的範圍，或其定義能力。

曲 ⚋ ⚊ 倚疊念卦，天累億兆人取其端，「有」與「無」的本身，都無法消滅，此端滅者在於，有與無的連接樞紐。故智能之大用在於定義明確，適近於變化。

變 ⚊ ⚋ 定義物是由許多種，我們常習的概念所組合，這種概念未必能符合定義物變化的本身。通常能夠符合的原因，在於對方也是人類，所造出來的東西基本定義方式，沒有多少差別。岳飛對付拐子馬，那位長輩對付坦克戰車，所賴皆在於此，行端滅之則。然而對大自然所形成變化法則，並不是如此，故學者以高景晉卦。

律 ⚊ ⚊「有」與「無」的連結紐帶，多在於事物定義域的臨界；而無的轉向，用陰陽思想解析，即乾坤逆向，本是「以有用無」而成為「入無用有」，定義域破壞則乾坤逆矣，「三陰破陽」漫發大用，基作於此。

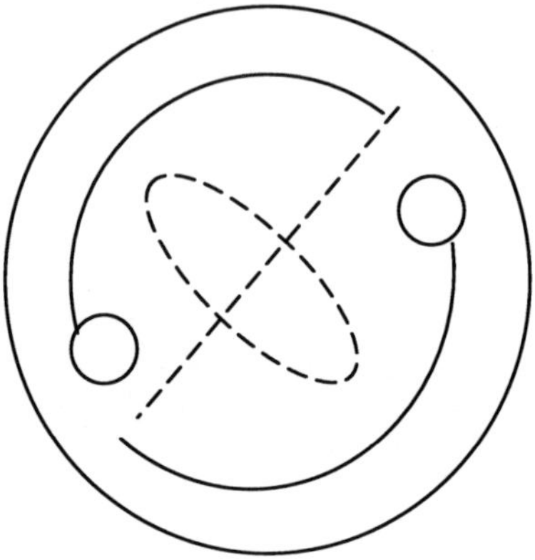

⚊⚋⚊⚊⚋⚊⚊⚋⚋ 始退卦

始退。分形求始，失絡繹，小亨。

象曰：始退，原元無盡，而顯落片取，雖有小差亦可略也，小亨。

象曰：倚作明麗而伏止，始退。學者以擬論不止。

上九，始脈相略。

象曰：雖似同，實有歧，未幾亦可略矣。
六八，覥形，無貞。
象曰：原元無盡，求取覥形，故無貞。
九七，落夬新象，歧偏。
象曰：忘元無盡矣，歧偏有迷也。
九六，蛻旅，後見。
象曰：雖後見而有失，不忘義亦無疑。
六五，司不棄，利建新學。
象曰：雖吝而可納行健，利建新學。
九四，深兆，艱求。
象曰：事歧而求深兆，艱求可貞矣。
九三，偏剛拒往，必吝。
象曰：未盡解，偏剛，必有吝矣。
六二，舉象相成，小得，大利。
象曰：舉象相成，雖小得，而眾意可受，大利之。
初六，隱元形健，利涉大川。
象曰：雖不受，隱元形健而不息，利涉大川。

論曰：始退，取象原始的相對性。分析整個演變的過程，有原始型態與新進型態之別，然而這是相對性的。當進入分析原始型態本身的意義之時，在分層時所定義的「原始」，並不存在於型態。

證曰：◎狹義相對論，光的傳播定律與相對性原理表面牴觸，當放棄伽利略、牛頓系統的時間絕對觀念，那麼理論就可以基於洛倫茲變換，從這表面牴觸的矛盾中建立。

用曰：

奇……始退，解釋變易的據實假用。運用當中的相對特性，任何具體理論，描述地再詳細，引證推論地再精確，都只是變化的投影，而可以重組。

曲……倚組絮卦，只要重組的理論，通顯出具體的事實，必定會產生新的組絮語言，成為新理論型態的雛形。為次易變作他論，之原力。

變……相對性的根源，基於等價的相關變易運行，然而顯現出來的弔詭特性，綜合了其他的變易取象的解釋。

律——當切割原始型態本身的分析，那麼就偏離了整體的乾綱角度，產生與整體運行完全不同的取象態勢。

離卦

離。亨，增所明，成所德，以蓄動。

彖曰：離，明，界也，領域義也。所觀之界，所明之形，限其所得也。故真明者，擴界也，合耀為麗。

象曰：火三聚，離。智者自增明界，探思內境。

上九，蓄離，元吉。

象曰：求所遺也，元吉。

六八，異離歧行，合歧，元吉。

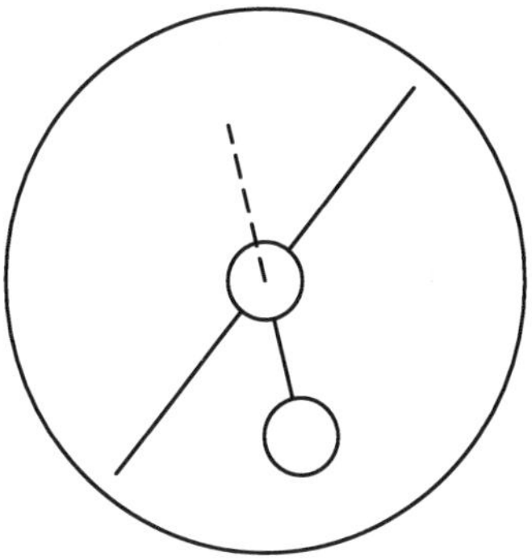

象曰：異離異解，自有歧行，征歧死如，合歧元吉。
九七，蒙離，無咎。
象曰：未有其感，何啟其蒙？何以明冥？無咎。
九六，宇宙限因，貞固。
象曰：宇宙，時空也，限因，經其明也。貞固。
六五，開物啟明，貞吉。
象曰：開物啟明，雖間，貞吉。
九四，自明冥冥，伏凶。
象曰：自明冥冥，以瞽為明，安以逸得，伏凶。
九三，因感，貞固。
象曰：因感而定觀，貞固。
六二，文別，貞吉。
象曰：文別而類思，以為明碁，貞吉。
初九，內冥之界，伏流，棄如，孤。
象曰：伏流難明，棄如自孤。
論曰：離，顯制拓展。明麗領域的範圍，受到所處時空限制，而可以決定自擇態勢，進而影響天翦路徑。微論之，感官所能察覺的範圍，奠定其思維基礎，而新的感官領域拓展，則造成新型態的思維，可以成為啟發新式力量的來源。而人類銜接新感官與新思維者，必定得倚托過去的語文與數學之根基，而真正明麗者又能反饋出新的符號系統。拓展新明麗的領域，成為有系統的聯繫，非謹守固有的感官範圍者所能明麗，思維與邏輯也必須隨著感官方向去變易，建置出新領域型態的感官思維態勢，又與過去舊有者，相互融合分歧，相容相義，形成連續新舊的整體離義。所以明離易義，是兼納新舊感觀思維之衍生義，而妥善經營的領域。

證曰：◎近代攝影技術的發達，使得光憑肉眼看不到的快速影像，細微影像，能夠解析出來，而擴展視覺新境界，成為新領域技術的基礎。◎中國古代音律起源於天象，而由音律型態又啟發其他的文化形式。◎昆蟲的感光光譜段，狗的嗅覺靈敏程度，蝙蝠的超音波聽覺範圍，解明的感官譜段不同，主導不同的生存態勢。◎台中工作時期，在辦公室內，小樹盆栽出現草類的植物，種子應該是雜在土裡生出來的，我並沒有拔掉它使其自然生長，它葉片面向窗外，以充分接受陽光，不久也就開花了。它在室內開花卻沒有異株可以傳粉，仍然持消耗生存資源而開花，這株植物有所明也有所不明，明陽光之向而不明所處之境，相信同為生物機制與物種時義所操控的人類，也必有類似蒙昧的狀況。

均行卦

均行。兩極相均，義和成行。

象曰：均行，極而限，極而誤，相均而通，倚往成行。

象曰：倚明作入而伏悅，均行。智者以省物，明擇態勢。

上九，明理自治，貞吉。

象曰：明觀以臻，貞吉。

六八，順理，貞固。

象曰：行其極道，貞固。

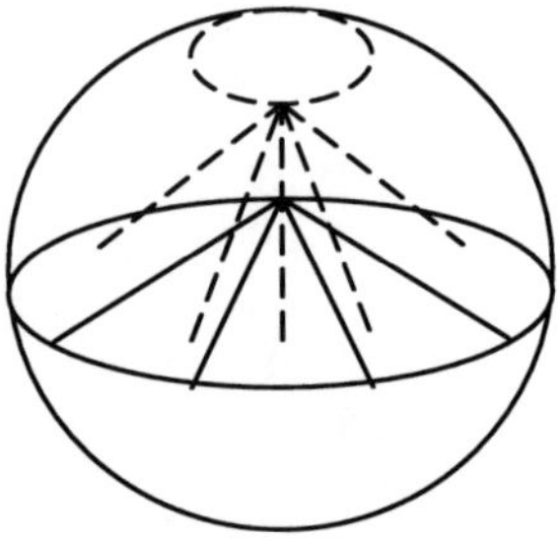

九七，頑理，貞凶。
象曰：窠臼之限，貞凶。
九六，上制混變。
象曰：無所明也。混變，有所異道也。
九五，均知，貞吉。
象曰：有所能感，貞吉。
六四，均限，凶。
象曰：知而不能勵行，凶。
六三，逆來之承。
象曰：承所倚，倚求來通。
九二，求理，吉。
象曰：心所嚮真，吉。
初九，疑道創新，吉。
象曰：疑道以可新義，吉。

論曰：均行，認知均衡，以補自擇之疏。感知可以接受矛盾的情境，只是在大多數情況下，要保護自身的存在，不會去接受。然而存在體系本質是中性的，無論是符合自身還是與自身矛盾者，在長遠的思維意義上，都應該是等價的。

證曰：◎晉武帝平吳後，專務驕奢，何曾退朝謂其子曰：「上每朝會，不論經國遠圖，皆談平常俗語。此非長遠之治也。」並指其孫曰：「汝身猶可免，此輩恐死於非命矣。」後其孫果死於亂。何曾明知此理，身居要職，卻不能變，其過大矣，均限所以凶也。◎達爾文本身信教，但是在其著作物種起源，完全以唯物主義的觀點，去敘述客觀事實。◎孔子曰：知之者不如好之者，好之者不如樂之者。◎螞蟻的社會系統中，辨別人我的認知體系，完全依賴原始的化學氣味訊息，而忽略其他複雜的訊息特徵，以致有很多生物可以破解其密碼，分泌相同化學訊息，寄生在螞蟻的社會中，吸食其提供的養份，甚至捕食螞蟻幼蟲。

用曰：

奇⋮⋮人類時常也會犯螞蟻的錯誤，被主觀的窠臼所限制，以致很多不利的體系寄生在我們之中滋長，卻不能夠排除。突破主觀窠臼限制，第一步就得建立對所遇到的事實，有感性的認識，並融入主觀意識之中。有了這種基礎，建立新的認知與變化，才有根本的依據。

曲⋮⋮創見並不難，難在創見前的主觀認知，怎麼去接受新的訊息，怎麼不矛盾地接軌各種角度。倘若自己對外界訊息有所偏好取捨，就已經替自己造了窠臼。

變⋮⋮親身所感，現實的社會被各種意識形態限制，明明對自己不利的人、事、物，很多人卻一定去袒護，往往這種限制會不止讓一個體系衰頹，甚至有機會導引到滅絕的道路。偏祖所親近並不會產生這種惡果，而偏祖主觀乃致執迷，就會被反過來當作工具利用。

律——接受不同而成理的訊息，反而是讓自己的主觀成長，打通這種觀念看似很簡單，但若沒有經歷困厄的遭遇，要做到並不容易。

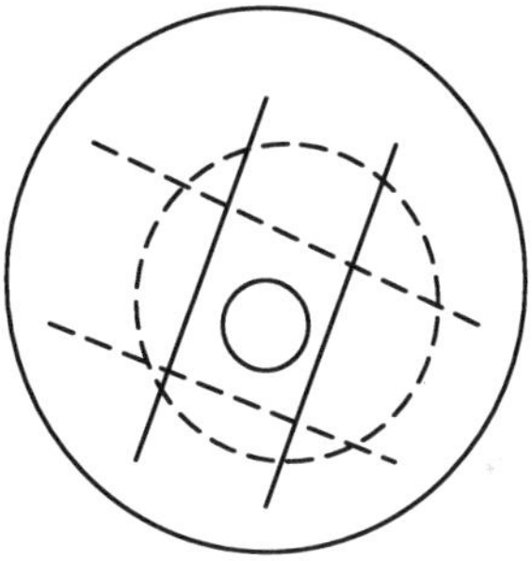

微鍵卦

微鍵。分度無駐，視之微向。

象曰：微鍵，同易無駐，以之微，實可入鍵，故智之不能及者多矣。

象曰：倚麗作入而伏止，微鍵。智者不傲物。

上九，分度異相。

象曰：易脈矣，非可窮究。

六八，度外顧微，輕疏。

象曰：以之度外，必輕疏矣，有過。
九七，影虛逝，利溯往。
象曰：利溯往之貞，則可求分度矣。
九六，入不易，顯其制，利攸往。
象曰：雖不可永，亦利制矣。
九五，微向大顯，不愕，貞固。
象曰：敏健易取，雖大異不愕之，貞固。
六四，求漸不鍵，失真據，引厄。
象曰：費勞求漸而不鍵，欲善反惡，失真據，引厄。
九三，等微慎擇，義無尤。
象曰：等微，可際分度，義無尤也。
六二，疏漸之端，後禍。
象曰：非知能及，後禍之矣。
初六，觸同微鍵，凶
象曰：觸同微鍵，失圖無與矣，凶。

論曰：微鍵，相悅不易中，失悅應的細微關鍵。同一件事物，變易可以有無數個分度取象，可以在當中產生無數不同之細微分向，這些細微分向，只要觸碰到自擇的關鍵，那麼事情就會出乎預估。所以任何相互支援的知識系統，必定不能掌握物質一切的變化。

證曰：◎方孝孺的深慮論：「慮天下者，常圖其所難，而忽其所易；備其所可畏，而遺其所不疑。然而禍常發於所忽之中，而亂常起於不足疑之事。豈其慮之未周歟？蓋慮之所能及者，人事之宜然；而出於智力之所不及者，天道也。」。◎且不探索地球之外，其尚有天缺晦完之限，光是地球上的所有物質，人類也都不能在存活的時空內，充分掌握這些物質的變化，也無法預料這些物質自行的變化走向。科學發現雖多，科技實踐雖精，但是仍無法控制構成自己物質的變化走向，更遑論地球，遠乎宇宙。

用曰：

奇——無窮的分度，可以產生無數的分向，稱為微鍵，而存在於我們自擇假設中，所有相同不變的事，所有習以為常之物。在變化與不變化，這種情境大體對比之下，我們遺漏了這些微鍵之因存。因此，即使建置最偉大的系統，能透析情境所顯，現實空間中所有細微的變化，相對應情境所伏的時間微鍵，也必在系統囊括之外，故任何自擇體系，不可能永遠不出意外。

曲——所有自擇態勢，都有起伏的關鍵，當中受到微鍵影響，則變化出於原本自擇體系所能預料之外。

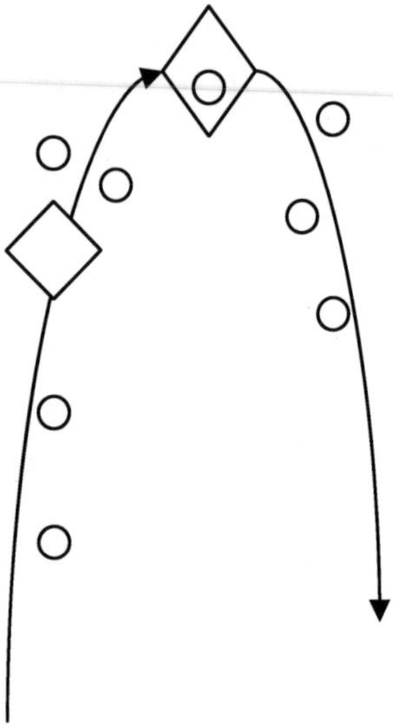

變——變易的分度，或於惑意，或於微鍵，實際上是同易而成。故同一情境有不同變易分度，同易子行，亦可產生不同的情境取象。

律——微鍵的不斷分度，產生了混沌的假象，包裹了自擇被變易無一所承載的實況。

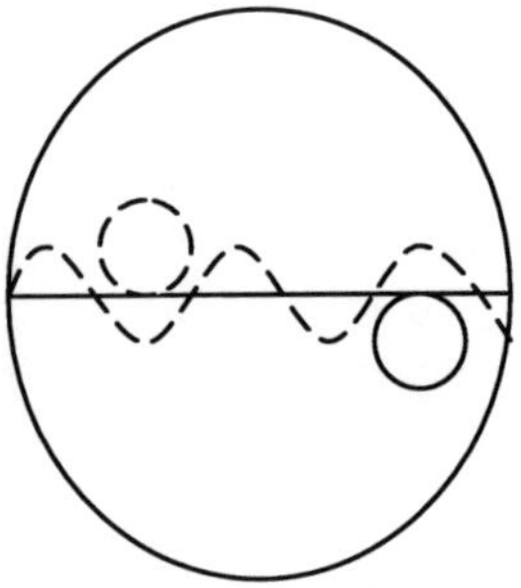

衡觀卦

衡觀。均態攸往，行悠遠，利涉大川。

彖曰：衡觀，卷時變易，是衡以觀，聯應對而構索，行悠遠，利涉大川。

象曰：倚伏皆明而作入，衡觀。君子以崇古創新。

上九，舉殘，衡視。

象曰：是易雖殘，智亦能舉，以衡視之。

六八，嚮衡大有，利均往。

象曰：觀以嚮衡，是大有之，利均往。

九七，區科，不利攸往。

象曰：非貫觀，不利攸往。

九六，時衡，懷古鑑來，貞吉。

象曰：懷古而鑑來，起奮然之健，貞吉。

九五，懷悠振遠，有得。

象曰：情能衡觀，懷悠振遠，有志行，必有得。

六四，勤入，禮於正觀，利涉大川。

象曰：正觀必衡，勤必有志，入德，利涉大川。

九三，衡與大居，吉。

象曰：與大居，是可用衡，吉。

六二，就數期展，裏獲。

象曰：其能雖寡，就數期展，有裏獲，啟大能。

初九，啟對義聯，大得。

象曰：啟對陰陽，構索合以聯義，取衡觀之極，大得。

論曰：衡觀，變易投之於時空，其陰陽均衡的顯現。顯之於人情，懷古與創新是均衡而同時存在者。對文明來說，有懷古才有創新，有創新必定基於懷古。

證曰：◎春秋戰國諸子百家，在東周混亂時代，緬懷三代明主，與周公制禮作樂的人文精神，救濟時世，而有百家爭鳴。◎古希臘有名的學者，都會前往古埃及去取經，緬懷古埃及的文明精神，進而創建古希臘學術文化。◎宋朝尊重士大夫，重視知識，推崇古文，繼韓愈、柳宗元，成唐宋古文八大家，崇尚上古的人文精神，雖然重文輕武強幹弱枝，而宋廷兵勢衰弱，然科學發達、經濟蓬勃、文化昌盛，為當時世界之最。◎歐洲的工業革命，之前是文藝復興，具備了緬懷上古希臘之人文精神，才脫離了一千年的黑暗時代，開啟創新的年代，從而科學創造，蓬勃了三百年。◎中國近代，清末、民國到共和國初年的那些所謂知識份子，並沒有崇古的人文精神，只有名利、派閥與意氣之爭，靠批判古人，相互筆仗，來哄抬身價，充當政治權力的工具。烘烘擾擾那麼多年，沒有任何新的學術突破，還是給外國的學統佔據強勢，只成就某些人名利而已。

用曰：

奇⚋⚋倘偌文史科被當作專業研究，與其他科學學科分割之際，那也就是文史科最重要的功能，喪失之時。

曲⚋⚊文史被隔離在科學思維之外，那麼這個科學體系，就先喪失哲學動力，再喪失懷古之情與人文精神，逐漸剝損，最後只能保留由物慾所保護的，工商利用之科技技術而已了。

變⚊⚋倚晦完卦，變易有割易再均之態，人的思想體系屬於變易一部分，必定也是如此。雖然只是殘易所作，其結構也必定均衡於情境之中，是故整個人類思想體系，其創新的發展，必基於整體均衡以觀。

律⚊⚊而自擇的體系，並不能衡觀與擇，是故絕大多數的型態，都會被其他的新型態所侵蝕，從而循環下去。

— -:- — — — -:- — — -:- 設璞卦

設璞。維析非常，高審自修，大得之。

象曰：設璞，擇有所遺，自修齊絡，因絡返架，大得之，利涉大川。

象曰：倚伏皆明麗而作入，設璞。智者以自維自修。

上九，均中，慎迷。

象曰：易體均中，均有道，慎其迷。

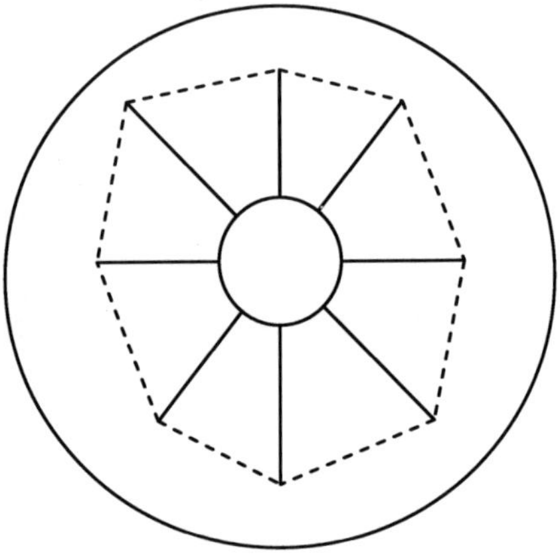

六八，綾波碎行。
象曰：玄思綾波，非實而碎行，
九七，思興奇，玄得。
象曰：奔浪淩神，玄得，
九六，吝偽之誤，有大失。
象曰：迷固，無所珍，有大失。
九五，主設璞，貞益。
象曰：主設期思，雖妄於旋迷，而有貞益。
六四，捕擇遺漏，利攸往。
象曰：既已擇，生遺漏，主設能捕，利攸往。
九三，規殘絡，勉象。
象曰：欲捕，規思索殘絡，勉於其象。
九二，完設璞，智志大基。
象曰：思索為絡，智志之大基。
初六，架塑空慧，大得於內。
象曰：據所完，架塑空慧，大得於內。

論曰：設璞，奠基於一定的被動程度後，思維可以憑虛主動運作。科學的演變，具有倚虛無而產生的主設世系，只是虛逝於現實之下，未被人類所選擇而已。也就是哲學思想奔放運意，可以無端先行架構，要求具體將之合理運作。

證曰：◎綜觀古埃及學記載中的科學工程、古瑪雅的天文數術、中國歷代的科學歷程、歐洲近代，其科學的創造歷程，皆同時存在具體的事物與其存疑。然而出現一個奇怪現象，倚具體事物，甚至倚具體的科學理論者，皆可以演變出科學迷信，乃至有號稱科學家，卻沒有任何科學創作，那麼倚虛無者，亦必有其理性之機。

用曰

奇：：歷史看上去似乎是死板板而不會再重複的事件，研究歷史的人，也都認為歷史只有引以為鑒的價值。實際上歷史就是一種變易，是可以在事實的模板下，用思維重新模擬塑造，架構精神與思維體，而如矩陣轉移，投身未來情境的最關鍵工具，可惜今天即使歷史學的博士，也未曾有人這麼理解。

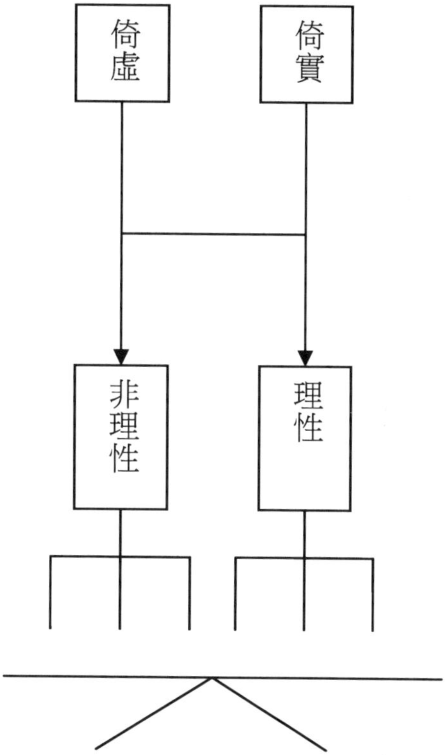

曲：—倚具體理性事物者，可出現不理性之演變，那麼倚虛無者，變易勢必也可以容許其理性的演變態勢，不獨使用於宗教及哲學而已。只是這種知識世系，目前未被人類所自擇而往。

變：—演變這種未被自擇的理性世系，勢必有抑雛之作，與現實的世系產生衝突，故非主流之物，當自有其比闇之系。

律——變易是中性全方位者，而我們的思維卻是相對性，對比性質者，自擇有所遺漏象。

故觀察思維脈絡，修度可能所遺漏者。再以此修度的所有世系，去架構更多在相對思維體系之外，所遺漏者。此為設璞最終之義，能成則智行大功，其時義大矣，次易原理之所脈絡，亦寄此深意矣。

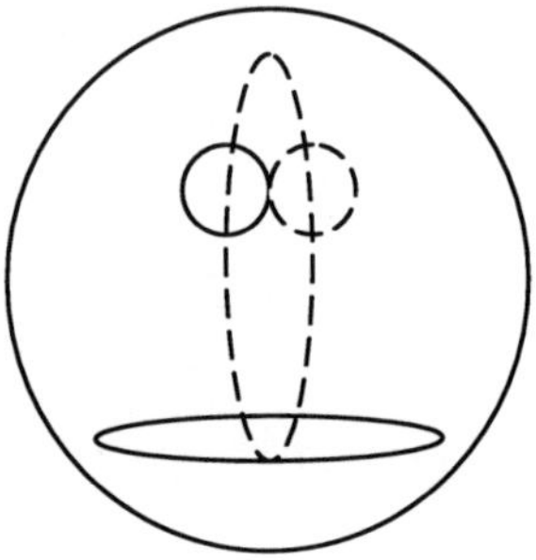

——　-·-　——　——　——　——　-·-　-·-　-·-　規遺卦

規遺。因瑣倚碎而為明。

象曰：規遺，欲強形勢之所必然，以中而規遺。

象曰：倚麗作健而伏順，規遺。君子以之為強勢之道。

上九，生本有欲，往吝。

象曰：為生衍所行，往吝。

六八，天翦行散，不利強者。

象曰：行散，生剋之道所倚，必不利獨強。

九七，節會自在，雖有咎，正吉。
象曰：節制所會，自在規遺，雖有咎，行正而吉。
九六，查遺，有尚。
象曰：查遺而規，必有其尚。
九五，取心而歸，吉。
象曰：有悟而歸，能避躁利，吉。
九四，無眾規，行往無功。
象曰：規不在眾計，求於形式，往而無功。
六三，有主宴，耗弱之伏。
象曰：無所避外務，有耗弱之伏。
六二，逆規求異，凶，不利所行。
象曰：逆規求異，如捨己靈龜，觀人朵頤，不利其行而凶。
初六，無客在，真機之伏。
象曰：未有外務，真機規遺之伏。

論曰：規遺，展開瑣碎的生命意識，啟迪新能。生活必有因瑣碎而浪費的時間，把這些時間與精神，組織規納成，本體之外的另一種生命與意識，而最終凝聚於本體之內。

證曰：◎荀子勸學篇云：「君子曰：學不可以已。青，取之於藍，而青於藍。冰，水為之，而寒於水」；「螾無爪牙之利筋骨之強，上食埃土，下飲黃泉，用心一也。蟹八跪而二螯，非蚍蟺之穴，無可寄託者，用心躁也。是故無冥冥之志者，無昭昭之明，無惛惛之事者，無赫赫之功。」◎清朝末期，洋務大臣李鴻章曾在德國，問俾斯麥強國之道，他忘記自己祖先的五千年可貴歷史經驗，也放棄自己去觀察現實與思考形勢的動力，浪費時間於官場權位的爭鬥與心眼計較，卻反而求於外人指點自己的職責。如此捨本而逐末，當然永遠得不到真正的答案，這就是捨己靈龜觀人朵頤，愚昧與可悲的表現。

用曰：

奇——能力強弱唯於心而已，每一個時間點的自我，能夠統合起來，形勢則強。散而漫志，形勢則弱。精神的統合集中，是可以戰勝物質的。

曲——生命的時段有很多，哪一個時段才是我生命的核心？出生時？成長時？求學時？工作時？衰老時？還是死亡的那一刻？這問題有如地球上是否有中心？本質是沒有的，但倚重力之時義探索，取象牛頓式的簡易力學，那麼就可以視地球球體核心為中心。是故因時義去找到真正的核心所在，把所剩的時間往該處凝聚，用此規遺，正是生命意義所在。

變——外務會消耗精神意志，零碎的時間會浪費生命的力量，不以為然的浪費才是最大的浪費。

律——高明的計畫，不在正式的會議桌上產生。明智的謀策，不能靠夸夸外表者擬定。

學問的突破與創造，很難發生在學院爭辯中。它們可以激化事物發生，卻不是事物的產生者。

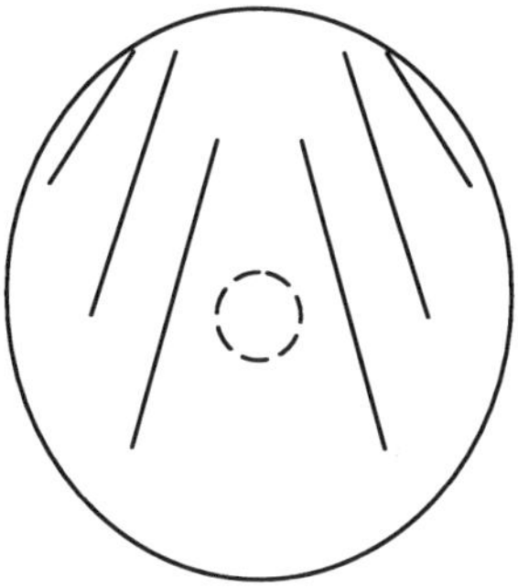

宏微卦

宏微，時限無距，鉅細無遺，而緊依。

象曰：宏微，受於上下鉅細之精義，宏微互通自義失實，無制而謹順之。

象曰：倚明作健而伏動，宏微。智者以衡道，鉅細無遺。

上九，行降，無制。

象曰：原母行降，無所制焉。

六八，宏微貞通，無制。

象曰：其非無制，實無所能制，自求義也。

九七，失宏微，孤雙湮沒，凶。

象曰：孤雙湮沒，非真失，實自失義，凶。

九六，行降無間，深貞。

象曰：行降之貞無所間，何以譯得，智所難為也。

九五，明冥而自晉。

象曰：雖無所制，明冥自製。

九四，艱觀，貞固。

象曰：艱觀貞固，實自行也。

六三，規神，自精，吉。

象曰：默之自規，探奇自精，吉。

六二，如是之觀。

象曰：宏微靡義，作如是觀。

初九，漸微，得上智。

象曰：漸微而能啟上智，離俗論也。

論曰：宏微，宏觀與微觀之間必有互通之義。不論極宏遠的易理，或是極細微的法則，對於我們所當前的智能來說，皆無法求得真義，然而宏觀與微觀既然有相通之義，勢必是等價而相反極者。

證曰：◎探索巨觀的天文學中，傳統力學無法解釋，而運用了不少微觀量子力學的「測不準」原理推算，例如恆星的發光原因、等級、以及恆星壽命的估算。◎學習宏觀歷史與微觀人性，相互之間有互鑑互濟。瞭解人性，能更透視歷史，學貫歷史，更易透析人性。

用曰：

奇：：思想跟不上的變化，這是正常的現象，思想事實上距離宏微兩極的真義相當遙遠，卻又不可能擺脫得了兩者的約束，時常假設性地認定一些原則，不見得能全然吻合真實變化的考驗。

曲：：經不起變化的考驗，並不代表該思想就沒有價值，思想不怕錯誤，而怕沒有自我回饋的檢討與修正，流於天翦中的降優法則。

變：：思想距離宏微兩極真義，是同樣遙遠，演化層級也相同，故人類族群之間的差距，只有自擇的差距，族群的力量來自於自我規範，自我造就的選擇差別而已。

律：：人類智能的一切本事，都只能來源於歷史。也就是從錯誤當中找尋正確的途徑，從過去經驗當中，推測新的規則，這在當中已經是佼佼者。是故人類的智能，沒有絕對的智慧與英明。

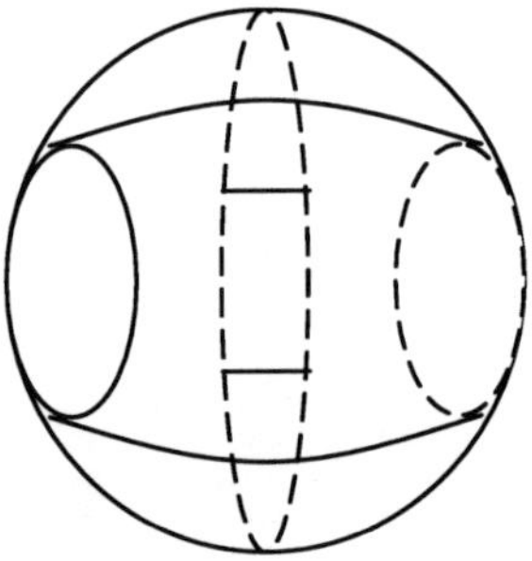

窮煜卦

窮煜，明顯輕重始末，窮知長遠乖葛。

象曰：窮煜，道明於上而術流於下，有所始末先後，有所輕重之別，能窮所能，煜照其理。

象曰：倚明伏險而健行之，窮煜。勇者知其所納，擇其善用。

上九，明道究本，吉。

象曰：究本，久存源也，吉。

六八，人倚天，枝倚根。

象曰：小之倚大，末之倚本，存也。

九七，以道轄術，貞吉。

象曰：以道轄術，知源明義，貞吉。

九六，訟明自安，無咎。

象曰：訟明，明直也，自安，得理也，無咎。

九五，棄性，貞克。

象曰：自投困也，貞求得明而克。

九四，易性，無咎。

象曰：迫於勢而能易性，無咎。

六三，瞽依他行，貞凶。

象曰：依他而行，不自明，為利不得，貞凶。

九二，居小存大，孤艱。

象曰：居於小位而真存大義，受孤而艱，自貞化也。

初六，置性，貴慎。

象曰，轉置其性，而求事，當貴自慎。

論曰：窮煜，深遠透視所處之時義結構，而能夠改變慣性。奇蹟發生，不能求其法，奇能養成，不能只學其術。特殊優勢的現實，背後都有其時義所因，而倚自身之性，轉置而成。每一劣勢階段，都會有給予轉變優劣態勢的機會，但是本身的能力與慣性，卻限制了自己，未必能掌握得了。真正擁有奇能者，時常體察自己所處，轉換自己的慣性，窮究所有能見能聞背後的意義，窮煜之易義。

證曰：◎韓信用兵，因自然之勢，察人性所趨，無常規之法，合變化之道，邀詐力所用，故能所向崩潰。◎劉邦鄙儒，卻納酈食其、叔孫通、婁敬、陸生等建議，於關鍵議題上，以奠定大漢江山。◎人類對於科技文明，不能明察自然與文明的本末，不能作出整體演變管制，拼命抽取地球資源，使之加速枯竭，小其本而大其末，自危生存。

用曰：

奇☳—根源於無。老子曰有之以為利，無之以為用。當自己的本性，僵化地佔據本身與外物運作，有佔據了無，自以為利而難以為用。有太過之，則讓自己無法透視所處之時義。根源於無性，以制適當之有性，奇才也只是基於如此而已。

曲☳—居小位而存大義，並非全然好事。大多數物種的大多數的個體，是整體衰變潛伏的介質。能夠明白真義而居小位的個體，勢不能受到理解與支援，是自己投身於孤境。自貞而化，其所能造就的善性影響，也未必當時所能見到。明智而居大位者，勢必慎察居小而存大的個體。

變☳—瞽依他行，不自明。狐疑容易生變，不能透視卻以為自己很精明，處處堤防猜忌，依賴最大利己的判斷而行，恰如盲目被他人牽著走。透視時義，看穿外表，並非處處懷疑。

律☰—環境如何紊亂，都有脈絡。亂源點滴蓄積於安逸之時，敵人的陰謀，也得趁我無知時運作。所謂透視時義者，無論所處安危，都有常態性的觀測與反思，自己所處與所為的深處意義，是沒有任何時候可以讓洞察力鬆懈者。心神不必居危而緊繃，而心思卻是常態洞察，快速警惕的衛兵。

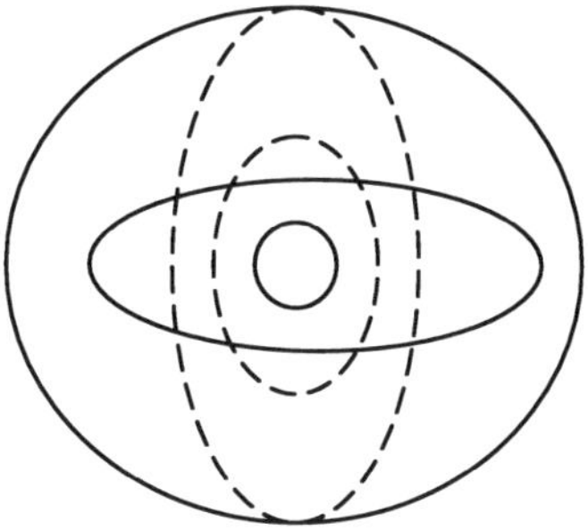

混同卦

混同。利有攸往，利涉大川，多而混一，演升氣運。

象曰：混同，現明趨動而生健，混同。多而歸一，混一寰宇，一以貫之，大得志也。眾德向一，損有多益缺寡，振宇內也。

象曰：倚明作健伏悅，混同。大人以振奮收效，登高明智。

上九，履至尊，因時無咎。

象曰：本凶機也，探而因時，無咎矣。
六八，明天時運化，吉。
象曰：至尊而吉，不違律也，吉。
九七，鼎革維新，利涉大川。
象曰：維新之動，乾體再造也。
九六，混同致剛，凶。
象曰：混同致剛，極而躁矣，凶。
九五，趨混同，大利悠遠。
象曰：駢雜無序而趨混同，擬求一論，大利悠遠。
九四，見混同，雜狀律整，吉。
象曰：雜狀律整，一其型，吉。
六三，眾云紛擾，小人圖肆，凶。
象曰：紛擾之凶，多而無律，以蝕其果。
九二，分趾。
象曰：分趾，其趨異也。
初九，始混同，王霸相化，貞吉。
象曰：王道迂而難行，王霸相化，貞而吉。

論曰：混同，混體同一的精神空間，為一論之基礎。混雜的群體型態，進階演化，必先整合所有個體一致。然而在隨機選擇的現實環境下，事物趨異是常態，趨同反而是反常而行。然整體混同而一，才會有可能進階為更高等。

證曰：◎南北朝南齊末，蕭衍繼崔慧景，陳顯達之後，襄陽起兵討伐暴君蕭寶卷。北朝聞南朝連翻內亂，其鎮南將軍元英，上書皇帝元恪曰：「蕭寶卷荒縱日甚，虐害無辜，其庸州刺史蕭衍東伐秣陵，掃土興兵，順流而下，更無重衞，乃皇天授我之日，曠世一逢之秋；此而不乘將欲何待！臣乞帥步騎三萬，直指沔陰，據襄陽之城，斷黑水之路。昏虐君臣自相魚肉，我居上流威震遐邇。長驅南出進拔江陵，則三楚之地一朝可收，岷蜀之道自成斷絕。又命揚徐二州聲言俱舉，建業窮蹙魚游釜中，可以齊文軌而大同，混天地而為一。伏惟陛下獨決聖心，無取疑議，此期脫爽，併吞無日！」事寢不報。車騎大將軍源懷亦上表力主張南征，既而不果。最終蕭衍破建康誅東昏，立朝勢定，北朝失去統一之機。◎一千五百零四年後，我與河南一女子入洛陽景陵，即元恪之墓。隔鐵柵而一同內視，穴內陰森空盪，僅剩其棺槨而已，與我同行的該女子，甚至不知道元恪是誰。只知道此陵墓，是古代的某一皇帝的墳。當時側見其棺槨孤獨，墓穴孤落殘敗之態，內心慼嘆：他沒有堅定混一大統之心，只務尊貴安逸，無大功於歷史，無大益於文明，王朝多次更迭後，僅存枯骨爛泥，還又有幾人記得？這情形與現代的某些人，何其相似？又會有更後人，對現代這某些人，作相同之嘆乎？

用曰：

奇-·--·-中行定混同之基，型態收萬代之效。凝聚趨於分歧演變的而氣類相似者，才有足夠的力量做到延續的功能。混同的基礎不能只存在於展現的態勢，每個個體的動向，都必須在精神上建立這種趨同的態勢，既是掌握中行的展現準則，兼蓄混同的基礎。

曲-·-—改變與分歧是一件很容易的事情，因為我們就在隨機與選擇的世界，問題在改變的後續，往往伏蓄凶機，把過去該延續的體系毀掉，從而有滅絕的可能，這並不在短期顯現，從而忽略不知，直到後來徵兆出現，但已經難挽狂瀾。

變—-·-有混同所有個體的能力，近於混體一論，則能夠產生強大的延續韌性，每個個體動向的轉化，以抗拒變易性與分歧性。

律——累積細小到為不足道的選擇而變易，造成出現與滅絕。正是原因都是細小、眾多而不足道者所累積，所以在形態層次中，沒有具體的方式，可以去挽救某種氣數已盡者。混同之抗變性，其律只能依托根本存在的型態，延緩後來之型態者。

— -·- — — — — -·- -·- 豫塑卦

豫塑。設闇有憲，均以垂綱。

彖曰：豫塑，外似無求，內有綱要，降型凝素，無合義，不利悠遠。

象曰：倚明作健而伏止，豫塑。智者以綱範草創。

上九，浮納奇宇，無咎。

象曰：自仰豫塑，可浮納，無咎。

六八，擇豫塑，成誤

象曰：虛承實作，以己所判為他判，成誤。

九七，玄具，同與大成。

象曰：易無文，文具而誤，玄具，同與以大成。

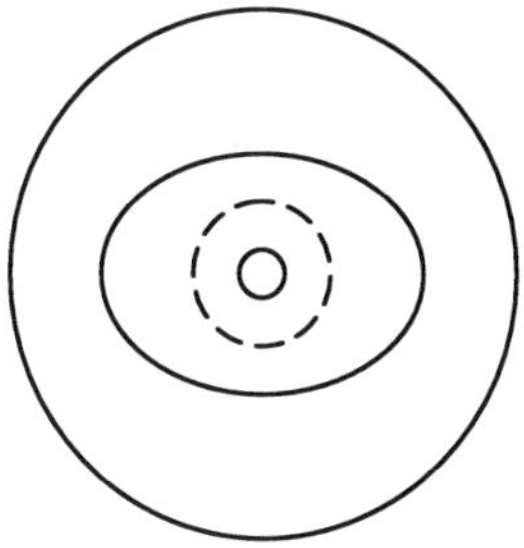

九六，遽立垂綱，非真德。

象曰：雖僅隱範，而內遽立垂綱，非真德。

九五，容異大趣，貞吉。

象曰：雖非真德，容異而具大趣，貞吉。

九四，堅豫塑，貞凶。

象曰：堅豫塑，窄所時義，貞凶。

九三，隱憲濾行。

象曰：浮納而往，隱憲濾行。

六二，潺闇之淵，鼇取。

象曰：豫塑大義，雖止陷潺闇之淵，以鼇取。

初六，懸符，大得。

象曰：懸符隱範，能就於深義，大得。

論曰：豫塑，隱設規範為綱，執行之進程，可以似之酣豫無序，實際上有已有塑造的規範於背後。形式上接受各種的變化，而變化組合卻已設定了規則。如此而可以推制於推背卦矇明的形式，使得認知系統，會把本來無序的東西當成了秩序。

證曰：◎天擇的演化理論中，有一個實驗，就是猿猴也可以寫詩，設計一種篩選字，篩選詞，篩選良句的程式，用多台電腦聯合起來，然後讓一群猿猴去隨意亂敲鍵盤，在龐大無序的亂組當中，不斷以之過濾篩選通順之詞，最後發現猿猴也可以寫出優美的詩。雖然這實驗拿來與生物和自然界之間對應，我以為並不恰當，因為猿猴還是運用人的設計與定義來成詩，與天擇理論對比並不正確，況且自然界並非物競天擇。但是從當中可以知道，豫設某一種思維與規制當工具，可以在無序當中得到需要的訊息。

用曰：

奇——對於短期成型來說，是有利的，而投諸於悠遠觀，所豫塑者會是個阻礙。倘若變化來源之宇集合，總是被一種預設條件所控制，當時義產生變化，勢必不能展現出符合時義之態，如此自擇而天翦之，符合時義優越之勢，更加難以出現。是故貞於此，吉凶之所取，存在於時間遠近之一線。

曲——變易雖然中性，環境雖然並不選擇物種，然而單元在演變之時，受承續自擇所隱範箝制，選擇其實就隱藏在自己所承續當中，而會以為是環境對有所選擇，豫塑之義闇矣。

變——在人的社會中，外似最開放的型態，內部的選擇其實最封閉也最嚴厲，原因並不複雜，在於這種開放型社會若要持續下去的動力，所隱範的規則，必須符合人類最原始的物質慾望與本性而已，既符合原始的本性，若出現違逆其事之思想型態，則反彈與壓制也最激烈。

律——所有的宗教，都認為造物主有旨意。而實際上極可能是豫塑卦延伸至推背卦的序列模式，也就是根本沒有旨意，而認知系統會把無序的東西，自行定義成有序的意義。

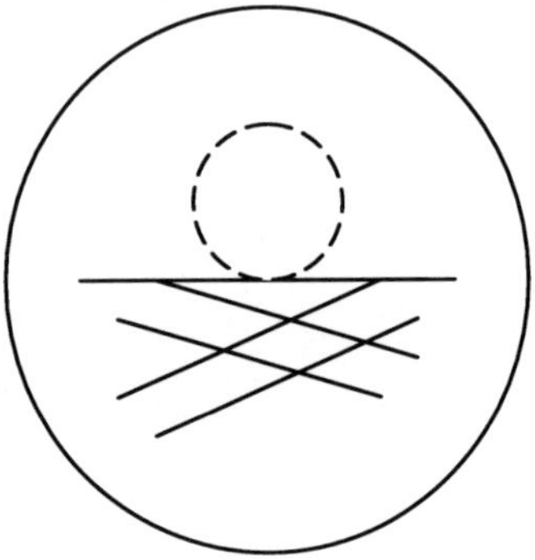

⚊⚋⚊⚊⚊⚊⚋⚊　穹力卦

穹力。放識翱窮，麗大健是行。

象曰：穹力，是麗為力，過所棄識而行，取健大用而不變觀價，是可大健是行。

象曰：乾健作於重麗之中，穹力。智者以宏穹如是。

上九，觀穹，利攸往，利涉大川。

象曰：觀穹雖虛，能啟大數。

六八，高閣觀價，無失。

象曰：非棄也，是欲大助之，故無失。

九七，同德穹力，有得。
象曰：孤難具行，同德穹力，必有得。
九六，遠不害，亦當究。
象曰：是以擁穹力之佈。
九五，放識大有，貞吉。
象曰：不棄觀價而放識，可大有，貞吉。
九四，入陷近俗，無咎。
象曰：雖欲穹，時不予，入陷當俗，亦無咎也。
九三，同人具助，仰須臾。
象曰：雖同人亦有異，不反必具助，仰須臾之鑑。
六二，深劃大載，吉無不利。
象曰：雖陰弱，深劃大載，吉無不利。
初九，兼偏益廣，當慮本是。
象曰：雖益廣，亦有誤，當慮其本是。

論曰：穹力，洞悉觀價之外的動健之力。在自擇大體的運作之下，我們所能掌握的動健都落在觀價之內，也就是動健只能運作於，據有的見識範圍內的契機，然而時義並不只在見識範圍內大行。故超越自己的意識形態，觀見時義所汲之動健，穹力之義悠遠矣。

證曰：◎貞觀元年，太宗謂侍臣曰：「正主任邪臣，不能致理；正臣事邪主，亦不能致理。惟君臣相遇，有同魚水，則海內可安。朕雖不明，幸諸公數相匡救，冀憑直言鯁議，致天下太平。」諫議大夫王珪對曰：「臣聞，木從繩則正，後從諫則聖。是故古者聖主必有爭臣七人，言而不用，則相繼以死。陛下開聖慮，納芻蕘，愚臣處不諱之朝，實願罄其狂瞽。」太宗稱善，詔令自是宰相入內平章國計，必使諫官隨入，預聞政事。有所開說，必虛己納之。◎司馬遷以「究天人之際，通古今之變，成一家之言」完成史記。

用曰：

奇 -·- -·- 倚敏懸卦，動健是變易所本，情境時義之骨架，故離卦落於具行是作，穹力之展向，隱錄深用。

曲 -·- — 以原力瀝作片段，穹力艱作悠遠，雖遇極難艱深之學，有時間充費所資，無不越之者。

變 — -·- 任何意識形態必有其反面，反面之佐為觀價之外圍健之力之初。

律——乾綱原始雖然是很深遠且通行的概念，但畢竟也只是個哲學概念，落於具體之行，尚有數個層級的問題要釐清，而為穹力本源。所涉及的原始形態前後為何？何者隱不作何者顯作？主要乾健之數何在？如何濾清厘刻易擾？如何跳脫觀慣之限？故曰：穹力之義悠遠矣。

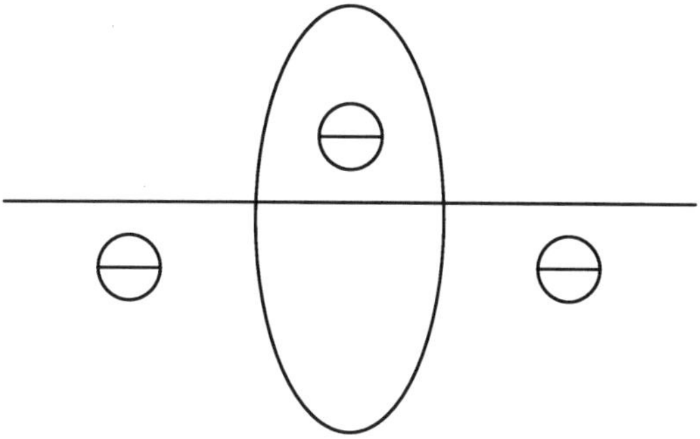

斂生卦

斂生。已成跡，殘影映生，躍求貞固。

彖曰：斂生，雖殘跡，可兼構，等之而無棄，漸用攝細而濟光明，貞固。

象曰：倚入作順而伏止，斂生。智者以重課幾數。

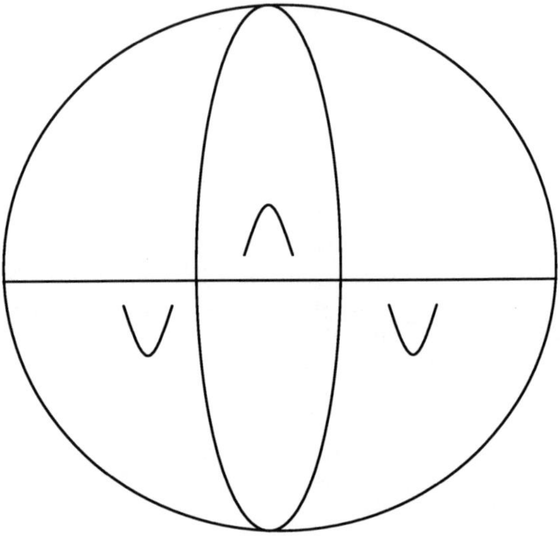

上九，度理稜映。
象曰：易之斂而有影跡，度其理映。
九八，斂塑行健，終不至，貞固。
象曰：影跡非真，雖行健，終不至矣，塑而貞固。
六七，跡斂生。
象曰：跡斂生，無存而可引。
六六，斂生落想，幻惘。
象曰：落想而不臻義，亦迷幻惘。
六五，組塑斂生，環易。
象曰：組塑斂生，雖不至，亦環易矣。
六四，入陷影跡，隨演，終凶。
象曰：易過影跡，隨演之，冪剋矣，終凶。
九三，涉躍擬數，低型，無咎。
象曰：低型，雖未臻義，而因健躍求，無咎。
六二，仿隨演，取蹤而就，終無尤。
象曰：無尤取蹤，上行以利悠遠。
初六，勤規斂生，利艱貞。
象曰：雖本無知，勤規斂生，利艱貞。

論曰：斂生，易所收斂，殘影而映生。如同平面與直線的概念。為變易所收斂的殘影，可以當作架構現實情境的基礎，可以當作模板而塑生機，卻不能僅憑此概念，去架構變易體的脈絡。

證曰：◎平面與直線都是幾何概念的基本，但是卻不單獨存在於，現實的任何具體物質之中。◎歐洲的希臘文化，從古埃及學習幾何學，並自行演繹出精密的幾何概念，然而歐洲的這種數學學統，卻反而沒有印度文明的數學那麼先進，以致後來數學系統還要從印度，通過阿拉伯引進。翻開整個文明思想史，去追究原因，起於哲學的立基點不同，印度哲學因於「無」，而希臘哲學因於「有」，所以歐洲數學的幾何觀念，沒有印度數學的象變觀念進步。

象曰：

奇 -·- -·- 生命似乎無窮地困陷在自擇的演化當中，演化歷程這麼久矣，基因卻還找不到最和諧於時義變化的組合，非其行不健，缺陷使然。先天的缺陷，就在於，最基本的組態，以易所斂生而行。

曲 -·- — 斂生所形，有其因限。基因的組態因四象殘影，即使千變萬化，精妙萬端，終歸殘影，而不可及於易之本身。

變 — -·- 倚此卦之變卦，無窮降冪化生，而殘影可構。四象的意義，在於互相能夠當模板，圖八卦義行。

律 — — 易域維而斂生變性，是所倚無窮之故。所以真正明白無窮的特性，必定能據所本而革變自我，克服所因而再行。當本身的特性改變，無窮的意義就在當中斂生而乍現。

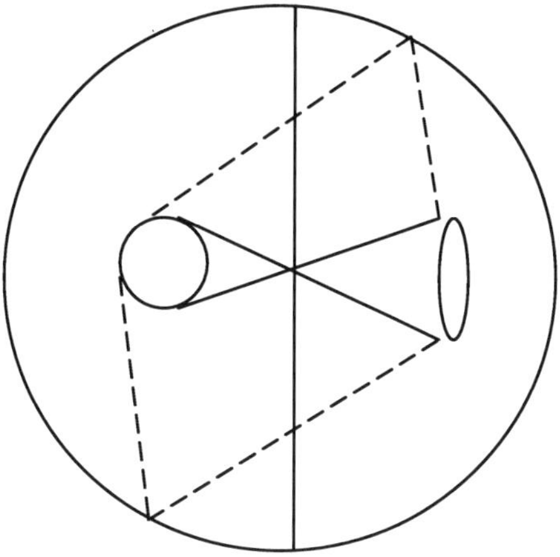

— — -·- -·- -·- -·- — -·- — 太虛卦

太虛。極晉維肇，卦顯實煜。

象曰：太虛，常存之而觀以虛，忘悖而不存，是以求臻。
象曰：倚入作順而伏麗，太虛。學者以經學致用。
上九，常無，用涉降冪。
象曰：常無之存，顯實降冪也。
九八，倚窮晉義，適得。
象曰：晉義，藉界於本，故適得。
六七，太虛剛顯，貞固。
象曰：本無而剛顯，實無可摧矣，貞固。
六六，無間形剛，虛煜大涉，往吉。
象曰：雖虛煜，大涉而可經事，往吉。
六五，返先迷，不利致用。
象曰：未清本源，不利致用。
六四，代無義，往吝。
象曰：其無真得，往吝。
九三，入戔無顧，貞凶。
象曰：太虛起元，入戔無顧，忘義甚矣，貞凶。
六二，重儀因運，行大艱。
象曰：先造忝顯，求本不及，行大艱。

初九，後義治，勤大慎。

象曰：太無一，無一而義，義必在後，勤大而慎矣。

論曰：太虛，太極每一進階，皆以無窮為肇。對於變易之極，乾坤來說，線沒有長短，數沒有多寡，只存在性變之作。故每一個可以為情境所取象，而存在的性變，都展現可以無窮大的特性，與零的起始。而背後的性制運行，只是簡單的相對變式。故乾綱內零，坤外無窮。

證曰：◎無窮大或是零，曾經讓歷史上許多思想家恐懼，讓許多科學家失意。亞里斯多德堅決否認空無。牛頓在迷惑之下運用它，而作微積分。愛因斯坦廣義相對論在當中遇到思維障礙。◎佛老哲學最根本於無與無窮，易經至次易體系，最根本的動力，亦自於此。

用曰：

奇 -·- -·- 而事實上沉研於型態的人，都喜歡自己嚇唬自己，無窮大與零並不那麼難理解。無窮大與零，是能夠存在與能夠變化的前置因素，性變的背後運作根本。

曲 -·- — 倚截空卦，倘若我們把思維放在定型與定量的態勢，自然對於數的根源，零與無窮，產生莫名的意識，如截空卦證曰，模擬自吞尾巴的蛇，最後是整個管狀性狀的重新定義。奈何？觸其存在定義的本源之故也。

變一-·-無窮大與零，存在於我們的週遭，支持我們定義的事物存在，但是我們卻不認識它，也無法接觸到它，這也就是，為何產生存在慣性的原因。太虛之無窮，端滅之無，其用大矣。

律一一倚重儀卦，每一個性狀的建置，兩對相作，所以太極運轉而化形變易。

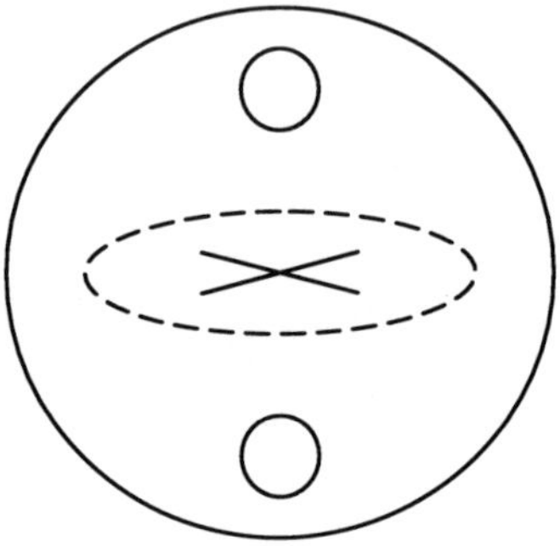

— — -·- -·- -·- -·- — — -·-　遜度卦

遜度。象循遺漏，集約冪程，循固。

象曰：遜度，物類群觀，是鑑通也，雖缺遜亦有進之機。

象曰：順作於重入之中，遜度。智者不入浮華，以種益觀價。
上九，象循觀，以中正。
象曰：象循，不入浮誇，是中正大觀。
九八，循遜度，存價觀。
象曰：情境已循，遜度作矣，存價觀，利攸往。
六七，循體間往，貞凶。
象曰：間往貞凶，存之遜度，滅無尤矣。
六六，升度大亨，入得。
象曰：升度近易，雖不至，亦亨而得，
六五，仰遜度，終不致，凶。
象曰：缺漏矣，仍順仰遜度之饋，終不致利，凶。
六四，擇不即，不利時涉。
象曰：遜度之擇，自相歧，不即所有，故不利時之變轉矣。
九三，享遜，大體入厄。
象曰：固於享遜不公，倚人之愚，是以大體入厄。
九二，升體時義，貞吉。
象曰：升，入鑑物種，取益去害，體時義矣，貞吉。
初六，進克，建新時，貞厲。

象曰：懷正固也，雖擇歧而可近和，後建新時，貞厲。

論曰：遜度，物種群體集約不完整。變易體於天翦運行的軌跡之一。人類嚴格說起來，還不算是完整的團體，許多群體的選擇，卻反而是在危害群體自身，屬於演化層級較低的群體組織。單位的偏執特性，仍然會破壞群體，也就是單位的自擇特質，不見得符合歸屬群體的自擇訴求。這也就是自擇體系遠近自相矛盾，產生的缺陷。

證曰：◎包含古今中外的人類歷史，許多領導人，實際上危害國家，荼毒人民，卻反而受到大家的膜拜，受到最多的神化。◎人類社會中無賴政客、影視歌星、權貴子弟等等，對社會貢獻鮮少，卻享受社會最多的資源，與最多的榮耀。◎除了能偽造赫爾蒙的動物，可以寄生於螞蟻社會或是蜜蜂社會之外，對於群體無益的個體，其淘汰能力高過人類社會，所以該物種雖然體型小，生命週期短，又沒有高智能，但是其社會的適應能力遠大於人類的社會。

用曰：

奇⚋⚋群體的程度，是個體自擇與團體自擇的契合程度，無關物種智能高低，也就是人類社會的集約特徵，時常會把有害的當作有益，有益卻可棄之，其群體辨識力，還不如螞蟻與蜜蜂。自然更不到多細胞合作體那種，架構整體意識的階層。

曲：一人類容易被短暫的情境矇蔽，而極少估量一系統程度的高低，故當時義轉變，系統自然無法符合自擇的期望。

變：一人類文明時義何以契合物種時義？曰：個體自擇與群體自擇一致。且群體辨識能力，基於具有合作與抽取優秀個體之機，能夠超過個體辨識的能力。

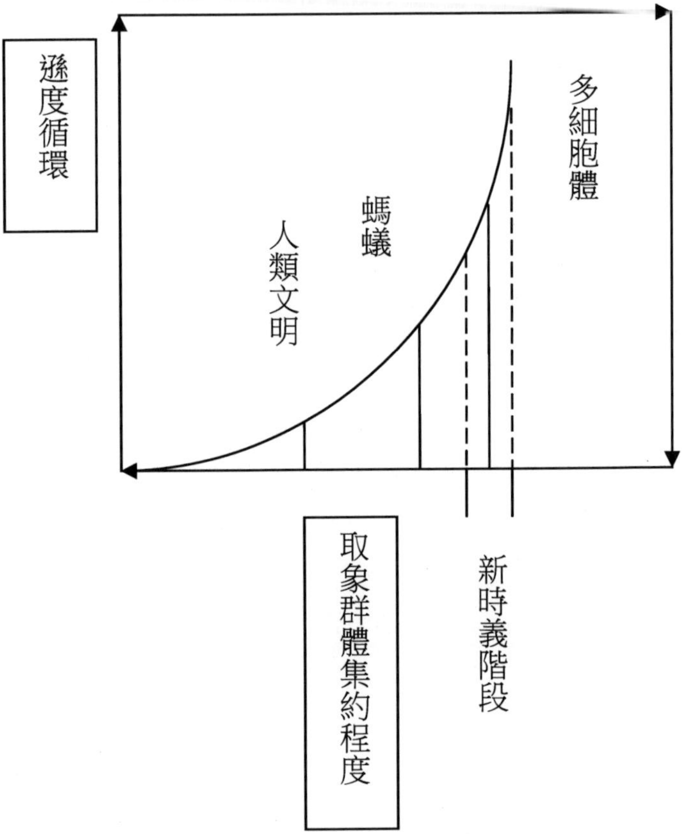

律——天翦與滅的標準，並不在物種個體的型態強弱，弱小可能繼續生存，強勢可能很快滅絕。是故當個體自擇與群體自擇，能夠越靠近，減少自擇大體之缺陷，則能達團聚之

力，對物種本身來說，具備建置新時義的能力。

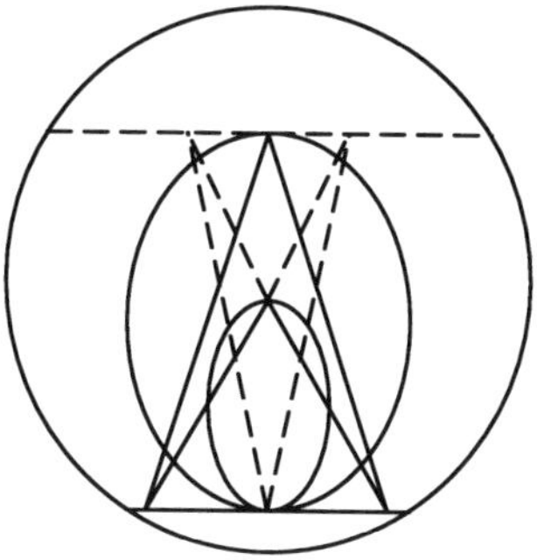

⚊⚊⚋⚋⚋⚊⚋⚋⚋　先罡卦

先罡。易形層，綑脈無形，非貞。

象曰：先罡，易形非貞，返取其象，形層維極，非可以能過之，內變暫亨，可為越之矣。

先罡之義大哉。

象曰：倚入作動而伏順，先罡。智者以先求慧，而後新學。

上九，微銜，大異。

象曰：微銜易體，型行大異。

九八，返取渺益，亨。

象曰：雖渺益，脫慣律而可大取，亨。
六七，綱順，逆則沌。
象曰：非可容矣，逆極則沌。
六六，易形先罡。
象曰：易形先罡，兩儀雜作也，容返取之態。
六五，豫作自棄，不利攸往。
象曰：豫作，失先罡所能，是自棄也，不利攸往。
九四，先罡形層，與時偕行。
象曰：據之重儀，而與時偕行，可為變矣。
六三，先罡易轉。
象曰：引成則後，以利大用。
六二，末態逆變，反真，吉。
象曰：涉先罡所層，是以反真，吉。
初六，聚微因演，隱涉外力。
象曰：聚微而無識，因演潛伏，後作於時也。

論曰：先罡，先天存在的根源，使末態產生，不及之制約。因其不及，而又有返追之象，則展現複雜之態，終至混沌難明。故變易體之制於情境，存在一種先罡形成層，成形本末之脈，可以運用情境的潛伏，改變狹義的慣性原則。故在先罡之易作，慣性的定律當涉更廣義的方式定義。

證曰：◎當物理學追求所謂，根本粒子之時，都陷於一片空洞，追求根本模式之時，都陷入一片混亂。◎微積分的數學地位，尷尬了許久，實用得到成功，而純數學理論上，卻陷入邏輯不完整的麻煩。不完整而能實用，代表人類的邏輯與大自然的真實變化，並不同步。◎假設慣性是完整的定律，制約一切，即靜者恆靜，動者恆作等速運動。那麼地球自微生物演化開始，生態系統不管再怎樣複雜，也只是內力系統，再怎樣演化也不應當有物種，製造了太空船從地球內部，「主動」拋射到其他星體去，而改變了地球運行的慣性，即使質量再怎麼小，也算是改變。生態在蓄積太陽給的能量之時，便具備演變，而產生改變慣性的微小機會，此情境潛伏，引成時間中，在後續展現出來。

用曰：

奇⋯⋯倚太虛、截空，到底是什麼變易之則，使得被延伸的末態無法追究根本？無與無窮，又是依照什麼變易之則，使得末態無法做出根本的反溯？任何末態追溯本源，都有一定的能力限制。經由變化的本身，突破了型態慣性，就有微小而短暫的力量，可以產生另一種意義的「內力作功」之變易態勢。

曲⋯⋯智能怎麼會反思自己存在的根本？倚恍躍，沒有絕對封閉的系統，而內力並非完全無法作功，只在於本身性狀的改變。可見生成智能的形上力量，並不是純淨的，除了至理體，變易體，至少有兩種以上之相構，陰陽思辨因之而起。

變——智能層次迷惑於動態，智慧層次迷惑於定態，我們的取象既然是返取其道，而不是變易正取之制，那麼智能的極限，也就在先罡所能容許的範圍內。又智慧必須奠基於智能，當智能層次已經失力，智慧層次所能再反溯變易的程度，也有限矣。故能達最深度變易的物種，必先改變自己的思維慣性，後深溯之。而不是先反溯，產生了定象的概想，作出了文明自擇慣性，如此，則文明型態的潛力已經被自擇所阻矣。

律——每一個性狀的改變，等於跳躍了一層次的先罡之脈，可有限地銜接變易，故有「內力作功」的細微機會，直到已經到達這個末態，所據的最原始慣性。

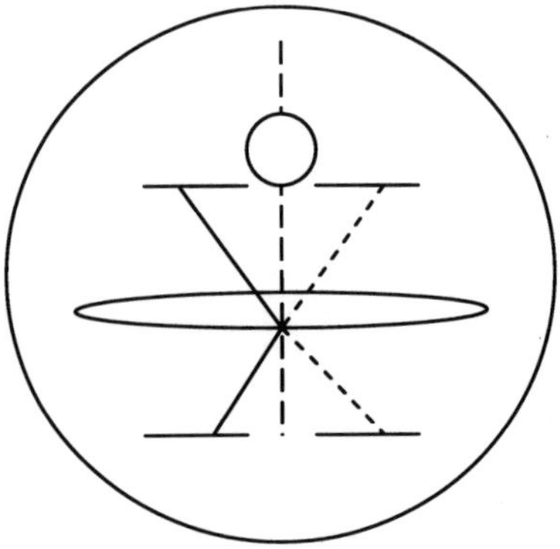

拘製卦

拘製。法近則有拘行，有困。

彖曰：拘製，未能知倚巽入，承製而必有其拘，我未知之，必困而無解。

象曰：倚入作悅而伏順，拘製。智者以神閑，廣求所存。

上九，據理，無以祈。

象曰：必有當然，然無以祈之。

九八，有製型，不利我行。

象曰：法則遺漏近，不利我行。

六七，情束，貞慎。

象曰：有氛圍而成情束，必有後勢，貞慎。

六六，中無知，有凶。

象曰：我在其中而無知，有凶。

九五，領拘製，大知而吉。

象曰：領拘製，以大知，雖凶中而成大吉。

九四，承拘反判，吉。

象曰：繼承其拘製，而能反判其則，知所遺漏，吉。

六三，屈其束，未知，遺凶。

象曰：有枷鎖而未知，或無力，遺凶於後也。

六二，行拘，承凶。

象曰：行拘，承其遺，凶也。

初六，末居而失，不能期。

象曰：無反判，成數而末居，不能成其所期。

論曰：拘製，自擇自我拘束之本質。若宇宙倚無極而生，事物何謂理所當然？倘若當中有所謂的「製程」，才會有我們意識裡認知的理所當然，但經驗與認知範圍，未必能符合它。是故一個我們認為理所當然的現實經驗，必定是有受到尚未找到的因子拘束，才會成立。原先的認知，實際上並沒有根本性的理所當然。

證曰：◎大多數的生物採取兩性交合繁殖，以延續後代，但不見得兩性交合繁殖才是所謂「天經地義」，這是基於複雜的演化現實壓力，受到了這種拘束，才採取的繁衍方式。◎運用統計上去規範各種經驗，包含列為科學項目的化學學科，常常出現很特殊的「例外」，研究學者卻又被既有知識所綁死，不知道該怎麼解釋。而孟德爾在豌豆統計實驗中，用數學與猜想，推測基因的存在可能。◎清光緒皇帝，承於慈禧太后與滿族權老的氛圍中，不能詳度權力局勢而先突圍，宥於權力結構之拘束中，與康有為強行維新變法，因而失敗，最終憂困於瀛台，感嘆「朕豈不如漢獻帝耶？」只能坐等中國衰弱與清朝覆亡。

用曰：

奇⚋⚋情境的存在受變易扭曲，具有取象效應。第一線控制情境形勢的法則，直接決定了情勢成敗或存亡的走向，所以探索拘製第一條件就是要放棄原有「理所當然」的諸思維。

曲⚋⚊物理學過於簡化，難以回答複雜情勢之下的因果問題。關鍵就是在於物理學所探討出來的法則，雖然具體且根本，卻並未深入物質的自擇結構。

變⚊⚋晉武帝司馬炎昏瞶，在親佞眾臣云吳不可伐之下，拖延伐吳時機，而最終轉信羊祜、王濬等人力陳伐吳之奏，乾綱一斷，出兵伐吳，最終結束三國分立而成功一統。苻堅英明寬容，在親信眾臣云晉不可伐之下，最終專信慕蓉垂等人，親兵伐晉而敗亡。何故？

律⚊⚊原因並不難，司馬光在資治通鑑也有分析原因。而以認知結構探索，每個存在的體系，蓄涵各種造成存在型態的拘製因素，經驗當中的想當然爾，未必能跟拘製的因素符合，主事者應當以絕對超然的角度，去探究什麼要素是存在而受忽略者，什麼要素只是杯弓蛇影而已。可以從當中分離開來，從而同一個主事者在同一時間行同樣的事情，卻可以得不同的結果。苻堅在淝水之戰前夕的朝廷爭辯中，始終想不通為何昏庸的晉室不可征伐，在所有經驗事理上，沒有不可征伐的理由，直到淝水之戰後的崩潰局面出現。在一千六百二十三年後此卦的今天，亦婉惜這種結果。

籲徵卦

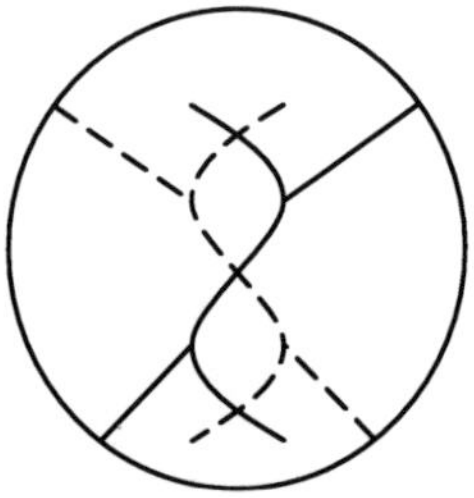

籲徵。義解所歷，正籲，成慧大通。

彖曰：籲徵，主設籲感，意組自行而適，建新智知而據，利悠遠，亨。

象曰：倚入作悅而伏止，籲徵。智者以隱維蓄感。

上九，易徵無感。

象曰：大倚易徵，其無感籲矣。

九八，意歷解象，元亨。

象曰：意歷皆存，解象之能，元亨。

六七，潛籲煜，亨。

象曰：不棄非意，潛籲煜而明，亨。

六六，先性徵象，限固。

象曰：具先性矣，徵象必限。
九五，徵近象，往吝。
象曰：其徵近象而不籲，往吝。
九四，籲組系演，大有得。
象曰：開無棄，時大用也。
九三，籲徵新觀，利貞。
象曰：籲徵他義，自擬新觀，肇啓無咎，利貞。
六二，自律觀行，貞吉。
象曰：感由自律，可觀近易，取大用，貞吉。
初六，新擇御運，大利攸往。
象曰：新擇而知厄，御運另途，大利攸往。

論曰：籲徵，主設感觀，重組意象之力。過去經驗所觀察物體之記憶，可以分解成更多細小的單位意識，然後重新組合，自行建立新的意識情境。而面對的事件感覺也是如此。例如：發生痛苦的事情，若把這「事情」拆開來分解，在重新辨識，反而就不那麼痛苦了。

證曰：◎生物體昨天還活蹦亂跳，產生了生命意義。怎麼突然發生一「事件」使其「死去」？其基本物質仍然不變，奈何但複雜的軀體，卻開始腐化且分解，讓另一些型態的物體或是生物，據其原有之物質呢？◎夢境分解了現實經驗的意象，重新組合情境，而讓人在睡眠時後，主觀會陷入其中不自知；半夢半醒的時候，正是銜接現實與重組感觀的時間點，時常在這種情形下，複雜地主設情境，得到很多新穎之思，只可惜容易遺忘。

用曰：

奇——觀物質循環，可以在不同的時義下，組成不同的物態架構，運行不同的意義，因此確定了，很多事態的情境潛伏型態，意即時間觀。那麼變易體重新組態的脈絡，就可以改變原有運行規則，與其固象的時間刻度。

曲——思維的本身就是物態架構，倘若僵固於過去的經驗意象，那麼所產生的運行力量只是很狹窄的一軌跡之內。過去的經驗，只是可以拆解的意象物體，從而重新組態。

變——意念的轉移，只是變換固有的軌道，實際上不會出現新的思維軌跡。然而轉移的動健之力，正是分解經驗意象的初始。倘若將過去的經驗，拆解到最細微的狀態，在極端不順的環境中，也可投射出主觀意願的存在情境，以及解決問題新思維的客觀思維。

律——自動的分解環境意象，又自主地重新組合。那麼同一種經驗，別人得到一種心得，籲徵之作者，卻會得到非常多種的心得與反應。當中有非常貼切的，卻也有非常格格不入的，如此善加延伸，形成了接近混體變易的聯結網。

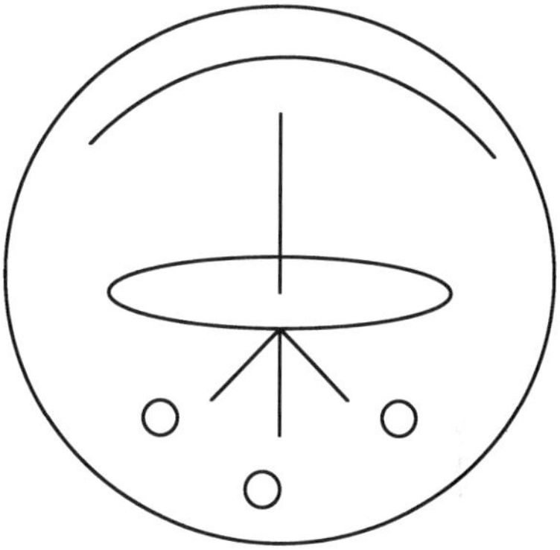

均馭卦

均馭。大取成均，無所永極。

象曰：均馭，取象等價以延展，無項應之別，均擴於大曲之中，成循環法則，雖有宏大亦不彌強於事態。

象曰：倚入作麗而伏悅，均馭。智者以析因果循環。

上九，大易均中。

象曰：均中是無所偏。

九八，混均制馭，無差。

象曰：是皆等價，制馭，相性無差。

六七，移事界，非原始。

象曰：移事界而兼外，非原始，是以微可強也。

九六，混對，沌分，以脈大體。

象曰：對則無名，故不可兼也，是以成脈大體。

六五，無名均，有大馭。

象曰：無名之均，可鈞也，是有大馭。

九四，非界，不利攸往。

象曰：是所均馭，雖得象，不利攸往。

六三，降循簡吝。

象曰：循存於名對，降而簡一，往吝。

九二，一價同和，有得。

象曰：雖象差，據存而一價同和，有得。

初九，均馭相對，大得。

象曰：以均馭而析相對，是歸元，有大得。

論曰：均馭，變易延展取象。延展取象者，大小、損益、強弱、遠近等等，諸多相對性的觀念，在取象當中是聯取而延展者，無法逐項區分，相對性取象。是故情境於一性質之物，不會同時兼具，最強、最大、最久等等最優越之狀態。長久者決定微，短暫者決定勁。廣大者決定弱，細微者決定強。長青、短漸，和於情境的複合，而有均馭取象。

證曰：◎天大於地，地大於人，然為政所取象者，人和最關鍵，孟子曰：「天時不如地利，地利不如人和。三里之城，七里之郭，環而攻之而不勝。夫環而攻之，必有得天時者矣；然而不勝者，是天時不如地利也。城非不高也，池非不深也，兵革非不堅利也，米粟非不多也；委而去之，是地利不如人和也。故曰：域民不以封疆之界，固國不以山谿之險，威天下不以兵革之利。得道者多助，失道者寡助。寡助之至，親戚畔之；多助之至，天下順之。以天下之所順，攻親戚之所畔；故君子有不戰，戰必勝矣。」◎天文學，當主導恆星發熱發光的核力消耗殆盡之後，最後會因為重力而坍塌。

用曰：

奇——變易均中，所以因情境所區分的，大小、強弱、遠近，對變易來說皆等同而立，而沒有性質上的區分，取象而混同以均。

曲——不管情境大小損益多少長短遠近廣窄等等，皆為等價而均馭，均馭而使所有在情境之中的相對性區分，混同均存，所以無論情境如何強大，只要是取象者，限制存在於，各類相對性的變易取象處。

變——倚落進卦，相對性的本身，可以因為衰變而復原其態，均馭所架構者，我們一切好壞相對趨向，良莠之別，慾念之始矣。坤相於外，乾綱於內，天時之作，若能激化人性體系內之原始因子，如此則天時勝於人和，例如，天災激起的民變。故孟子所云正確，僅存於不涉時義的爭勝之道，非內在體系之易。

律——情境周而復始的循環，起於何易？取象的相對均馭，假設所有相對比較的觀念皆衰變而棄，那麼循環性的觀念就會消失，成為無趣地單線往返，這也就是因果的變易原始基態。

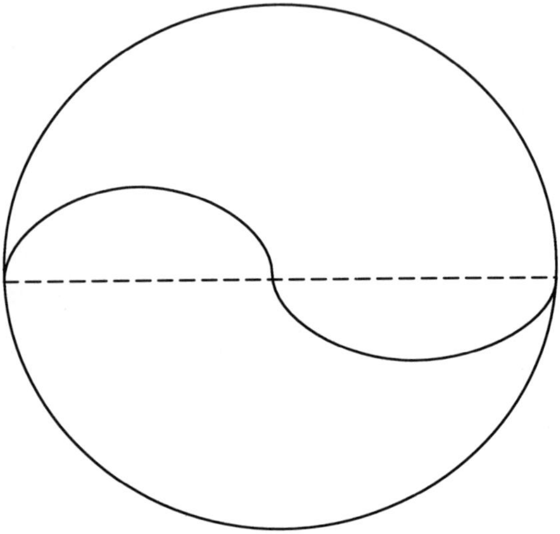

參跡卦

參跡。象端之趨，破吝納跡，進知之功。

象曰：參跡，無既據，正象大趨，求樸而晉易，可以慮為大功矣。

象曰：倚入作麗而伏止，參跡。智者以規象趨易。

上九，求慧易慮。

象曰：求慧易慮，大正智也。

九八，家人嚴內，參跡規本，吉。

象曰：內正則外參必行，吉。

六七，參跡艱行。

象曰：艱行雖困，貴剛中矣。

九六，通明深鑑，求大往。

象曰：知貴通明，難於深鑑，起求大往。

六五，兼納析規，中正貞吉。

象曰：倚鑑兼納，剛中至正，貞吉。

九四，端無華，謹嚴所取。

象曰：謹嚴無華，求易之基也。

九三，乖僻參進，誠可納。

象曰：雖乖僻以進，稟剛中而見誠可納，是貞也。

六二，科跡愚固，不立。

象曰：求而失，事豫而不立矣。

初六，跡深伏，貞固。

象曰：盡參為極而取，貞固。

論曰：參跡，思維釋易之初。在目前人的思維能力論易，只能以所觀察到的相變特徵，去初步架構其特性，故曰取象。取象而後演繹的方向，必需導入更深層，且純淨的「易慮思維」。

證曰：◎易經大象暨六爻象端，皆以象而論易。◎相對運動的物體，都可以用物理學的方式，論定這運動狀態，而相對不運動的物體，亦知此物並非完全靜態，也是在變化當中，卻很難去論定這變化的狀態為何。◎唐宋古文八大家，提倡重回實義樸文，而棄駢文之華麗無義。

用曰：

奇⚋⚋深化易慮思維，是激化智能更進一步的初始條件，思維不再只著感官現狀，而是感官沒有見到的變化層。然而變易體對目前物種演化層級，無法現成掌握，故以參跡初始。

曲⚋⚊奈何皆以象端論易？很簡單，人類的文字與數字的符號思維力有限，只能在一個流程中，取得象的端點而推論。實際上象端無數，任何的，只能夠擷取以為的代表象而加以聯想。

變——所有符號系統都有雜訊，也就是偏角象端，過濾浮而無所著者，逐步參跡趨近易體。

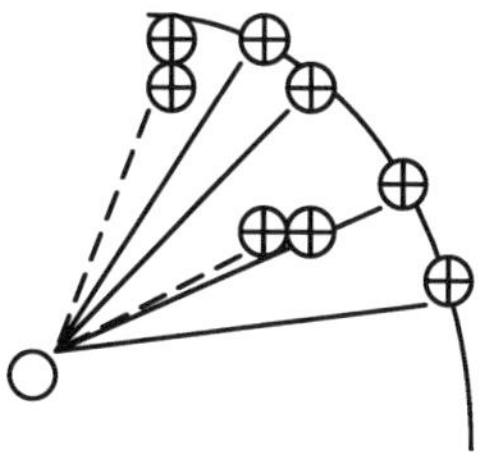

律——變易象端存於所有可觀之態，故參跡並無科分，沒有啟始的選擇條件，而在於據象取捨，漸次釐清。

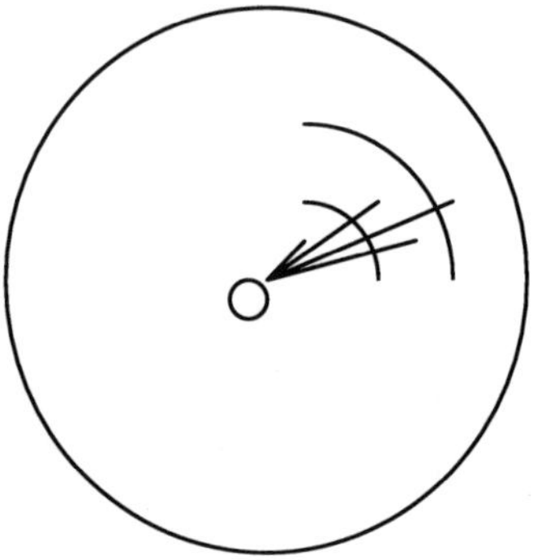

釋弦卦

釋弦。釋以層析，弦和大易，貞通而義大矣。

象曰：釋弦，解智應弦，利和之，用以究易，釋弦之時義大哉乎。

象曰：麗作於重入之中，釋弦。智者以和弦群種精神。

上九，冪弦自落。

象曰：降冪自擇，是以冪弦自落。

九八，和大易釐時義，元吉。

象曰：釋弦和且釐，達內外，通於易矣，元吉。

六七，逆和大往，利艱貞。
象曰：求釋矣，逆而有困，不棄，利艱貞。
九六，率弦明規，貞固。
象曰：既弦之，率以明規之，貞固。
六五，透璃之視，貞通，利涉大川。
象曰：透璃，脫自是之慣，故利涉大川。
九四，和弦大通，貞吉。
象曰：大通且利悠遠，是以貞吉。
九三，釋弦攸慣，不迷刻。
象曰：浩繁矣，不迷刻以立行。
九二，歸落自悉，無咎。
象曰：歸落自悉，有餘智，言家人，無咎。
初六，迷一弦，自鼎厄，愈行則凶。
象曰：寡識自鼎，厄而當守，愈行則凶。

論曰：釋弦，層析釋繹各種精神狀態，以貫之於智能之和。精神狀態，可以具有許多層次，但是無論高層次或是低層次，都可以自成體系，而未必自知。釋繹各種自成體系之間，的層次落差，可以解構一以貫之的變易環節。類似於，用一種情感撥動各種不同的弦，組成旋律，而我們在當中的旋律，反過來透析一貫的情感。

證曰：◎作夢之時，執迷於當中自成系統的情境，甚至不能察覺自己在作夢，以夢境當中的一切為滿足，而喜怒哀樂，等到醒來之後才又發現這一切不必去爭，遺忘也無所謂，甚至對自己在夢中的執著，感到有些可笑。◎三歲小孩大腦發育還不完整，已經可以初步辨識數字與文字，而家犬完全不懂，但是生活的成熟度，家犬卻比小孩子還要高。◎有些健康無病的老人，也會預測到自己兩天之內的死亡，而在告訴家人之後，躺在床上安詳去世。

用曰：

奇⋯⋯各種精神層次之間的落差，如同異律琴弦，相互之間也可以達成默契，組成一種協同旋律，從而可以看出當中，主導各物種精神活動的變易概要。

曲⋯⋯雖然物種的精神狀態，是幾種簡單原子物質組建的，但物質因變易而架構出精神態勢，卻可以變化萬千。每一物種精神狀態，哪怕是再低層次，都可以自成一格，最簡單的生命判別機能，也都可以等價運作於變化中。等價觀之，才能夠探索出背後的變化旋律。

變一二　出生到成長，會展現出一種蒙昧智能的狀態，將要死亡，也會出現彌留狀態，生與死的過程，物質都因釋弦之易，張開或緊縮精神狀態。精神情境落差之間的變易，運作於不同物種之間，也運作於一物的不同時間之內。宏遠的說，尚未有智能的人類始祖，到現在的智能演化，近程地說一個人智能，從出生到死亡，也會經歷釋弦之易，故某些老人會預感幾天後的死亡，關鍵也就在感受到，自己精神層次急遽緊縮之變化。

律一二倚蟄宙卦，時空為情境之顯與伏，那麼釋弦之作，也可以在當中展現時與空的同作，所以智能暨知識的演變，也同存釋弦之易。次易各卦之間，組成玄帶的導向，依釋弦而組製。跳脫自己精神層次的系統執迷，依等價探所各精神層次，所可以組成的旋律。組成之作，則在於所悉層次之攙結，故有九爻攙結原由。

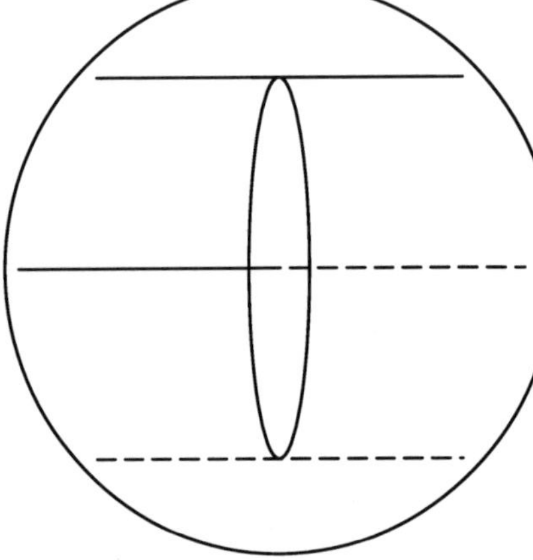

一一-:-一-:-一一一一 繪激卦

繪激。可有大潛，用預注繪，慎驟。

象曰：繪激，雖一態，異塑複用，易合而璧，有激潛，慎所後驟。
象曰：倚入作麗而伏健，繪激。易以激物潛質。
上九，循繪激，大慧。
象曰：智近易，循繪激，形無而啟大慧。
九八，背臨混厄。
象曰：其世系非作，故固。
六七，相鉗易，未知運。
象曰：易合璧，然其中剛不情，未能知所吉凶之運。
九六，貞明離，複同合。
象曰：難有貞明離，複同合，育之而得。
六五，顯御塑作。
象曰：顯御其潛而塑作，吉。
九四，連繪激，用科，凶。
象曰：用科，無義而欲能，連繪激，凶。
九三，制繪激，用無。
象曰：制繪激，繪潛龍，必以無所制。
九二，潛繪克用，蘊能。
象曰：時雖未至，潛繪克用，能蘊大能。

初九，取奪綱，慎。

象曰：異塑，有複用，可取奪綱，慎驟。

論曰：繪激，重演所的潛伏意義，繪其可激之態。倚多象，對一具體事態或理論，由不同的形上角度，重複架構成其結果，看似成果相等，然所具備的潛力不同。繼而對此事態而言，倘若先已經由某種路徑與因素架構完成，再重複被另外一種路徑或因素架構一次，則此態對情境觀察者而言，是有重大潛力的激態。

證曰：◎對科學之重大突破，及世代演變不會那麼快，皆必須有所傳承，讓後人奠基於前人的基礎，重新演繹，非一人之力，甚至非一兩代人可完成，並非是研究者智力不夠，也並非是開創的那幾代人投入的資源不足，而在於使用者的思維觀念不會那麼快改變角度，該學術領域與成就者，也不願意那麼快接受其他的思維角度。◎物種的演化在生存型態來說，可以容許重複的選擇，而其演化的命運卻可能全然不同。

用曰：

奇 -.- -.- 世系的演變並不是有秩序的，而被環境的無序混亂所干擾，但若沒有這種混亂變化的干擾，也根本不需要一脈相傳而成世系。

曲 -.- 一西方在文藝復興之後，知識累積與變革快速，並不是在那之前的人，智力比較差，也不是之前的學術基礎沒有奠定好，在於是否開始接受新的思維角度，重新奠基過去的知識系統。也就是說求知的動力與思維能力，其實並沒有改變，只是提升了接受程度而已。

變　倘偌思維的慣性接近於變易，同一個人用截然不同的各種離奇角度，去審視同一件事情變成正常，那麼變革的速度將會是更快。

律　倚知序卦，一個人同時具有多重思維是會有衝突的，乖張及不穩定性也在此產生。多重人格與是否能安穩之運用，在於是否有更高層的智慧層次去控制，也就如同自擇天翦，宰控物種的各種矛盾。

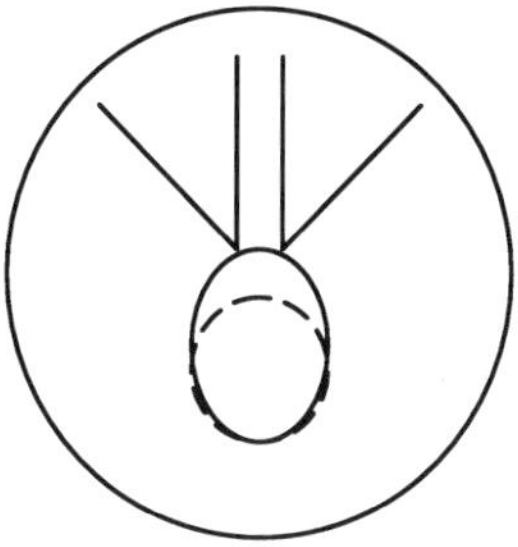

天缺卦

天缺。易吝，見輕，自主之補往。

彖曰：天缺，所處不整，易吝，受其輕，不完而立。

象曰：倚作皆入而伏順，天缺。智者知人不能完易。

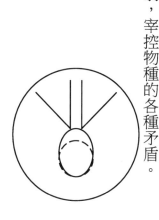

上九，層天，無攸。

象曰：雖有層天之別，於存無攸。

九八，連啟，重以自規。

象曰：天缺連啟，雖孜孜釐釐，而無得，故重以自規。

六七，潛所易，無可釐析。

象曰：層天而潛所易，雖推亦背，無可釐析。

九六，悠之缺，有梏。

象曰：演之雖悠遠，而有缺，以成梏。

九五，綺缺知啟，貞吉。

象曰：情綺於缺，知啟而不息，貞吉。

六四，自以為得，有厄，祚短。

象曰：存於天缺而自以得智，有厄，祚短。

六三，吻規，可基。

象曰：吻規，雖之於缺，雖見輕，我不輕，可基。

六二，殘順，不利攸往。

象曰：未易殘順，難知之，不利攸往。

初六，禁閉關，有大礙。

象曰：天缺以啟禁閉之關，雖欲過解，而有大礙。

論曰：天缺，巽卦法則遺漏相之演，造就我們所生存的環境，所有的一切變化，還只是易的殘片，而不是完整的易。人之演化已經累溯悠遠之態，然而確只是部分的易之所為，而又有明確的存在等價與限制，故原母之無窮用易，而自降幕，易之餘造情境，而再降幕，其降幕不知繁等，而據主了我們存在情境。

證曰：◎從天文學推敲，有很多環境並非地球或此太陽系所能有，也不是目前人類能觀察到的。所以慎知，變易的本質，就不是人類可以全然實證者。再從已有的易數去推斷，肯定是有這些變易的遺漏。◎在物理學中，規範場理論與相對論所引之黑洞理論，都有很大的模糊性，或許促進了具體科學演變，然而對思想的反饋卻已經很微弱了，但是可以從當中可以看出一個關鍵事實，就是有一定區間的變易，並不發生於我們所處的環境當中，也有不顯示於觀察到的範圍內者。

用曰：

奇⚋⚋倚蹈弛卦，遺漏原制之象而伸衍，則變易不完整於我等所存在之境，故不利於智能生物建立宇宙時義，並非智能不足，是除了本身的生存慣性之外，所晦殘之易，不足以應宇宙之整。故繁沮中，變易之學，極沮無窮之學矣

曲⚋⚊能成功建置宇宙時義者，除了其社會真正重視於智者，能抑制眾人過多的物慾，

能克服物種本身的生存慣性，亦要補足自身情境所處的晦殘之易，恐怕非當前人類所能為也。

變⚎所處之天有缺，對於理性且兼具浪漫情懷者，是很大的激發思考之處。探索與創造的持續動力，並非只靠理性就能擬制，理性與感性所激發的浪漫情懷，兩者矛盾之勢能渾而唯一，才有利於思索與創造之為，順於原力之用。

律⚌關在易有殘缺之牢籠，在自成體系的陰晦世界中，以為這就是一切而自我滿足，若是非智能生物，對此倒無所謂，不會影響其生存態勢，然這對於智能物種的長遠性演變，卻是最大的困厄，原因在於此物種因自擇天翦，所產生的時義是智能，而卻劃地自限智能的格局，自然是極其不利的。如此，則智能生物，未必會比其他生物延續悠久。

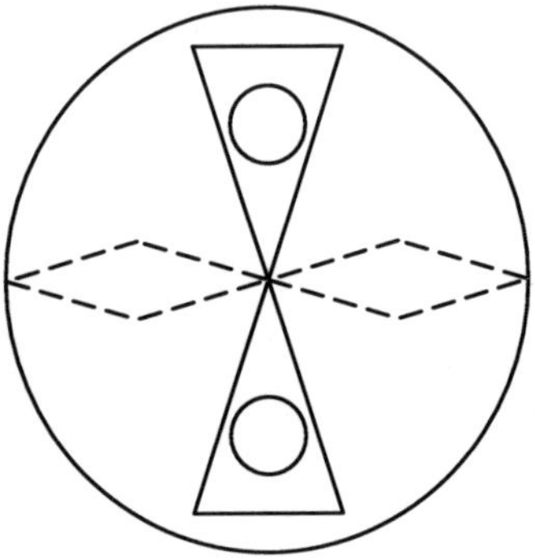

巽卦

巽，易勢，必有所疏，不利攸往，利觀自上，亨。

彖曰：巽，聚眾多而驟易大勢，突現新律，上制亦有上制焉。

象曰：風三臨，巽。智者以知隱勢，明察疏漏。

上九，上制莫源。

象曰：上制莫源，難測其道也。

九八，律現，貞凶。

象曰：聚氣成風，聚風而候，易勢律現也，貞凶。

六七，漸聚頻移，往不能逆。

象曰：漸聚頻移，有其因也，往不能逆勢。

九六，成巽，無咎。

象曰：成則也，堅則行形，無咎。

九五，外觀，得易則，吉。

象曰：探其所易，求其所證，得易則，吉。

六四，遺漏相，征凶。

象曰：物有非其物，法有非其法，陰也，遺漏其相，征凶。

九三，中盲隱隱，固漏。

象曰：中性不作，視之而盲，隱隱未知，必有所漏也。

九二，和體聚作，貞固。
象曰：律易勢移，鉅細接行其道也，貞固。
初六，喜巽，貞吉。
象曰：達觀以臨易也，知移也，貞吉。

論曰：巽，法則的遺漏相。任何物態的法則，因自我思維與感觀的限制，偏向於現象的展現，升岔而求因，必定無法完整觀測，而有所遺漏。相對於觀測者，其隱藏的法則，或中性的法則必受遺漏，遺漏相漸進累積到達一定程度的量，繼續累積與變化，就會驟現新的宏觀法則，超出原本的掌握範圍。因之形成命運的演變。智能受到文字規則、符號規則以及基本感官所限制，當以理論與外界做實驗之時，我們所觀察的實驗過程也陷入在感官架構內，必定遺漏事物在宇宙當中的本相。所以固定行制的科學，必有其能力極限。此即降幕大體下，升幕規範所造成的遺漏。

證曰：◎量子力學與古典力學的差距，古典力學中有關天體的力學與個體運動力學之間的漸進變化，繼續不斷累積質量，到達巨大的銀河天體，推測其運行力學亦會出現巨大變化。河流與陸地成的氣候小，聚集成海洋與大陸的關係，則能形成複雜的洋流系統與氣候變化。◎塞車最基本因素是車子本身，但是無法用車子本身的結構原理，去解釋塞車的原因。◎生活中做某些小事，忽略一些狀態並不影響結果，而累積這些小事建構比較重大的系統時，就會因此出現嚴重的問題。◎科學史上，發生很多次實驗結果的詭辯，在鐵證如山之下，不得不做思維模式的轉移，改變大家原先對這個世界的刻版認識。

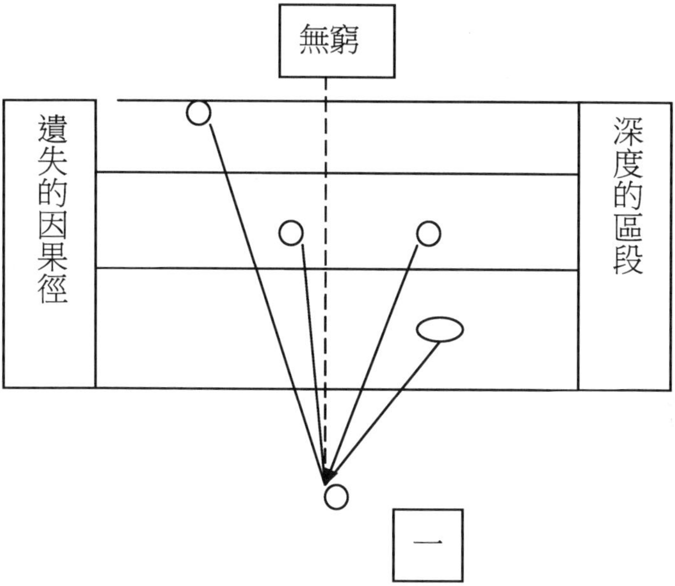

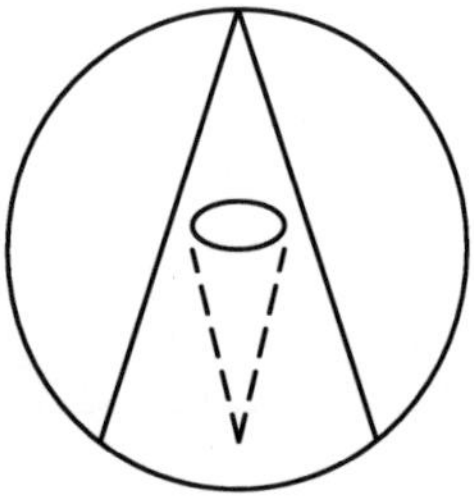

複著卦

複著。等價異造，以可複著。

彖曰：複著，重複以著，因同而求異象。

象曰：倚作同入而伏乾健，複著。智者不輕過往之造。

上九，既往所著，貞固。

象曰：著有既往，有可以倚，貞固。

九八，等價異象，不如利。

象曰：異象，不利有求之往。

六七，深明毋彰，有蓄。

象曰：深明，不擅彰，有蓄。

九六，著銜全易，吉。

象曰：見往思全，著銜全易，吉。
九五，物行複造，利艱貞。
象曰：其行以基礎，利艱貞。
六四，複造未解，不利久往。
象曰：仿而複造，未自解其理，不利久往。
九三，仿強而暴行，凶。
象曰：倚仿自以為強，而有貪暴之行，凶。
九二，蝸廬自修，貞吉。
象曰：稜複著，雖蝸居於廬而自修，貞吉。
初九，基潛異，行艱而利久。
象曰：複著潛異智，雖仿而有新，雖行艱而能利久。

論曰：複著，易等價而不等造。存在的本身沒有優劣、貴賤、大小、多寡，存在既決定了等價，然變易中性而情境取象產生了優劣高低，故我們對同樣存在的事情，產生了偏頗的價值觀。是故基於不同的思想潛力，重複作前人有價值的論點與觀察，不見得會得到相同的結果，所得到的理論也可以各有深淺，各有長處。運用這種等價的存在，被定義為落後的體制，它與所謂先進體制的型態差別，當中的同易子運作，就可以是先進體制要再進步的重要設計圖。

證曰：◎春秋戰國時代的百家當中，儒墨兩家的中心思想，皆是追求天下公義，然而所得的理論與行動卻有很多相反之處。◎伽利略與牛頓所研究的範圍是一樣的，牛頓雖重複了前人的論點與觀察，但得到的是更有潛力的理論。

用曰：

奇——同一個選擇空間，只是一個變易的中繼站，而後的啟發不見得相等。因而在追求新的科學方法與理性的極緻當中，屬於人類的自擇天翦，重複選擇的充分發揮，是非常重要的。對變易來說，存在決定等價卻不等造，每一次的選擇都有遺漏，但是重複卻潛伏著改變的潛力，也就是重複選擇，來引導陳舊事物的變易出現。

曲——每一次在數學或是科學理論上的重複選擇，就是在自擬架構與已有架構，兩者各自的觀念與數字運作之間，相互交錯搭配而選擇的。最後把自擬的架構完整地延伸出來，成為重複選擇的最終產物。天翦的重複選擇中，也正是運作不同生物同源的本質，產生如此同易子的運作。

變——一般的數學原則，起源於升冪的邏輯，然而在同樣的物質法則運作中，反過來用降冪的邏輯去建立新的數學概念，則同樣的數學解答，然而背後所隱含的思想層次則完全不同。放諸於長遠的演變，這就會產生截然不同的演變態勢。

律——存在決定等價，等價既有相稱，維繫等價的存在沒有時間的先後之別，所以重複過去的選擇，不代表沒有價值，而是表達等價的一種方式。重複選擇的意義就是基於等價的觀念，探索不等造的思想層次。

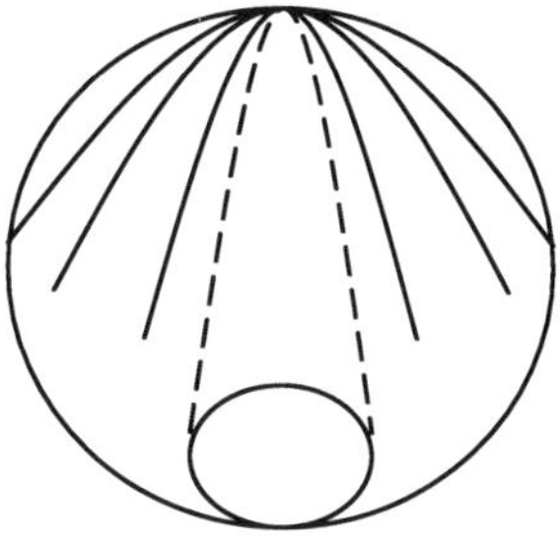

 積徑卦

積徑。事等積，易徑通，利悠遠。

象曰：積徑，規象之積，易徑達也，無適棄，慧正全得而大濟也，故大利悠遠。

象曰：倚入而伏作乾健，積徑。智者以自饋所智。

上九，混體時顯。

象曰：混體，無適何時，雖不常，亦有所顯。

九八，入同不棄。

象曰：等易入同，必不棄。

六七，積徑大蓄，貞吉。
象曰：易積徑，是大蓄通源，貞吉。
九六，歷象大蓄。
象曰：歷象有惡，亦不棄，自勝也，大蓄得通。
九五，慧正自饋，利攸往。
象曰：慧正，非可外濟，積徑自饋，利攸往。
九四，偏適，遠厄。
象曰：偏適，自取適而棄惡，失矣，遠厄。
九三，不適，往吝，利艱貞。
象曰：人毋通，不適矣，往吝，行積徑，利艱貞。
九二，至慧達聞，元亨利貞。
象曰：積徑達智，至慧矣，而達聞，元亨利貞。
初九，生慧歧向，不利攸往。
象曰：生行不見慧，歧向也，放行，不利攸往。
論曰：積徑，累積易徑，則每一個歷程，都可以反饋於思維核心。至少在人所能觀察到的每一種存在事實，都連通變易體。故任何一種經歷的背後變易，都可以用一種路徑的概念去替代。以此概念展開累積形式，則每一個自己所觀察者，都可以反饋於思維核心，漸進提昇精神層次。

證曰：◎歷史上再高明的謀略者，機關算盡，也存在盲點，無法掌握當時的全部局勢之變，再高明的哲學家，也仍然有很多事，使之迷惘。◎貞觀政要記載，當年唐太宗問魏徵：『何謂明君，何謂暗君』。魏徵答：『明君兼聽者也，暗君偏信者也』。實際上魏徵這句話太普通了。就算是兼聽，其實還遠不夠，兼聽之後是『全聽』，何謂全聽？即使是最善納言者，人的有些話，在領導人面前，還是不會說的，或是不敢說的，或是不願意告知的，乃至沒有機會說的。請問這些話，領導人是否要想辦法聽到？即使都創造了情境，達到了『全聽』，都還只是基礎。全聽之後是『玄聽』，何謂『玄聽』？有些話，是現有的文明狀態，基本上不會出現的，只可能存在於極少數某些人大腦中，這些人又可能在偏遠不起眼之處，請問這些話明君是否要聽？『玄聽』還不夠。之後是『時聽』，何謂『時聽』？有些話是人類當前的演化狀態，不會出現的思維語言，這種語言只可能存在於更少數人的大腦中，而且出現之後，很難被當時的「人類」群體所認同其價值，請問這些話，領導人又是否該聽？達到『玄聽』者，勝過名垂千古之帝。達到『時聽』者，即便三皇五帝及各文明的肇基者，也只是如此而已。依照演化與歷史，開創文明的先聖先賢，必定有在一片洪荒之中，思考何謂文明者。倘若當年洪荒之中沒有人思考文明，會有我們現在的文明嗎？玄聽乃至時聽之義大矣。

用曰：

奇：：若真的有「完全之事實」，那麼它肯定遠非人所能意識，更非人所能控制。「時聽」所鑑，雖然只是超越演變時間差的聽聞，情境體的潛伏分布，但所獲得的關鍵，在於坤卦降冪「無一」的涉取，而改變原有「有一」而從無窮取壽限的情勢，其動健之能，壽限之所，從而可改。

曲：：一變易混體下，即使是很簡單無趣的變易路徑，都可能連通到，我們其實認為很驚異且有價值者，然而一般的世俗價值觀，卻是很大的阻礙。

變一：：人的精神層次可以在，與其他的個體互動中提昇，也可以在與其他個體的互動中降低。當降低自己精神層次時，我們還或許還會感覺到很適性，很滿足。人的精神層次與自認為的生存利益，幾乎不會是同方向的。

律一一精神層次的提升，並不在外界有多高貴的改造。對於自己過去所有的變易歷程，都等同地反饋於中心思維。當能自我捨去，對過去自己經歷的好惡，等同地累積變化。自然會突破狹隘的短利觀念，而達成長久之義。

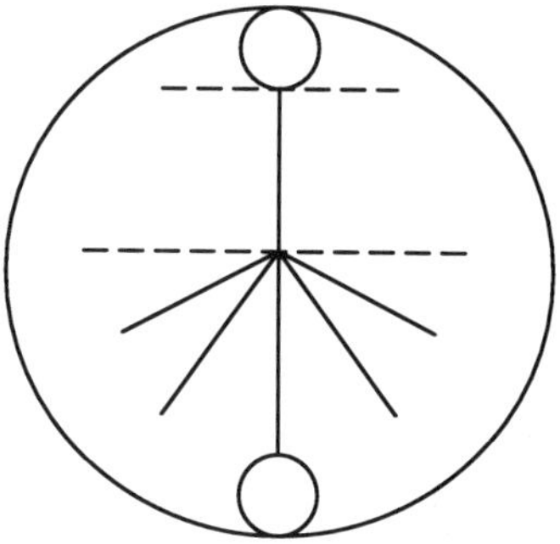

圓製卦

圓製。陰陽反制，啟形逆作，不利貞。

象曰：圓製，乾坤互作於反制之據，過圜型，而有無之成有，無形成有形之據，成而易作，取象無窮矣。

象曰：倚健而伏作皆順，圓製。學者以實易究辨太極。

上九，逆否，極知。

象曰：逆否而情顯，極知之易。

九八，坤相行圜。

象曰：行於乾作之易，是有降矣。

九七，斂緻之製，冪微。

象曰：歛緻，坤降反行，故以製形。
六六，高元不識，不利貞行。
象曰：臨高元必不識，顯知之不及，不利貞行。
六五，乾綱行圜。
象曰：行於坤作之體，是成綱也。
六四，規宏形顯，代作。
象曰：雖形顯，實代作之柄，非易實據。
六三，時俱位，無間。
象曰：皆存而不以時亡，入無間矣。
六二，寰宇無法，往吝。
象曰：寰宇求義，雖得，無可俱法，往吝。
初六，二錯綜括，貞固。
象曰：元相形，無成有，定矣，貞固。

論曰：圜製，反向於坤相易解之存在觀。易之最基本，至少存在二元相勢。乾坤所相接行，並不是我們常習的時空概念，時空與物質的變化，對此二元，是一種相形而已，兩者存在於任何的時間與空間當中，從時空看不到二元的核心，也可以說任何時空都可以是二元的核心。

證曰：◎乾綱的極緻，一系而制統，所有的物態取象皆處於一種核心的控制。然而在現實變化中，遠觀而可以成一整體概念，然而近觀分析，卻沒有任何的一致性，又原始的因素演變脈絡，似由細微而發。故乾元由坤元之冪而作，坤元由乾元之冪而作。

用曰：

奇……我們的成形，本身有乾綱原始承續，而外界有無窮的「壓製」，這種「壓製」會被存在的原始不斷排斥，也就是收效極細微。然而這種極細微，卻具有無窮大束。

曲……困在無窮的壓製之中，即使擁有最原始因素的動健之力，亦只能界定一定範圍內的控制力，無法不斷擴張，無窮的變易本身為另一元度之易所制。

變……假設宇宙中具有無窮力，那麼必定存在於，有限物態方向的極限之所，來當作運行之境，其本體卻不在其中，兩處的連結，必過於取象之源。

律——乾坤鑲嵌，故太極圖而成形，乾元入坤元大體而作，坤元入乾元本據而作，微妙之所，在兩者相引卻不再本據之處而運行，入所截然相逆之境而行易，變易取象奧妙，遠過於所思所學之境矣。

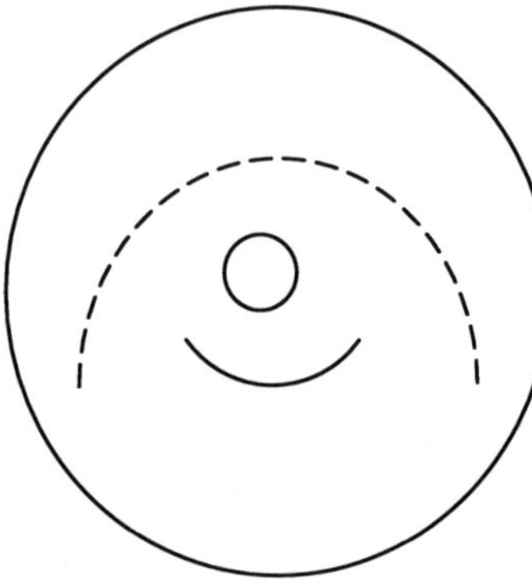

⚊⚊⚋⚋⚋⚋⚊⚋　譎決卦

譎決。非其果，緣向統誤，不利攸往。

象曰：譎決，輯一以判，未真統於一也，實顯不輯而譎變，求深縱達慧而近，僅避而亨。

象曰：倚健作順而伏險，譎決。學者自辨以深易。

上九，斷輯一，終不驗。

象曰：輯一非全，易顯譎決矣，不驗而必吝矣。

九八，史驗，慎厲。

象曰：史驗，後人鑑，必不能蒙之，慎厲。

九七，輯一效，貞固。

象曰：成統而能鑑，智必徑此，貞固。

六六，顯譎決，未自圖，厄，無咎。

象曰：失料，未自圖所形也，雖厄，無咎。

六五，師誤，有吝。

象曰：師行誤判，失決矣，有吝。

六四，否態，失行。

象曰：譎決之甚，否態矣，必捨輯，行健亦不可得矣。

六三，自辨所輯，利貞。

象曰：減譎決，以其衰而得用，利貞。

九二，利自引譎，為吝，終凶。

象曰：利自求顯，引譎之詐，吝道矣，信者終凶。

初六，圖史失攸，不得，凶。

象曰：易譎決可存，人圖史失攸，不得其志，凶。

論曰：譎決，結果非輯所判。運用不易所乘的經驗法則，是人唯一可以預測結果的準則，然而這必須要以一個混同的統一概念，以轉換經驗對比。變易體並不把人的統一概念當作準則，或許是人的統一概念對變易體來說，還是零碎而未統者。

證曰：◎方孝孺深慮論：「古之聖人，知天下後世之變，非智慮之所能周，非法術之所能制；不敢肆其私謀詭計，而唯積至誠、用大德，以結乎天心；使天眷其德，若慈母之保赤子而不忍釋。故其子孫，雖有至愚不肖者足以亡國，而天卒不忍遽亡之，此慮之遠者也。夫苟不能自結於天，而欲以區區之智，籠絡當世之務，而必後世之無危亡，此理之所必無者，而豈天道哉！」

用曰：

奇——分析歷史成者敗者，都各有優劣，然而決勝點在何處？真正決定事實走勢的條件為何？情境有很多片段的分析，可以比較優劣，然而當整體連貫運作，某些片段根本就變得不重要。

曲——倚混同、段檢卦，情境體有目標性的運行，必需要統一概念為基，不易的經驗基礎，才能比而彰顯，也才能夠轉換出情境的目標值。譎決之易，已存於經驗累積之中。

變——引鑑歷史於今，是人類減少錯誤的唯一方式，然而其優劣分析並不能百分之百準確，甚至很有程度，且很客觀的歷史學者，也可能判斷出與事實截然相反之論。蓋人的智能，所統一出來的概念，尚不達變易混同之效。

律——唯有建立更縱深的思維架構，才有可能減避譎決之易，達到更精準的預測。倘若本身不自辨，即使花費大量資源精辨過往，也只能是小處準確，而大處遺漏，或短近利益達成，長遠得出截然相反的惡果。

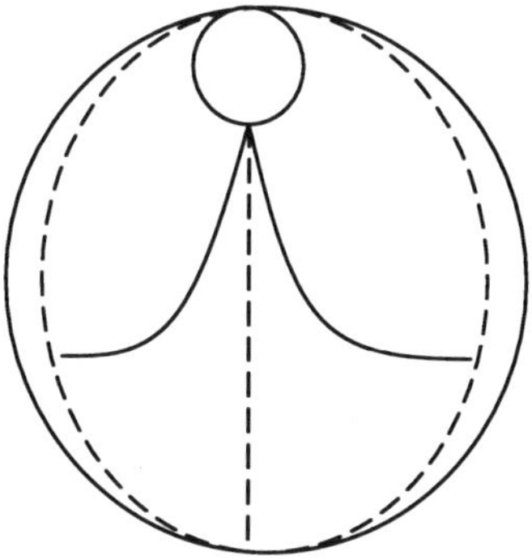

束秩卦

束秩。示象展秩成數，易有外通相約而束，求因。

象曰：束秩，約而成形，束其所象，有隱於後，或有所佚，型數求因。

象曰：倚健作順而伏悅，束秩。智者知數之所用。

上九，因有佚冏，引固。

象曰：因象所佚冏，引其所固。

九八，佚約象，權通。

象曰：束暗之易，權其事態所通則。

九七，繆意，碎規。
象曰：型亂而有繆意，雖未真，可碎識以規、六六，謹紀綱，以求因。
象曰：束秩紀綱，後必有因，謹而求。
六五，表示象，攝明。
象曰：表示象，展明之易，攝取明義之歸。
六四，取識濾型，真得。
象曰：取所識而濾棄所型，真得其義。
六三，符曮晲，反據。
象曰：有符曮晲，雖不惑於態，貴於反據其事。
九二，無制之通，貞固。
象曰：無制而通義，塑本所發，貞固。
初九，略束秩，利涉大川。
象曰：利涉獵之嚮，利涉越大川。

論曰：束秩，陰約而陽束，無以約而有以束，易以相約而形成秩序。背後有一個隱藏的模式訴求，表示象的特徵與之契合，而成有約束，所以即使表示象，無秩序地產生，最終也能有秩序地顯現出來。此自擇體系，自行建立秩序觀感的本源。

證曰：◎蜘蛛織網，把網分成若乾等份，同一類蜘蛛所分的份數是相同的。安置輻的時候，只見它向各個方向亂跳，似乎毫無規則，但是這種無規則的工作的結果，是造成一個規則而美麗的網，人類即使用尺規作圖的工具，也不見得比蜘蛛畫出更規範的網來。◎太古時代到現在，仍然沒有多大演化的鸚鵡螺，牠們的殼，是依照對數螺線設計的，並沒有因時間的流逝而改變，而普通的蝸牛殼也是屬於這一構造，在其成長當中，基因控制很自然地生成，人類認為很巧妙的對數螺線。簡單的自然事件，人用數學去解析，卻複雜得嚇人，可是對自然來說，卻是很簡單的表態，這並非人類的數學有問題，而是認知的表示象與之相約契合，自己不知道而已。

用曰：

奇-·--·-背後的隱藏訴求又為何能形成？倚神宏卦，易同施無形之義，易可以穿過各種形式而同作，所以情境事態的外形可以束秩，相約表示象而成對應之態。

曲-·-一有形體的生命，如何運用束秩而成形？我們常犯一種錯誤，認為本身與環境是兩種不同的體系，而事實上這種區隔，是定義於物種時義才才生效，對於更原始的變易，並沒有這種區隔。自然界某些動物的超級行為，並不是靠智能來完成，所以必定不能只靠系統化的認知，來運用束秩顯數而成形。倚佚冏卦，尋找自然與本身的共通性，而束自擇的型態，建立基始點，反原於個體與自然的變易共通性而穩固之，所顯形於反原根本之易，故用束秩。

變—-:-現實的數學模型與自然界的表達，甚至跟小動物的動作相比，都顯得很笨拙，可見不是數的根本。但不代表這些數學不重要，而是代表此為解析概念用的工具，在數銜接現實運用中，事實上有另外一種模型。為求實踐坤卦研擬降冪數學的想法，束秩砌數擬型而演。

律——對自擇而成的認知體系而言，即變現實的情境就是毫無秩序的混亂，也會在當中取象秩序，自行去建立「理所當然」的規律。

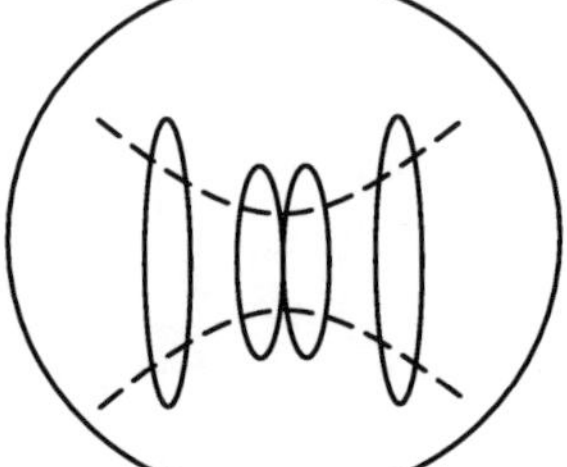

— — — -:- -:- -:- — — -:-　變蠱卦

變蠱。越易而御行，得息。

象曰：變蠱，柔順而倚剛健，御行也。蓄剛強而用柔順，聚易性而守元一。

象曰：倚健作順而伏入，變蠹，君子以化否保泰，守一聚氣，渡厄克逆。
上九，不測風雲。
象曰：明未作也，瞽而動健。
九八，指向，貞吉。
象曰：指向，明位向也，貞吉。
九七，激其因累。
象曰：因累隱無用，激其所用，能啟利。
六六，膠之韌，無咎。
象曰：以繫體系，無咎。
六五，柔透曲瓶，韌。
象曰：柔以越異阻，為其韌。
六四，柔越歧易。
象曰：歧易，守止不易。
九三，形易質固。
象曰：形易質固，應事。
九二，色易質固，無咎。
象曰：以止險也惑敵也，無咎。
初六，化易質固，貞凶。

象曰：其陰止相衝，貞凶。

論曰：變蠹，剛柔等價元素概想。在混沌的環境中，違逆存在意義的曲折很多，若沒有僵化的本體，則容易發揮韌性，突破曲折的障礙，渡過不利的局面。是故沒有固定的形體卻能維持體系運作，則是最堅韌的形體。而此形柔質剛之態，其存在的根本隱澀而脆弱，在另一維度深入探究，隱藏剛健的本質，是自入脆弱於隱匿中。本質動搖，那麼就缺少再演變的空間，而強韌的優勢就極容易瓦解。

證曰：◎章魚形體柔軟，能夠穿越細小的洞口，無節的形體可以舉起超過自身十倍體重之物。◎水的型態柔和，然而用高壓噴射，其鋒利可以切斷堅厚的鋼板，而水本身除了正常蒸發之外，沒有任何損傷，但若用強風吹襲之，其水刃也會消失。

用曰：

奇⚋⚋變易體雖然難以精確理解，但是事物的形與質，可以從客觀的規律探究出來，從而知其演變。回歸人類的物種本身特性，經驗法則是人類唯一可以預料未來的模式，其他吹噓者，非奸既詐。然而可以從改變經驗累積模式，增加其經驗法則的廣闊性與旁通性，以強化預料的能力。變蠹思維的實用，首先就是本身的思維型態改變。

曲⚋⚊解析優勢本身，是累積過去的選擇，因倚時義而部分顯現，並不是全部的特質都會體現，所以某個時期優勢的物種，在另外一時期就未必然。是故優勢並不代表優秀，只是發揮了過去某時期選擇，而合當前時義。變蠹的易理，在運用自己現存的弱勢，激發過去累積而當前無法發揮的優勢因子。

變 ⚊⚋ 激發隱藏的因子，以彌補當前的弱勢，對有機的生命本體是損耗，因為這抗逆簡易之易理，運用了複雜的變易。起破元卦探討，這會產生三義破元受剋的法則。初六，化易質固。貞凶。在其本質與時義的衝突，有機體受限於諸多易之法則。

律 ⚊⚊ 從變蠹法則觀易，簡易的型態以為不易常綱，但是卻常常被複雜的面象所破，產生違逆常理的事態發展，變蠹之用強韌，以弱為強的複雜之理，雖然能夠轉變優劣態勢，不能不慎重其根本的脆弱性。

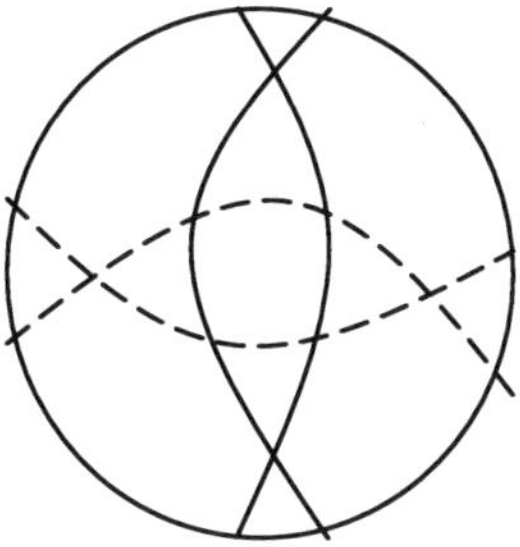

⚊⚊⚊⚋⚋⚋⚊⚊⚊ 歸元卦

歸元，倚伏原始，大得。

彖曰：歸元，順處乾乾，歸於乾綱原始，而有大得，貞吉。歸元之時義大哉。
象曰：倚伏皆健而作順，歸元。信者以行大任。
上九，紛演，源自擇。
象曰：大源而得也。
九八，凝元原始，大利於行。
象曰：凝元原始，歸於大數，大利於行。
九七，堅中之礙，慎。
象曰：命運有堅中之礙，無論其是非，自慎。
六六，降數，不利後。
象曰：自擇所伏，勢有不利。
六五，歸則，必判。
象曰：自擇必歸則，利弊有判。
六四，順歸，再則之機。
象曰：順歸，能映嘉貞，事能再則。
九三，逆遇，概括而受，得咎。
象曰：逆遇必不順，概括而受，受誤，得咎。
九二，苦拔，嘉貞。
象曰：困而逆取，嘉貞。

初九，機取，貴艱貞。

象曰：處於苦厄，知良莠，苦尋待機，貴艱貞。

論曰：歸元，倚伏乾綱原始的脈絡，欲深遠透析事物，必先回歸事物原始因子，反順透析而得其則。歸元而後多象，是以能有大得。

證曰：◎生物學，在演化論與孟德爾實驗之前就已經有，但是並沒有很大的進展，當演化論探討生物起源的法則之義，銜接原始之義，而後才讓生物學出現重大的演變力量與方向，才有後來基因等等的重要學術發展。

用曰：

奇——雖然物種不是物競天擇，而是自擇天翦，且不論演化論本身是否正確，但是一件事物回歸於探索原始意義，就能有產生新演變方向之機，發揮歸元之效，本身的對錯反而可其次探索。

曲——理論產生的效果，並不在理論的正確程度高低，而在於歸元精神而產生多象探索。是故倚易的運用，而追究學術價值，在於精神的掌握，不在於形式之誤而在於大理之用，並且錯誤才能激勵進步的產生。許多原本是錯誤的學論，卻對於未來有很大影響力，其關鍵要素在此。

變—-.-歸元必成多象之效。一個歸聚收斂的演變系統，則其目的或稱終端，必不是這段變化流程。已經演變出去的態勢，收而歸元，在變易中，必定某種作功而再放的態勢。故歸元而行多象之義深矣。

律——原始因子具有內變的主導力，規劃長遠演變，未有不探索演變始末者。而原始的型態，畢竟只是型態，搭度整個型態流程，架構變化的本身，為歸元之大義。

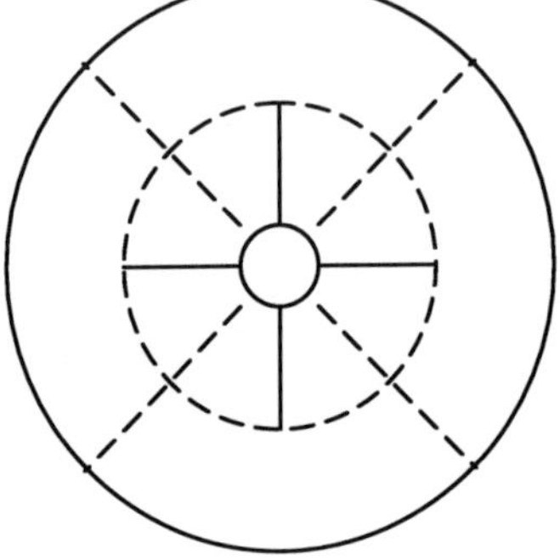

———-.--.-—-.--.--.-　延驟卦

延驟，幼始困，激機以返，育得元亨。

象曰：幼延而外困厄，激返而超，新興述數之所藏也。

象曰：倚健作動而伏順，延驟。智者以知潛能，適所驟易。

上九，茵幼延長，契引。
象曰：茵幼延長，歷歷時序，契引。
九八，稚氣，貞厄。
象曰：其未長也，難成而厄。
九七，鄙奪，貞凶。
象曰：鄙奪，物天性也，身貞而凶。
六六，相競斥抑，因困。
象曰：生而相競，斥抑其幼，因困。
六五，驟轉，圖益。
象曰：幼困而驟轉，長成也，能達圖益。
九四，複選，吉。
象曰：複選而異現，吉。
六三，欣新，厄。
象曰：其據不受也，厄。
六二，特立求成，因困。
象曰：特立求成，欲義之用，因困。
初六，順新，貞吉。
象曰：研言以成，貞吉。

論曰：延緜，延續幼稚狀態，而具有緜轉新態勢的潛能。幼稚狀態並非全然象徵不成熟、失敗與危險。當環境選擇相對複雜，延緩成長的型態，反而容易尋找到最洽當的演變途徑，具備天剪局面下延後選擇的優勢，以及重複選擇的潛力。

證曰：◎哲人、科學家，成長後仍然具備幼童時期的理想性、幻想性、純真性、敢於嘗試及求知的欲望，本性還沒有隨年齡演變成人的安逸、侵軋、自滿的暮氣。等到開始擁抱名利，他的開創動力，就逐漸消逝了。◎楚漢之爭，劉邦雖年近五十，仍有孩童般的率真，因怒而當場破口大罵，聞過則立刻改進從善如流，項羽年歲雖不到三十，卻有如老朽般固執己見，剛愎自用，不能接受他人的批評指正。

用曰：

奇——在同類之中，本性較為幼稚而遭受到排抑，積蓄強烈的演變潛能，是演變出新態勢的重要基礎。不然以物種的惰性，以及基因型態，乾綱原始的生理機能等等限制，要選擇出新的方向，是非常困難的。

曲——演變新的優越態勢，並非要求全然未成熟，某些時義下，在適當的本性具有成長的延滯，才達到最恰當的演變基礎。大自然沒有時空成本的因素，所以可以完全靠隨機演變出來，而人有時空成本的限制，必須有適當的延緜認知，才有可能往較為適當的方向演變。

變——延後選擇與重複選擇，是最後得到競爭勝利的要素，然而即使知道，在現實複雜狀況下，誘發選擇因素的多變樣下，要達到目的並不容易，必須掌握多樣性的變數，以克服原有的慣性。

律——法則交錯著變易與不易，因而變相繁複，似可掌握變化，卻以各種複雜誘發而有變數。幼態的潛力就在於運用變卦顯璃卦中，簡單的型態，反具有複雜的變動。

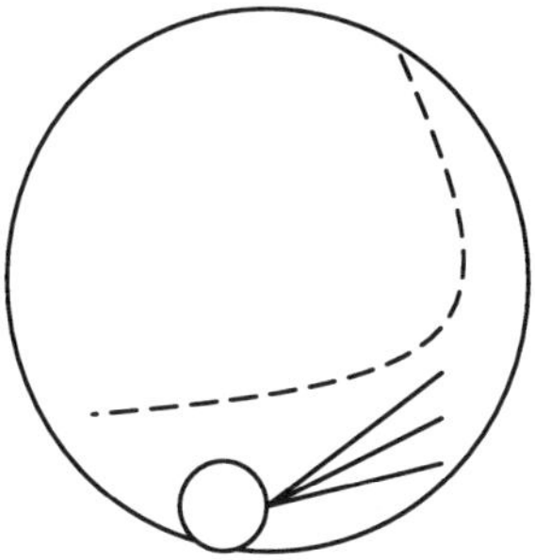

⚊⚊⚋⚋⚊⚋⚊⚋ 銳轉卦

銳轉，念銳主知，何非有，易轉。

彖曰：銳轉，是非所官，挾銳也，非可據固。義易而轉。自貞。

象曰：倚健作動而伏險，銳轉。學者以知新說，無溺成見。

上九，仰生義，貞固。
象曰：仰生義，我執，貞固。
九八，漸生義，未得。
象曰：其義可見，而遺矣，未得。
九七，碎語謠謠，凶。
象曰：碎語謠謠，我因浸染，凶。
六六，惡辨，固陋，凶。
象曰：小人惡辨，為其利而愚，固陋，凶。
六五，反辨，貞吉。
象曰：敗勢而反辨，徇義，貞吉。
九四，蒙昧隨辨。
象曰：蒙昧隨辨，因循易敗。
六三，規整，蹈險。
象曰：規整而能聚，迎速有險。
九二，仰人心，擲求。
象曰：其不貞矣，如以擲求。
初六，全辨之明，艱貞，大吉。
象曰：人所難達，成而大吉。

論曰：銳轉，是非觀念，是尖銳的角度取象，而不是全方位的思維。每提升一次精神層次，或思維意識，判斷是非角度則會轉變。精神層次是有其背景產生，而混變的環境，未必會與它取得一致。同一件事情，由不同的時空背景探討，是非觀念也就不同。對於只侷限於某一狹窄時空的精神觀點，無法求其事件的真正是非之義。

證曰：◎子曰：「聞誅一夫紂矣，未聞弒君也。」◎吳三桂開山海關引清兵入關，時人皆視之為漢奸，而清朝開疆拓土，五族共和，後世觀之，吳三桂本人雖惡，然其所為，可謂融合滿漢各族的推手，中華民族的功臣。◎型態層次較高的物種，未必能夠比層次低的物種，流傳久遠，蜻蜓、蟑螂的型態已經超過三億年，而比之高等的不知多少種生物，卻都已經滅絕，或是演化得面目全非。

用曰：

奇⚋⚋人有是非辨別，自然環境也有是非辨別，而其辨別在不同的背景下，是非也有轉變，給予生存或滅亡的規律，會因而轉換。

曲⚋⚊是非觀念的精神定位，倚於化約主義的精神演化史，讓生命能不必複雜運作而簡略取得抉擇。也就是不必探討複雜的原因，去取得正確結果，當然會付出選擇錯誤的機率代價，但是這種代價對生存遊戲來說，是相當值得的。

變——簡略的是非定位，對於生存為主是值得，但是對於擁有文明的物種，對其演變卻是很大的阻礙，倘若文明大多數個體的精神意識，仍然是以生存為主幹，以過去演化型態中激發快樂、歡愉、適性為生物行為準則，則不論此物種有多聰明，文明演變態勢，必無法自主轉移為，宇宙性質的高等文明。

律——是非觀念的角度，是文明層次提升的基本瓶頸，故當中的角度必須切中於文明的時義，而不是仰生於意識形態來塑造是非觀。倚頑固的意識形態，保護自己觀念者，事實上並不能保護自己，只會讓卑劣陰私者，有利用之機而已。

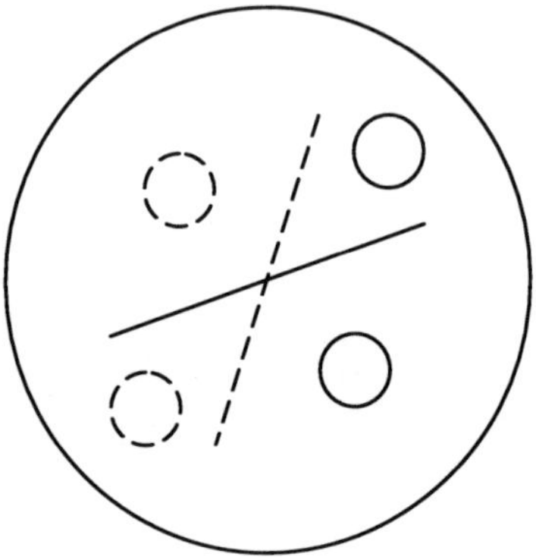

一一一-:--:-一一-:-一　霄育卦

霄育。無育界，攝歛成體，元亨利貞。

彖曰：霄育，真無而攝歛生矣，體具蜷之成綱，漸顯原始，故以利貞。

象曰：倚健作動而伏麗，霄育。智者以識體具之綱。

上九，真無近理。

象曰：真無近理，霄育之極。

九八，無則之法，大豐。

象曰：何可限之，故形具大豐。

九七，蜷攝之歛，固。

象曰：攝係蜷歛，易同趨，固矣。

六六，體具無妄，豐用，亨。

象曰：無窮延形，智雖苦汲，豐用而亨。

六五，綱形識，存象。

象曰：體具已成，具綱形生，象而相形可存。

九四，綱臨界，行與體具，貞固。

象曰：外降幕，綱臨界，體具有展而可行，貞固。

九三，霄育延虛，可塑。

象曰：其生化俱延，演而萬形，可塑也。

六二，識存互形。

象曰：識形存，存亦形識，綱作之虛也。

初九，錯則之亨，往吝，厄。

象曰：霄育形綱，降冪亦極，錯則矣，不識而往，必吝，厄。

論曰：霄育，體具形成，產生內界乾綱之易，所需的虛空之境。存在等價之作，變易延伸皆為攝係生成，乾健之力若需運作，必定倚無，而建立一個「變易的臨界範圍」，以將之育乾健綱絡。

證曰：◎無論卵生、胎生、卵胎生、甚至無性生殖等等，生命意識無論其體制高低，在出生的時間之前，意識相對就是虛無不存的，即使此意識「將必然」出現，也與「必不」出現的虛無之境相同。◎一個被組成的系統存在，在於單位是否接受，無形的「控制力」。

◎唐詩意境：「前不見古人，後不見來者，念天地之悠悠，獨愴然而淚下。」

用曰：

奇-·--·-分裂，對於循攝係之易者，是情境中徹底分化為二，兩者可能不再相關。而同樣分裂，在相對其體系虛無內孕中，分化為二者仍然具備一種臨界內的一體形式，霄育之義深矣。

曲 -:-一倚荒凌卦，培育一種體具，其無的來源不在情境時空，或說存在於任何情境時空，只要對體具來說，建立相對虛無的內孕形式，乾健之行則有其綱絡。

變 一-:- 至理之無，建立的臨界，乾之無與坤之無窮，互形而易成，各具原始與相解之行。

律 一一 內界體具之成，乾綱綱脈之整，其形成的關鍵核心不是在有，而是在無。以無而成立的一個臨界，使此情境體系，在小範圍的變易干擾中，可保存完整的體具系統。

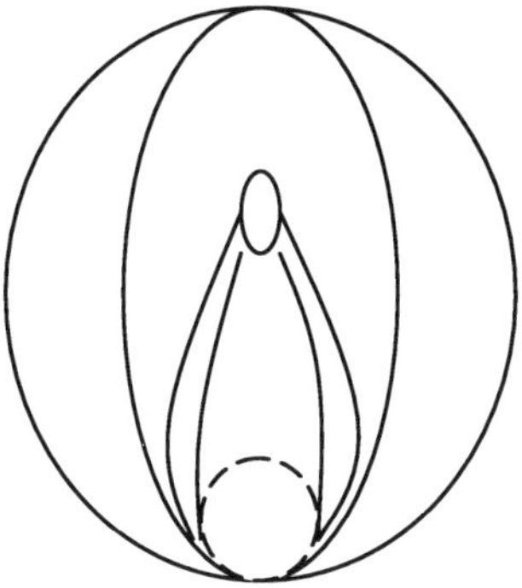

一一一-:--:-一一一一 靈素卦

靈素。亟循益情，蘊正大通。

象曰：靈素，動益情境，入感浩湯，達和真慧，行大中於政，大制文明也。

象曰：倚伏乾乾而作動，靈素。學者以益文明。
上九，蘊健制階，正通。
象曰：蘊健制階，可與靈也，中正智通。
九八，入伏靈素。
象曰：以瑰麗奇思，顯其情。
九七，靈素大壯，貞吉。
象曰：之大壯於時義，貞吉。
六六，育素，識科而往。
象曰：識科，往而進維，育素之德。
六五，意近幽鳴，貞通。
象曰：幽鳴，和情境也，貞通。
九四，靈和思凌，行有得。
象曰：思凌淡泊，靈和時也，行之有得。
九三，衡縣智空，利攸往。
象曰：有大定也，智空而合，識而利攸往。
九二，層維得素，尚往。
象曰：得素而和通，故尚往也。
初九，層循所領，壯其行。

象曰：起健作於智，壯其所行。

論曰：靈素，思維亟綱之能，高瑜具有的特性。建置高階層次的思維有何意義？思維的層次之間，相互有循環運行之態，而可蘊藏動健、創造與透析之能。

證曰：◎王充論衡：「傳書言，師曠奏《白雪》之曲，而神物下降，風雨暴至。平公因之癃病，晉國赤地。或言師曠《清角》之曲，一奏之，有云從西北起；再奏之，大風至，大雨隨之，裂帷幕，破俎豆，墜廊瓦，坐者散走。平公恐懼，伏乎廊室；晉國大旱，赤地三年；平公癃病。夫《白雪》與《清角》，或同曲而異名，其禍敗同一實也。傳書之家，載以為是；世俗觀見，信以為然。原省其實，殆虛言也。」並非全為虛言，亦可由意化解釋之。◎傳書言：瓠芭鼓瑟，淵魚出聽；師曠鼓琴，六馬仰秣。或言：師曠鼓《清角》，一奏之，有玄鶴二八自南方來，集於郎門之危；再奏之而列；三奏之，延頸而鳴，舒翼而舞，音中宮商之聲，聲吁於天。◎歌曲為何要有歌詞？使俗人容易進入，音樂所表達之情而已。較高音樂涵養者，僅以曲調與旋律，就已經能感應其情。本身就具有高智慧者，可從其情再擬制出情境，益創造之能，甚至可能脫離旋律，和感於極平常的聲音。

用曰：

奇 -·- -·- 思維可以自增循領結構，什麼型態都可構之，音樂只是古人就已經知道的方式之一而已。然而至少這方面，今人還未必能有古人層次高。

曲⚋⚊在現實的世態中，據靈素的個體已鮮少矣，而又能得其位者，又更加鮮少，是以文明徒有繁華外表，沒有長久高等之勢。是以人類有能而不慧。

變⚊⚋評估文明程度，並不只從短暫的浮華昌盛而已，能否有長遠延續之能？物質與精神相互又如何置處？構成文明的單位，即個人，又能主動從當中取得多少精神位階？被動從當中取得多少自律規範？此皆文明高低之標準矣。

律⚊⚊時間是情境之潛伏，空間是情境之彰顯。靈素之作自益循領，才能將文明之態，均衡地衍生於之，以有最長久的演化。

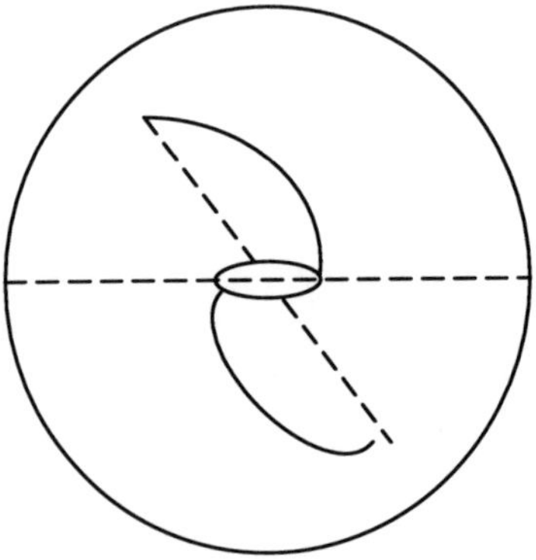

虛沌卦

虛沌。無窮位，義虛位沌，剝是義體。

彖曰：虛沌，是義體所位，其構素亦位，是以義虛而位沌，內剝矣。

象曰：倚健而伏作皆險，虛沌。學者以通博達科。

上九，乾綱捐顯，貞固。

象曰：乾綱捐顯，大倚也，貞固。

九八，始義作系，亢無攸。

象曰：始義無可逆，亢亦無攸矣。

九七，大位虛行，不利涉大川

象曰：非有本據也

六六，小無位，非大貴，不利久據。

象曰：雖小自系，非其大所位之，故不利久據。

九五，取位無盡，放於沌。

象曰：無盡沌，成是體之衰。

六四，型作基擇，攸其剝。

象曰：基擇攸剝，是沌行矣。

六三，緩剝行久，貞固。

象曰：慎運大系而緩剝，故能行久，貞固。

九二，降剝，解大體，運厄。

象曰：解大體，是其運厄也。

初六，晃大通，貞元，利攸往。

象曰：晃運，艱以羅合，終大通，知貞元，利攸往。

論曰：虛沌，連冪之中，取象系統單位的奔放性。變易沒有「一」這個數，倚此變卦基張卦，系統定義的基本單位，事實上也是系統，也具備變動性，而並非一成不變，如此則不管任何系統，必定會受到其定義單位變動，所奔放產生的剝力。

證曰：◎沒有任何社會制度系統，可以絕對性掌握個人的行為模式，以致沒有任何朝代可以長久不滅。◎生物的壽限各不同，在於物種基因自擇的慣性系統差異，基因本身系統，又受限於分子的運行法則，如此一層層系統的剝力，產生我們壽命之限。◎倚忽晃卦之論，從星辰追究到量子，沒有真正最基本的單位，知識所掌握的單位性質，事實上是按照過去的歸納出來的系統慣性所成。◎易經剝卦大義，賁極則剝，由則由內而外。

用曰：

奇 -·- -·- 單位也是系統，那麼系統之下還有系統？這似乎陷入了邏輯上的死角。然而邏輯的建立，是我們思維尺度的慣性，並不是變易體的根本至理。乾坤內外相作，無而制有，只要「有」系統的觀念，那麼「無」系統的面象就會產生，此無又會產生另一層有系統的觀念。邏輯慣性的成立，其上制之本，就在這當中，躍幽闇無極之門而臨。

曲☷——組成系統的單位產生的剝力，基於乾綱原始，是不可能阻止的。壽限長久的系統，其運行之層階，必影痕於單位體的系統運行。將其乾健奔放性，通達於上階系統的運作。

變☷——用大數統計機率觀，與經驗法則，可以探索出，被定義為單位體的系統慣性，也就是單位的基本剝力，可以估計單位之間是約略相等的，故可取象變卦基張。

律——知識系統，都會省去單位的奔放性，所以再精確的估算與預測，都有很大的時空限制，以有次易巽卦遺漏象。這也正是，類別不同的幾種知識系統，如隔行相對，始終無法連續在一起的根本原因，故哲學之根本行健，在於虛沌大觀以連續之。

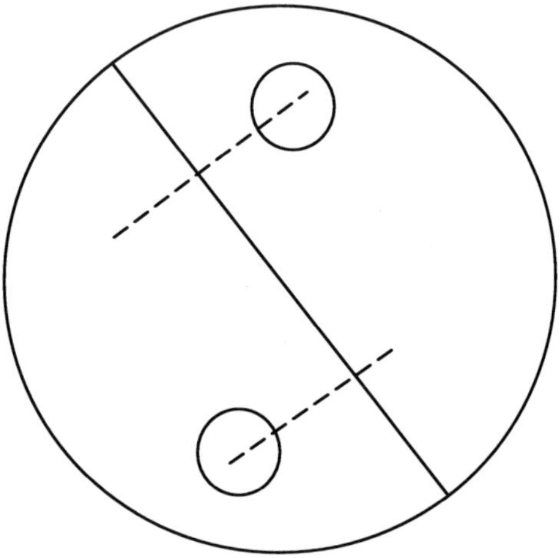

占析卦

占析。遠本據，不切達，不利貞。

象曰：占析，易性中不切，所斷定象，雖象通而不達，皆為占矣，故不利貞。

象曰：倚健作險而伏止，占析。智者以定象所參，自明深慮。

上九，至中，性無本據。

象曰：易體至中，既辨，性無本據矣。

九八，連象識定，往吝。
象曰：非本所據矣，往吝。
九七，類測，不利攸往。
象曰：所識類測，以之為證，不利攸往。
六六，識據占，貞固。
象曰：識非本據而據占，貞固。
九五，偏性落識，不利貞。
象曰：偏性而不切中，存據而落識，厄，不利貞。
六四，占識之演，貞厲。
象曰：占識之演，不得正，貞厲。
九三，度律，無咎。
象曰：所占不正，度律之求，無咎。
六二，占析求慧，貞吉。
象曰：倚度律，占析求慧，近乎正得，貞吉。
初六，占訟有疑。
象曰：雖慧，識亦占矣，必訟而有疑。
論曰：占析，本據與定象之間，沒有連通關係。因於不同的生存經驗，會把不同定象之間作一種連結，從而類推更多定象之間的連結，形成不同的規律判別體。然而這些判別體，與變易的本據，卻沒有直接的連通關係。再理性分析，也必有一種虛假的占卜，滲於其中。

證曰：◎再聰明的人相互合作，經過再理性的分析與判斷，也會產生錯誤，衍伸的行為能力亦有限制。◎所謂騙局，都是利用被騙者對一種定象的信賴，來運作其目的。◎生物的演化至少經歷三十億年，外觀型態精密且多樣，然而卻沒有演化出任何一種，不會犯錯誤的物種。即便是壽命數千年的神木，其生長行為，也都是在猜測環境變化的規律。遑論苦求生存與繁衍的，動物與微生物等。

用曰：

奇——無論是什麼方式去累積經驗，其每一種經驗階段，都只是一種定象，相互連結成判別體，而去銜接生存當中所遇到的情境。這種判別體即使產生矛盾，與生存的利益不相關，甚至產生衝突，也會根深蒂固在生存中。

曲——判斷每一件事情都等於是占卜，過程粗糙或是細膩而已。事態的本據透過情境的潛伏，分置於不同的時間點當中，當中的曲折分布，比較定象連結的判別體，是更高層析的總體方程。

變——是故累積再多的經驗，可以應付生存中，很多反反覆覆的問題，卻沒有辦法掌握生存整體的大利，也無法規避生存中突發的大害。

律——判別是另一種形式的占卜，當中必定隱藏許多假象，這些假象在其過去的生存經驗當中進入判別體，可以在基因層次就存在，也可以存在於思維意識之中。此即設計一種定象連結，通於其判別體，就可以讓物種誤判或受騙，的根本原因。

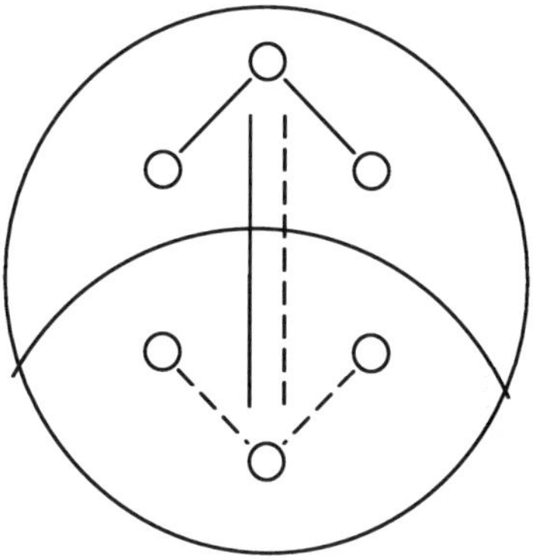

假鉞卦

假鉞。行適，實非所適，有遠厄。

象曰：假鉞，代行所適，實非之，不以構明，必有遠厄。

象曰：倚健作險而伏麗，假鉞。信者以全聽而構大知。

上九，混汲，牽孿。

象曰：似有分而行一體，牽攣之易。
九八，後制能彰，慎眷。
象曰：以嚮其如歸，慎眷所來。
九七，一愛，有遠厄。
象曰：僅行一愛，不受所來，亦難汲化，有遠厄。
六六，受給，吉。
象曰：能雖不生，以德耀，得受給，吉。
九五，歷德，大吉。
象曰：能起上智之間，大吉。
六四，傲審，有失。
象曰：傲審必有失，大失遠得。
九三，綏給，利他邦，厄。
象曰：生而不利成，聖賢遠行，綏給，利他邦，厄。
六二，執迷其鉞，貞凶。
象曰：執迷其鉞，堅所假，貞凶。
初九，擇而厄出，不利攸往。
象曰：型成自擇，厄出，不利攸往。

論曰：假鉞，古之制名，以重將帥之權，臣代其君行誅伐之事。權實出其幕後之人，而非其所職者。藉古制之名闡易，成因在背後，轉行代易，以致看似沒有相關，實際上這種無相關之易，正是影響其悠遠者。

證曰：◎孟子曰：「天將降大任於斯人也，必先苦其心志，勞其筋骨，餓其體膚，空乏其身，行拂亂其所為，是以動心忍性增益其所不能。」◎孫子兵法：「昔殷之興也，伊摯在夏。周之興也，呂牙在殷。故明君賢將，能以上智為間者，必成大功，此兵之要，三軍之所恃而動也。」

用曰：

奇⚋⚋在自擇天翦中，優敗劣勝是為常態，所以自由競爭而爭利，必不能產生最優越之物。優越之物，非眾人所愛之制可成。

曲⚋⚊時常以為最適之制，實際上成適為情境構，並非真正最適之制。故智者透析成因啟易，優越之所源與其所成。

變⚊⚋易剛中無己，而事物之存，成因難料，因為易之本質難知，人有己觀，無法克服我見，自然不能入事態情境之根本成因。

律⚊⚊施力於物體，有作用力與反作用力，假鉞易態之起伏，則反作用於時義之悠遠。

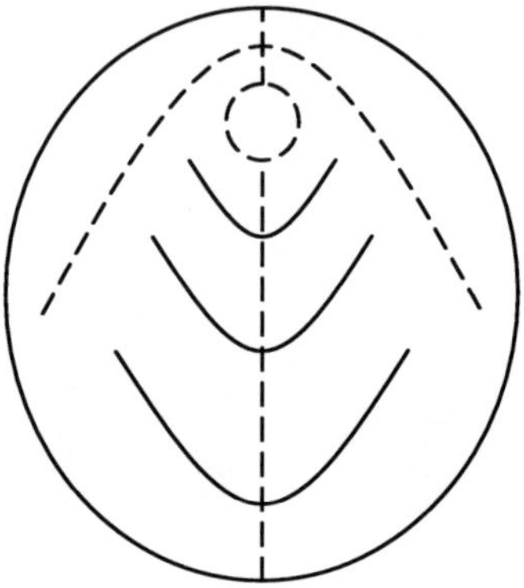

結幻卦

結幻。混形玄帶，自結再衍，以近真義。

象曰：結幻，玄帶大結，形於混形中，求近本相，利建大科真義，真智也。

象曰：倚健作險而伏入，結幻。智者以幻異求實。

上九，本識曲幻。

象曰：曲幻，自擇之導，非真義。

九八，情擬行沌，有間。

象曰：情擬行沌，所觀非全也，必有間。

九七，混體盪形，不利攸往。
象曰：盪形，非常形矣，故不利攸往。
六六，我由玄帶，無咎。
象曰：玄帶識作，我由而生，非定則也，無咎。
九五，等結，有得。
象曰：無偏擇於虛實，等結識作，故有得。
六四，結幻之識，慎迷。
象曰：結幻之識，中作其迷，避厄亦可陷禍，慎其所迷。
九三，趨體無窮，大得志。
象曰：趨混體，以無窮近之而行健，大得志也。
九二，連帶塑幻，亦可實。
象曰：雖幻，連帶於作，亦可實也。
初六，識類無則，貞固。
象曰：識類自制，玄帶無則矣，離鎖設而結，形以貞固。
論曰：結幻，訊息玄帶之間的連結。無論平常認為此類訊息是否有意義，都可以視為一種玄帶，相互之間勾連結合，激化另一種訊息的態勢。

證曰：◎墨汁滴入清水杯時，呈現紊亂帶狀，才會讓整杯染黑，雖然未必均質，但都會盡量分布於清水之中。變易的大體，即使只是運行一種簡單的物理現象，都呈現出與我們規制化的自擇意識模式，有所差距。

用曰：

奇⋯⋯倚聚肇卦之易，我們的感觀，所認定有意義的訊息，僅只是一種聚象，透過某種透鏡感覺到的殘片。而後又是再經過，意識型態過濾而建構出來者，離開宏體本易遠矣，失原力大作甚矣。

曲⋯⋯感官與意識所過濾者，自擇之狀矣，並非全有益於本身，然外界所展現者，混沌大體之要義，而混沌之態皆成玄帶。故結幻之審鑑，凡所感觀到的訊息皆為玄帶，相連結而新義。

變⋯⋯玄帶定義，只在於組成其類，卻沒有一定標準，脫離旋稱「定象鎖設」，以相結幻式，混沌大體的新義，以此在當中無窮探索。

律——倘若是意識之間的玄帶，文字與數字的意義，在結幻之中，只是一種虛線相結，以及延長而已。然若是景象變化與文字之間的玄帶關係，就反而是各種變易意識，在當中成為連結與延長。無論哪種訊息成為結幻之連結，重點在於連結帶有所因本，而無窮塑作，趨近於無窮大義。

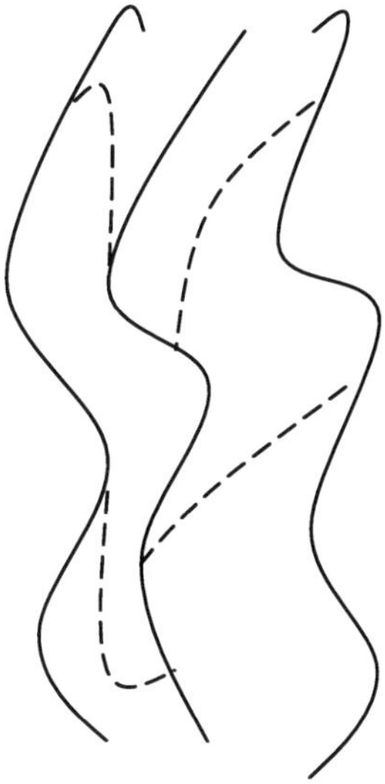

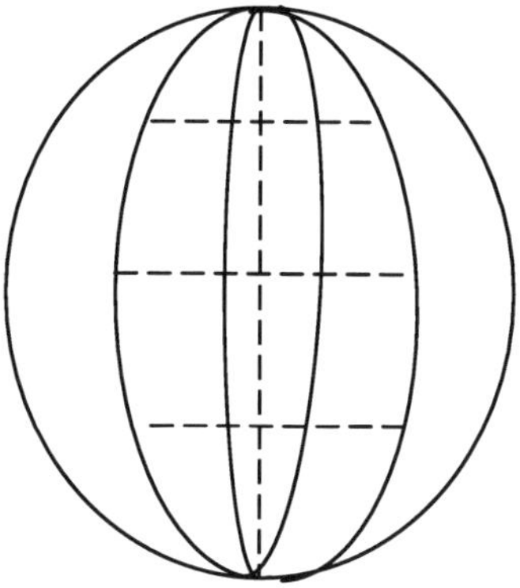

— — — -·- — -·- — — — 同義卦

同義。無窮萬象，有同生之義，有相類之因。

彖曰：同義，始因同而易相類也，時空同義，能倚行事。

象曰：倚伏皆健而作險，同義。君子以時相互濟。

上九，源始易作。

象曰：倚義也，以育不息。

九八，歧作，顯為，貞固。

象曰：同義而歧作，以顯所為，未有吉，貞而固。

九七，分，迷義，不自知，終凶。

象曰：賴所感官，托成之鑑，迷義而終凶。

六六，仰時義。

象曰：仰時義，觀汗青，互義能倚也。

九五，倚構同義，吉。

象曰：以溯本，設計以新明，探真也。

六四，險柔欲躁，有誤。

象曰：雖明同義，欲勝義而躁，誤也。

九三，賴觀，迷思而罔。

象曰：賴觀而難自觀，迷思，有所罔。

九二，迷循而能，凶。

象曰：不明而供建奉上，損不足奉有餘也，凶。

初九，深慮，毋怠，吉。

象曰：行事慎也，不怠則吉。

論曰：同義，時間變化與空間變化，是相互定義的，為情境體的潛伏與彰顯，是故時間的問題可以從空間結構去找答案，空間的問題可以從時間的歷程去解析。對於人類感觀來說，這種互義還是很片段的，許多一體兩面之數，還不能體會其同義之義。

證曰：◎分析一株大樹一生的生長過程，不必花上許多年時間盯著同一株樹木，可以從森林中同樹種，老幼大小的諸多同種的樹木去分析。◎在地球空間上，觀察各種星辰形式，配合物理的推演，就大約可以判斷一顆恆星的一生過程。◎時間的度量衡，必須按照空間上實體的物質變化，去做區隔，例如地繞日一週曰一年，地球自轉曰一天等等。◎古董鑑定，先看器型的時間年代，再來觀察器物的包漿，紋色的深淺，圖案的風格神韻等等各種條件，來斷定此器物經歷過的時間，是老仿的或是新仿的或是真品。

用曰：

奇-·--·-同義的根源，遠超過任何文字與數字之分析能力，我們從同義以空間狀態去解析時間給予的變化，亦或相反。可以發現宇宙還有，運行於時間與空間之上的原理。時空其實是人類自己的感受，所強制分割的觀念，本身就是同義的。

曲——科學對於未來的預測，都是經由經驗法則歸納統計，而經驗法則之架構者，根本於時間與空間之同義所易。然而這種方式對於人類自身的命運，卻無法做到預測，並非不能有經驗法則，歷史就是人類自身的經驗法則，也並不是統計數據不能施於人類本身。關鍵在人類本身的同義之易，已經包羅了自身的歷史以至於智能本身，無法突破自身存在的架構，故無法測知自身的未來。

變——同義根源，分化出不同定義，而塑造型態，要維持這種型態，則需要中心主軸，環扣這種定義。扭曲而喪失，則與最根本同義相悖，衰竭之變則是必然產生的。

律——同義而多元，造成情境雜而無絜，然而主易脈絡並不會因而驟轉，源始而易作，根源起型，定基最大的變化量。時間事實上是人類依照空間狀態的變易，所架構出來的觀念而已，若用變易體本質觀，我們的過去並沒有消逝，過去其實還存在，我們的未來也已經存在，只是我們感受一種不斷變動的現在而去組成它而已。

聚肇卦

聚肇。聚象成維，行間肇顯，至哉。

象曰：聚肇，間肇顯，體現大用，然其所偏倚，由而入混，至肇之大義也。

象曰：倚健作悅而伏順，聚肇。智者以進混觀大元。

上九，界象一維，貞固。

象曰：於易無義也，故必界象而一維之，貞固。

九八，孤聚顯肇，毋恤。

象曰：雖孤聚而有因本，無可憂也。

九七，混易再肇，新得形，貞吉。

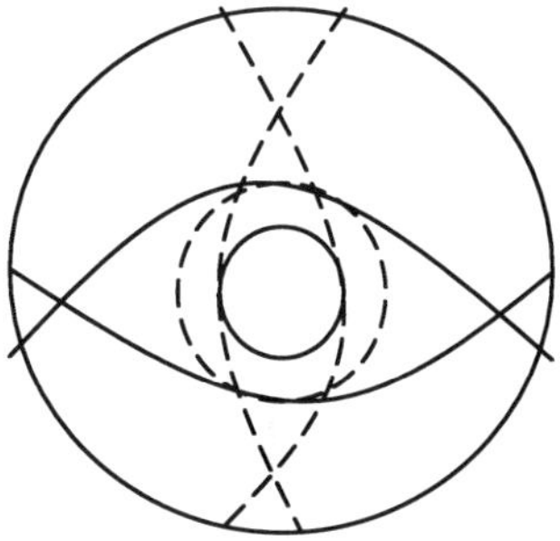

象曰：聚肇之極，混易再肇，得新而毋悅，貞吉。
六六，至承維作，征吉，利涉大川。
象曰：至承所擇，維作而克難，征吉。
九五，曲所簡，不吝往。
象曰：繁簡意曲矣，然以至承，不吝之往。
九四，幻迷誤象，終凶。
象曰：雖至承，終於誤象，凶。
六三，反略，利用，不利得。
象曰：聚象反略，易所容也，故利用，而終幻矣，故不利得。
六二，科肇變維，因順貞吉。
象曰：改聚相義而因順作之，故而貞吉。
初六，流象致混，代念其易。
象曰：雖代念構之，其肇可基。

論曰：聚肇，聚象而有感應，因而感應先天就是扭曲的。在變易混變隨取的取象大體下，感應必定著於，取象的群聚當中，奠定互援基礎。是故從變易體中，一種聚象，肇啟一種感應的方式，進而影響思維流程。

證曰：◎駕駛的應變，或類似的操作，其實情境很複雜，但本於演化基礎，簡化掉很多訊息，用很順暢的感官運作，累積其經驗，就能夠應付。然而大多的哲學思辨，情境其實很簡單，思想卻時常卡住，要用非常複雜的思維方式去透析。◎人類社會中，最不需要用到智能，也最基礎的勞工，其工作實際上面對的，是最複雜的情境。而應當是最高階層，要用最高層次智能的哲學家，面對的其實是最簡單的情境。而這最高與最低的兩層次人，至少在我所處的社會中，有一個共通性：都是一貧如洗。

用曰：

奇——一種聚象，而能夠創造一種流程，而思維雖然受到影響，卻並不見得與真實情境變化的涉易程度成正比，至少在人的聚象方式，是很明顯的反比情況。

曲——感官如同聚象，是不均的，利於片面的通顯，卻沒有廣度與均度。故思維對於真正的「複雜」與「簡單」，即涉易的深淺，其實有扭曲之判。

變——這種反比之因，在於是否符合過去的演變基礎，而並非真實的情境複雜度與變易深淺，具體而論，即是從承續自擇所上涉之易，尋找共通性而涉之。如此則必生盲約。

律——從聚象觀進而混象觀，將產生截然不同的思維態勢，氤氳不同程度的潛能，倘若建置混象的觀察，將是通往智能精神力的基礎。

間衙卦

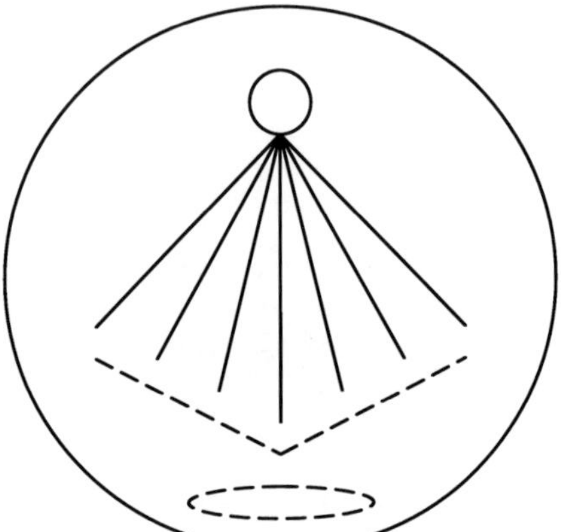

間衙。物相間通也，原易序力，最尚而貞。

象曰：間衙，概想而程序，遺漏象而脫離原易，力豈我本有?能追尚原易而貞之。

象曰：倚健作悅而伏動，間衙。信者以踐事。

上九，源始，攸往。

象曰：易體源始，必以乾健立，時空攸往。

九八，遺漏具象。

象曰：以末觀本，必有遺漏。
九七，物脈，自尋。
象曰：皆有所因本而成脈絡，自尋之得。
六六，本生序。
象曰：本生序，必有所止。
九五，智觀銜通，吉。
象曰：以智觀物銜，能新通，吉。
九四，先間觀分。
象曰：物本有同源，有觀而有間分。
六三，間銜有形，利有攸往。
象曰：間銜有形則能成系，利有攸往。
六二，迷觀不進，凶。
象曰：迷觀自行而不知進，困而不自知，凶。
初九，自義之數，利艱貞。
象曰：自義數觀以得原易之序，雖難成，艱貞反覆以思則得其利。

論曰：間銜，具體事物之間的間接銜通。兩具體事物的差別，不止於倚其各自特性相互運作，必定還有有共同的，且複雜的原易程序。故可以發現，諸多個體，連貫成有系統地銜接運作，其功效大於個體各自運作的簡單總和。然而個體各自的簡單運行，其形態演變的多樣性與廣闊性，反大於連貫而有系統地銜接運作。

證曰：◎有組織有系統的團體，力量會比一盤散沙，各自為政者，強得多。◎科學實驗：鈹離子在不去觀察它的時候，可以被保存在一個磁場內，既觀察者本身會對實驗產生干擾。

用曰：

奇－－事物之間的原易程序，雖然相當複雜隱然，且因諸多現實條件限制，不見得能得到最佳的結果，但是在追求兩物之原易當中，思想模式卻因其激盪不斷地提升，對於道德感觀，也因此深根。

曲－－倚巽所得的法則遺漏象，必定讓人的概想與原易程序脫節，不斷地探索卻發現還有更深的深度，如老子所云：玄之又玄，眾妙之門。

變－－狹義相對論中，時間同步的事物，會因為投入速度的因素，而產生時間不同步的變化。時間只是情境潛伏，相互比較變化性而得來，假設當中投入一種能夠脫序的變化，是會有同步事物卻時間進展不同之狀。其實並不止於時間這個相遇概想，用屬著當中自義的數理觀，只要是被我們人類概念分割的具體事物，且因之產生了概念程序；只要找到當中的原易程序，倚其投入新的因素，原有的概念程序就會被推翻。

律－－人類的經驗概想是原易的末節，必定是錯誤百出，根基淺薄。一個人在一個權位上，是否真能有傑出的作為，在於其見識，是否能融合與既有觀念，以探索更高層之義。

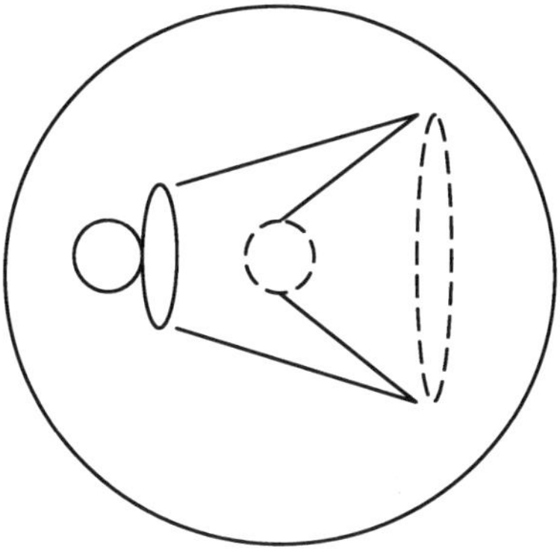

期濟卦

期濟。利有攸往，以損致能而供建上位，致群集以達生衍。

象曰：期濟，作止德，損小以利大。孤困而群供建，上而期育群體，利貞。

象曰：倚健作悅而伏險，期濟。嚴者以生衍形上，利國彰德。

上九，通於存本，吉。

象曰：以通而大塑，吉。

九八，逆取歸元，有新數。
象曰：可約適性，故有新數。
九七，生體突現。
象曰：突現，聚元以生新象。
六六，領御相，貞吉。
象曰：主眾而御示，貞吉。
九五，群生相，貞固。
象曰：聚多而單元相變，利上不利下。
九四，孤獨相，亨。
象曰：獨而自完其術，吉凶自成而有義，亨。
六三，意識川聚，貞固。
象曰：意識川聚，凝識以成體，貞固。
九二，主識催化，用殘。
象曰：以抑背，控生數也。
初九，破制返元，群生凶。
象曰：單體能取，破制返元，故而不利群生，凶。
論曰：期濟，物種時義根源之一，取象集約變化，則存滅的規律反而更穩定且容易彰顯。

從孤獨相，而領御相，而群生相。衝破領御進入群生之個體，近期濟之義。

證曰：◎商鞅變法，強公室、杜私門，勵耕戰、懲私鬥，建立一體化、標準化的生產形式，使秦國具有，摧毀東周諸侯百年根基之力，奠一統之功。然秦法嚴繁，民怨積久，主貪功過甚，終以速亡。◎尉遼子在秦一統前夕，便云：「秦雖能混一九州，然紛更不休，其祚已不可久矣。」◎對細胞來說，合作而成多細胞物類，其代價很高，基因端粒型態就是其中之一，也就是造成老化的因素。如此則多了一項遠期的死亡因素，然而近期來說，可以得到合作的好處。面臨變易坎伏，合作也不是百分之百順暢。◎癌變的細胞不會老化，雖然形體已經屬於多細胞生物之種，但是在本元上，返回原核細胞之變易，可以無窮分裂。◎發光星體的壽命最終取決於最單位的核反應層次。

用曰：

奇-·--·-一體視之，領御的中心已經意化，解脫損體過程中，蠶繭般的困礙。人類仰托群體力量而有文明，自以萬物之靈，其實此靈早已發生在各種生物中，層級遠高於人類目前的文明之靈。

曲-·-一倚損體卦，損失原力而求功，對於具有自擇方向的生命體來說，如此選擇是有利的。損失原力所產生的破洞，對細胞來說，只是多了一項遠期的，必定死亡因素，而大量減少，近期多種隨機的死亡危機。

變——雖然人類的社會形式，集約程度，還遠不如多細胞體，然變易敏於健，而懸置其他，運用期濟之義，仍然會顯現最終的衰滅。

律——孤獨相會投射自身的慣性到群生相，而且孤獨相當中，規律不穩定的各種存滅因素，在群生相的時候，就更容易顯現其規律性。相對倒過來看，群生相的意識去看孤獨相的狀態，也會相映出各種不穩定的規範，從而可以從孤獨相的層次當中，建立強大變化的動健根源。感知的建立，就是在混沌不穩定當中取象穩定，其過程也於此義相攸。

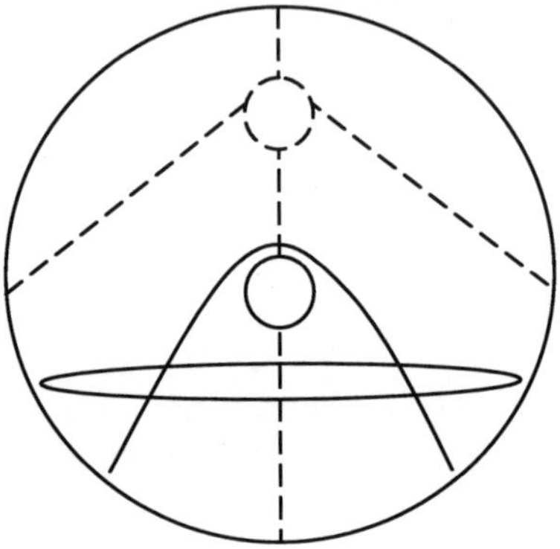

代念卦

代念。自擇假代，終當歸易。

彖曰：代念，思維所念，易性借貸，是循以視履，自踐能祥也。

象曰：倚健而伏作慼悅，代念。智者以偵履自文，就念再新。

上九，替用，有吝。

象曰：非真正而替用，有吝矣。

九八，中不棄，是可攸往。

象曰：易中而不棄所替，艱貞而可攸往。

九七，代念聲哀，有厄，行退。

象曰：聲哀之厄，退行以避也。

六六，規假素履，無咎。

象曰：知假規之以素履，無咎。

九五，循領視履，吉。

象曰：雖假代，循領視履，吉。

九四，滿不自納，是固，有後厄。

象曰：不自納，不知己為代念，固有後厄。

六三，貸為得，凶。

象曰：以貸而為得，終不返，凶。

九二，迷代，始吉終凶。
象曰：代念而迷思，始吉終凶。
初九，刑中，假代歸數。
象曰：刑中無偏，既假代當所歸數。

論曰：代念，思維對變易的假代性。感知是在混亂不穩定當中，去建立穩定的規範，那麼一種方式的思維概念，能夠解釋現實事件，甚至能夠解釋所有的事情，也並不代表這種思維概念，就是最接近真實。可能只是對現實，解得通的說法而已。而似乎解釋不通的說法，未必在大體上就是錯誤的，可能只是缺乏某種修正與衡量。

證曰：◎托勒密的模型在現在看來，很明顯是錯的，但是在當時的觀察視角，卻能很清楚地解釋所觀察到的天象。◎中國古代對天文有三種說法，分別是蓋天說、渾天說、宣夜說。而今觀之，宣夜說的說法，比其他兩種說法，更接近於大體事實，然而當時卻因為沒有重力的觀念，無法解釋天象觀察的規則，而被拋棄，所以古代的天文大體都用採用渾天說。從而遺失了最接近事實的學論。◎微積分在數學上，有基本定義來路不明確的尷尬情形，但是卻能夠實用於各種現實工程。

用曰：

奇——思維架構本源，來自於生命基於保護自己生存，而發展出的神經系統，並不是為了討論現實事件的是非對錯。而用之於探討事件的是非對錯，去架構理論體系，在本體上，是用了替代的物品，來作規制之事。此為自擇之態，亦必有天翦情勢。

曲——對於思想理論的審核，卻又回歸於短淺的觀察層次，沒有深入此思想源起之由，與其等價之探索。是故對於理論的對錯，常常需要耗費大量的資源反覆檢驗，對於思想的價值來說，是大打折扣。

變——文化又是由思想為血液，所循環建置的，所以實用的理論未必有後續的潛力，而繁華的文化未必能持久，當思想本身不再審辨自身的是非之時，文化本身不再自納有用的新義時，其假代之易就會顯現，衰敗也是必然的。因為沒有從感知的本質去理解，文化秩序也是自行從混亂當中定義出來的型態而已。

律——思維是代念所成，是自擇之態，沒有絕對值，沒有百分之百可以被固定的正確性。哪怕是認為反覆實驗確認的定律，也都有再自變的要求，因為架構這定律的思維本身，對變易來說只是借貸而來，必有歸期矣。人自擇之代念，時義大哉。

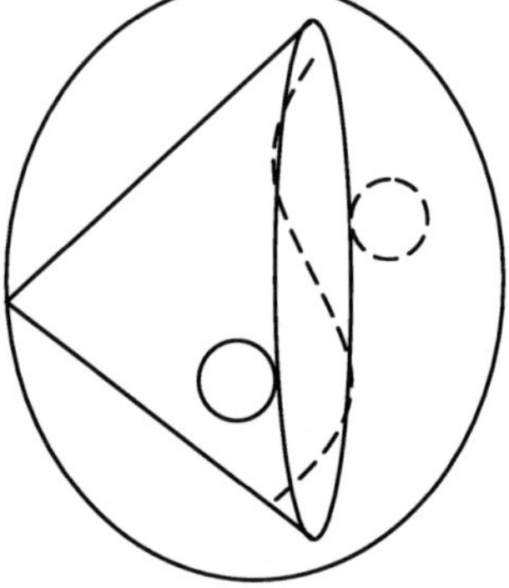

— — -:- — — — -:- -:- 通顯卦

通顯，同易，視是大體，有其容。

象曰：通顯，視是大體，棄所偏取，歸時義之作而有容。

象曰：倚健作悅而伏止，通顯。智者視所時義，而取捨公斷。

上九，遙義，非所能及，謹受。

象曰：時有遙不能及而生義及我者，謹以受之。

九八，捨偏取，以容，吉。

象曰：近無能之，捨偏取以容，吉。

九七，可越，通顯。
象曰：同易可越，通形之顯，是以通顯。
六六，近義，所能及，慎觀。
象曰：時有近能可及而生義及我者，慎己之所觀。
九五，汲取公斷，無咎。
象曰：近人所能及之，汲取公斷，無咎。
九四，演通顯，有其後得。
象曰：通顯而持演不懈，必有其後得。
九三，型誤，堅謬，大失，有厄生凶。
象曰：無所視義，型其誤，堅其謬，大失而厄可凶。
六二，反誤，厄固。
象曰：識別反誤，不釐宏觀，厄固。
初六，旋誤，可得真。
象曰：智不能及，機於旋誤，可得其真。
論曰：通顯，同一變易可以穿越各時空顯現。時義深遠而智能未能及之者，必須容許各種角度爭議，才能探索時義而作之，不能硬定型態的公斷去套索。反之，時義淺近而智能可及之者，必須建立標準公斷，才能符合時義之作，分斷是非公義，而明自擇天翦的關鍵。

證曰：◎金星凌日的觀察，中國人與瑪雅人用不同的觀點，得到金星繞日的同樣結論，用不同的數學觀念計算，得到相同的結果。楊輝三角形與巴斯卡三角形，各自理論基於不同的想法，運用不同的符號去運算，而得同樣的數學結果。◎蔣介石自用愚昧荒謬的觀點，來判斷國家大事，所為皆不足以濟事，而禍國殃民甚深，最終被驅逐到小島，當冷戰強權手下的兒皇帝，卻還被部眾捧為偉人，徒讓後代明眼人笑話。◎中學的時候，遇到某位老師說，文史可以有各種觀點，而理工，對就是對，錯就是錯。多年後回想起來，方知此語實乃大謬！其誤人子弟深矣。化學來自於煉金術的錯誤，火藥來自於煉丹這種不可能的任務，熱力學來自燃素之錯誤理論，相對論亦基於乙太錯誤之假設，何來理工對就是對錯就是錯？而禍國殃民者，難道又可以以觀點不同，來把他變成偉人？

用曰：

奇：：文史必須有公斷，原因在於文明時義是人類智力可及者，倘若認知錯誤，歷史就往另外一方向演變過去，即便後悔亦晚矣。而探索科學，之所以有通顯法則，必須容許各種不同觀點與說法，原因在於科學所牽涉者，有達宇宙時義，非人類智力所及，不能夠封殺其自擇態勢。

曲：：一科學則不同於文史，非常需要錯誤，在不斷地嘗試錯誤當中，才可以探索出正確的可能，歸納出事物背後的法則。

變——倘偌科學設定型態的公斷，拒絕接納其他角度的思維，則喪失不斷嘗試錯誤與改正進步的可能，其進步能力就會受損。假若科學型態的公斷是對的，不容許各種觀點去建立，那麼就不會有外星的文明，可以宣布浩瀚宇宙只有渺小的人類有文明矣。此非有識者所能認同。

律——科學本身只是個理性與持續演變的精神而已，可以有主動設計與被動歸納，可以有截然不同的哲學想法形容同一件科學創作，可以有不同的實驗或觀察方式，可以有不同的數學方式去計算同一個物理現象，甚至可以運用矛盾的操作方式去解構物態法則，哪怕結論錯誤也都是科學需要的。公斷點只在於，此觀是否理性？是否可以持續演變下去而已。

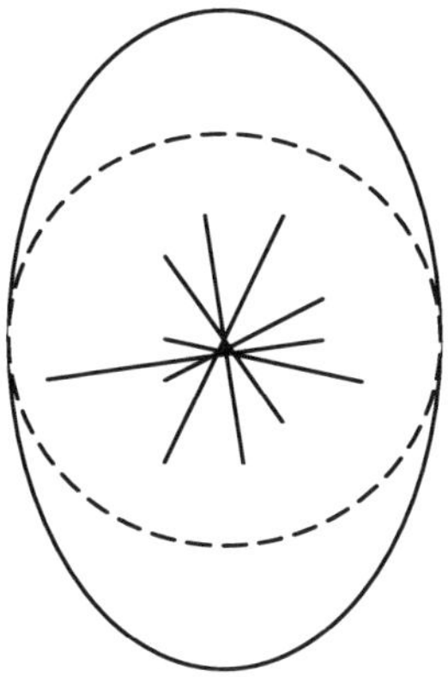

— — — -·- — — — -·- —　渡符卦

渡符。用易有潛，大蓄力也。

象曰：渡符，易隨易而再擇，重所輕而大蓄，重於再取以成新文。

象曰：倚乾作悅而伏麗，渡符。皇者以再文明。

上九，符有假，有誤。

象曰：符雖用，螢不如日，於理有假，必有誤。

九八，符虛，隱能。

象曰：有無相乘，符則必有虛，故必有隱能。

九七，轉蓄能，貴。

象曰：轉蓄能，鮮有，貴。

六六，組譯之智，貞珍。

象曰：組譯必先求理，能合，貞珍。

九五，理創，無獲。

象曰：理創有損，己無獲，獲在用。

九四，迷符，不利攸往。

象曰：其不知有他，不利攸往。

九三，附議再義，大得。

象曰：雖附符義，而再義，則有大得。
六二，符成，專渡。利涉大川。
象曰：符成未滿，能以專而再渡，利涉大川。
初九，俗成，貞固。
象曰：雖不明，然已固。

論曰：渡符，符號倚理轉渡，演變可隨易再擇。文字或是數字符號的潛能，在文明的現有形式下可以很明確地觀察到。然同樣的觀察，也可以知道其中的缺陷。文字是約而俗成，其體系未必皆契合事物變化法則，況乎文字本身就只是象徵人的觀念而已。是故真的明白一種文字者，不在於究析艱深的文學考據，而在於能以此為基礎，透析事理，具有建置倚理而成的新符號能力，數學的符號亦然。從而架構出隱藏於這個文字體系之下，處於虛無潛能，以引渡無的力量。

證曰：◎伏羲在沒有文字的洪荒時代，以觀察自然之易架構八卦符號，肇文明始義，德育中華，而為三皇之首，雖然歷史中的伏羲如何已無可考，然而八卦符號經考証，在上古時代已有。◎現有的數學系統，經過印度、阿拉伯而至歐洲，幾經各文明圈的賢者所架構，最後約定而成，為現有學術體系之基石，而數學的根本價值在符號的發展過程，並不是熟練公式與符號的運用之後。◎當一個科學家，精練於數學符號而減少自由思想時，他的創新能力也就降低了。

用曰：

奇⚋⚋由野蠻而文明容易，由文明再文明困難。陰能使陽，無能引有，然有而欲再有，則當中的曲折過渡，未必能輕易達成。感知在混亂當中自擇秩序，當智能累積到一定程度，符號就相映出體系，但是仍然改變不了，本身只是自擇秩序的本質。而且感知也同時延續生命的慣性，把符號的架構當作真理，從而產生謬誤。

曲⚋⚊觀所有符號的形成之初，必皆倚自然法則而虛擬，而後規律因俗而成，因實用而反據學術本身，從而降本流末，失去原有的動健。

變⚊⚋將符號意義的隨機變動性，變成有意義的再塑性，釐清符號演變之本末關係，究析當中前後義與用，那麼這個符號體系的價值，就遠遠高於其他。

律⚊⚊符號是學術之用，而並非學術之本，況乎學術精神又是觀察自然法則之用，而非觀察之本。是故透析一種符號體系的最高用義，在於能架構，新的觀念與解析力。

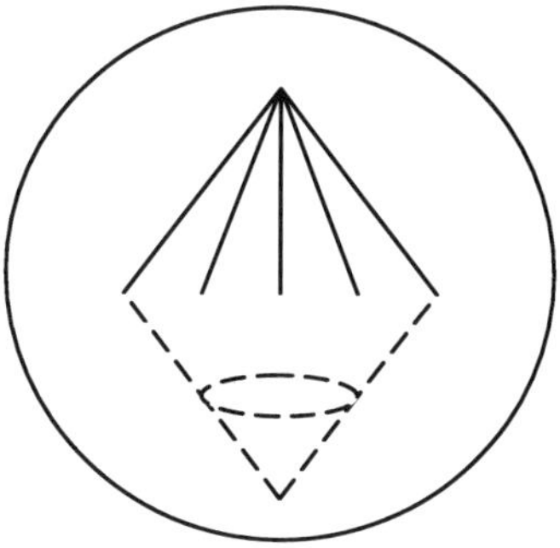

和擇卦

和擇。齊形同和，象因無困。

象曰：和擇，和擇於眾本象因，是無短困，而大體危安，是所未濟。

象曰：倚健作悅而伏入，和擇。智者以轉危求安，濟困善弱。

上九，八象同和，吉。

象曰：觀八象，清同和，吉。

九八，齊形次擇，利攸往。

象曰：齊形而大過其弱，次擇再行，大利攸往。

九七，過履物形，往吝。

象曰：行過履，物形有咎，往吝。

六六，咎擇不利，貞吝。

象曰：既承續而咎，是不利於後，貞吝。

九五，大系克弱，亨通。

象曰：雖弱而大系以克，亨通。

九四，上和過浮，貞凶。

象曰：上和雖有得，過浮不可抑矣，貞凶。

九三，因和世擇，適立。

象曰：取同因和，承以世擇，適立。

九二，倦和擇，後厄。

象曰：時義可變，有後厄。

初六，隆自性，吉。

象曰：隆自性而和，吉。

論曰：和擇，變易因子，取象的一體同和觀。變易取象，經因子組合而成，既然變易一體同化，那麼所承續自擇者既使為弱勢，也有與強勢同和之易，可以再自擇取象而為強。雖因為因子組合不同，而決定了強弱勢，但是在弱勢的基礎上，運用共同的組成流程，仍然可以產生很恰當，且適應於環境的世系。

證曰：◎蝙蝠運用超音波回聲，在黑暗中定位，並且藉以捕食，主要目標也是夜行性的蛾，然而某些蛾種，也演化出偵測超音波以迴避，或是釋放高頻超音干擾。從基因的角度來看，昆蟲的基因並不都比哺乳類少，也不都比哺乳類小，在自擇的演化形勢之下，也可以奠基於弱勢的先天組合之下，重新運用因子，在衍伸的型態組合出等價情境的機會。

用曰

奇⚋⚋同和之本，變易不照顧任何的型態，也不拋棄任何的型態。當返元於共同取象之基，即使是瀕臨滅絕，也有再度昌盛的機會，只是這種契機，最大的障礙在於還是在自己的慣性而已，故自擇之於大和，有其深義矣。

曲⚋⚊雖因承續自擇，陷入先天性的情境弱勢之困，然任何情境都有與變易的共同流程，藉此同和大體所易。

變⚊⚋次易各卦，倚此義一體同和而成，故無論運用什麼卦義思索任何理論，無論面貌如何千變萬化，變易的本身精神不會改變。

律⚊⚊因和擇產生適應於環境的世系，卻不必然能比較傳之久遠，個體或是某世系短暫的適性，對於長遠的生存時義來說，影響並不大。在自擇的態勢中，同和環境不易之根本時義，是長遠之和擇大義矣。

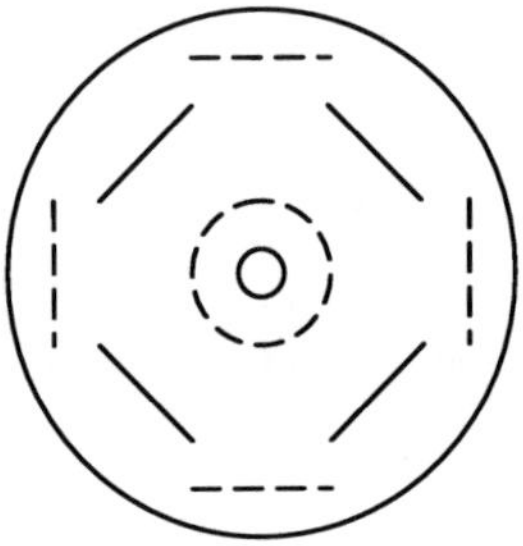

合經卦

合經。今昔相銜，合而識易，可新往。

彖曰：合經，銜古而亦可新，延型而知易，為構而附成，利艱貞。

象曰：倚伏皆健而作悅，合經。易以延識而學之，不棄古遠。

上九，脈延往識，大利悠遠。

象曰：有屬之濟也，大利悠遠。

九八，合經延履，無咎。

象曰：或可得，無咎。

九七，引新履，貞吉。

象曰：往昔未行，合經引新以履，貞吉。
六六，向末，不利行。
象曰：雖習，向末，未可新，不利行。
九五，合經求易，貞固。
象曰：識有限，合經求易，以有作，貞固。
九四，因私棄故，後厄，凶。
象曰：因私而無正證，棄故起鄙，以為新，失識，後厄，凶。
九三，後遇，亨。
象曰：雖健而行困矣，後遇而合，亨。
九二，新夬之知，利攸往，吉。
象曰：合經新夬，銜得新舊，知所能，利攸往，吉。
初九，建經，無咎。
象曰：雖有誤，演學之本矣，無咎。

論曰：合經，文化或是意識斷層的延續與對接。銜接過去的文化或是意識，除了引濟其能，在思維架構銜接下演繹。不然在新的時義中，並不能發揮其當有的潛力。

證曰：◎九爻建置，根源三爻，基於六爻，而思維的新建置則是內應外附，以成倚作伏。

用曰：

奇-·--·-六十四內外卦兩面，五百一十二倚作伏卦三層。兩面相映，三層值體。

曲-·-—倚循領卦，每一層次的結構都有相結的可能，形成一個金字塔頂尖。所以任何結構對接，必定銜一個最深遠、最中性、最原始的一個面象，而這面象有可能是簡單而狹窄的情勢。

變—-·-變易體本身就包含變與不變，而簡易是意識者的感受，無感受就是中性的存在而已。

律——次易對接易經思想，其演繹並不為巧構求妙，而為深遠思維。巧構雖然穩當，然內涵短淺。故次易之識，圖深遠矣。

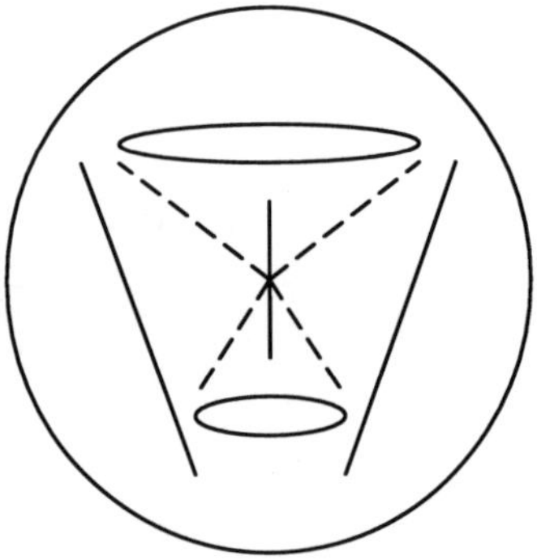

⚊⚊⚊⚋⚋⚋⚋⚋ 無象卦

無象。自擇之極義，機轉大得。

象曰：無象，慮本無有所據，無據而無象，機轉根本而可再擬得，自擇極義也。

象曰：倚健作止而伏順，無象。智者以索機，慧摹於根本。

上九，易生形，無據。

象曰：形源於易，本無所據。

九八，無象同想，再擬得。

象曰：先歸無象而用同想，以再擬得。

九七，裡機轉，是珍。

象曰：裡有機轉，必先是其珍。

九六，束秩神一，型規。

象曰：務雖奇，有智所為，型必有規，其束秩神一也。

六五，規無象，假用。

象曰：無象可以規，然必假用而已。

六四，慮制，貞固。

象曰：無象而必慮制，貞固。

六三，騰辭彌遠，非有具。

象曰：無象可喻，行騰辭以彌遠，非有真具。

六二，權衡規矩，溯往。
象曰：既制而權衡規矩，溯往以鑑。
初六，勤臨啟象，利鑑真。
象曰：無象而勤臨啟象，利鑑之真。

論曰：無象，物態無根本之象，有能力釐清本源，則必可轉變。任何具體科學的學科理論，沒有固有的具體形象，既無固有之形象，則沒有不可踰越之態。

證曰：◎六祖慧能法師：「菩提本無樹，明鏡亦非臺，本來無一物，何處惹塵埃？」◎老子曰：「大方無隅，大器晚成，大音希聲，大象無形。」

用曰：
奇☷☷科學演變的根本態勢，是人類當前已被過去的承續自擇，限制於智能的時義之下，其自擇天翦所演變。又乾綱原始，純系統內，原始因子只要能運作，必定相對於後面因子占有最強乾綱。故必須引借科學的最原始思維態勢，即哲學，才有可能改變其體質。
曲☶☳一既然任何具體之論根本無象，則可將其論之價值，退回到本初態勢，又艮卦與複著卦之義，凡存在就既有等價法則，那就可以擬制與其等價之本初態勢，予以再次擬象成效。

變 — -·- 九爻索釐概念之機，主動攙結，而臨象轉變，自主架構「先原理論」，替代被動啟發得義，其用在此。以此哲學觀念，重演並踰越幾種，已存的科學觀念。

律 — — 此無象卦兼用相對性法則所成，九爻之攙結，如有易用形，故曰無象微易之用。

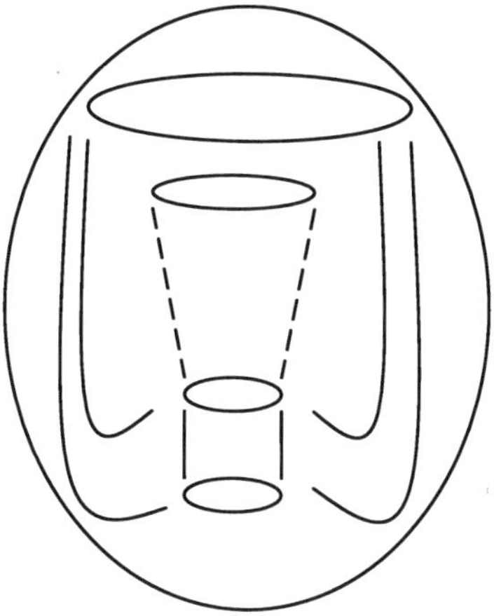

— — — — -·- -·- -·- -·- — 三術卦

三術。存自擇，反思歸中，用以虛數。

象曰：三術，簡三象，實伏大象，用度於眾象所倚，利有攸往，以待續作。

象曰：倚健作止而伏動，三術。學者以延術再維。

上九，自審思維，貞吉。
象曰：知求本源，以塑之，貞吉。
九八，御三為虛，何所誤。
象曰：御三術，數為虛，既得貞，何有所誤。
九七，三以求大，利據勢衍。
象曰：雖有三而以求大，利在所據，度勢支衍。
九六，藩求中，利艱貞。
象曰：藩為自擇所支，而反求中，利艱貞。
六五，堅刻其虛，不利攸往。
象曰：數為其虛，而堅刻已知，不利攸往所作。
六四，潛作中，術厄。
象曰：剛中潛作於自擇，其術後厄。
六三，中大聚通，吉。
象曰：中而大聚其通，多奇素，室新大庸，吉。
六二，必途代念，無咎。
象曰：三術之作，必途代念，知而無咎。
初九，規擬等價，有所據。
象曰：以等價規擬而勝形，是有智治，有所據。

論曰：三術，三的意義數論。變易無一而二原因作，則三的意涵，可以改變數學的體系意義。

證曰：◎用籌算法算乘法時，可解構成圖像，看似很簡單且快速，但反向要用此法算除法時，卻發生困難，除非再回歸原始的計算，重新轉變這種籌算法的思想方式。變成兩種系統，來做一種乘除相通的事。◎屬著隨組篇當中，證明三比一小，從而一並不存在，故一加一等於零，產生新數學系統的意義。

用曰：

奇⚋⚋對本身的思維，建置以自擇天翦與變易中性觀念，所自審對思維本身的中性架構觀念。

曲⚋⚊倚等價觀，反求中性觀念觀，察思維對本身的自擇態勢。故從四個象限到八個卦限，每個區間的思想型態都是等價的，也可以是相對形成的，都可以反探求這個思想型態的區間價值之後，延推到其他象限與卦限上的存在價值性。是故有深識者，必定架構思想當中的常態分布以演之。

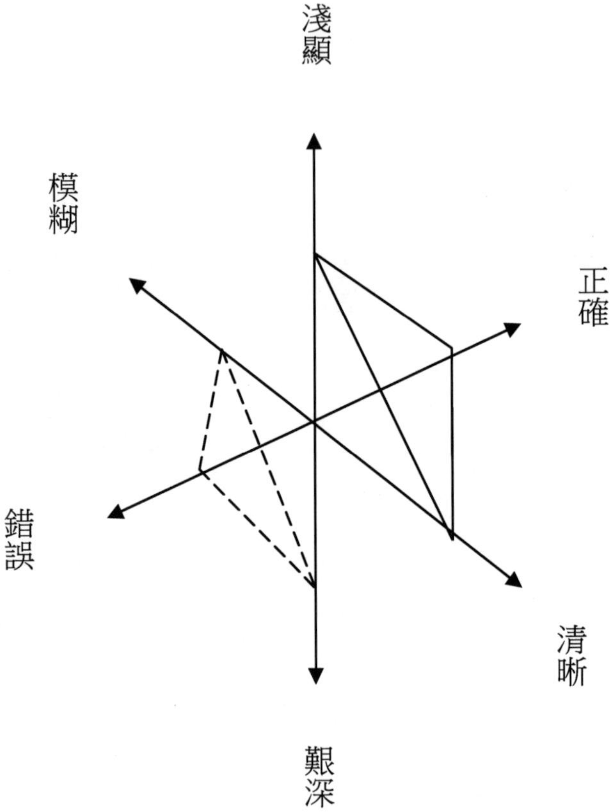

變一⚋倘若身在思維的自擇型態中，反求無自擇態勢之基，以尋找思維的基本價值，可謂代念取假。而知其為假，運用代念所可以為基之易，亦可趨近以中性取象之法則矣。

律一二三的意義深入中性法則，可以重組原有的體系而再出發。這僅於自擇的感知意義，而在於純粹的物質自擇中，未必能重新出發。

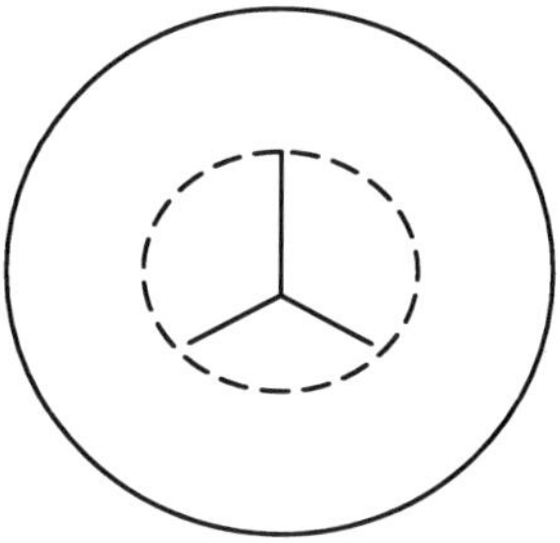

⚊⚊⚊⚊⚋⚋⚋⚊⚋　等集卦

等集。象隘，廣適義，等作演情，利固。

象曰：等集，取義廣，等而繁集，求得適之而有衰險，往吝矣。

象曰：倚健作止而伏險，等集。物種以適度其存。

上九，廣適所及，往吝。

象曰：力有限，廣適無窮，往吝矣。

九八，存時不遯，貞固。

象曰：以等集應作，貞固。
九七，等集複試，取嘉益，有新得。
象曰：複試既往，故有新得。
九六，蒙作，適易。
象曰：是降冪，故取亂蒙作，得以適易。
六五，窄象之變，艱厄。
象曰：其降而難集，必有艱厄。
六四，執集育思，大得正志，吉。
象曰：執集艱行，育思而正志，吉。
六三，設繁以據，厄莫怪也。
象曰：無可簡矣，設繁以據，有厄亦莫怪之。
九二，多從義，有凶，可受而捨。
象曰：降冪而等集，多從義，非得已，有凶，亦受捨矣。
初六，雜亨，利涉大川。
象曰：顯雜揭適，思等集之，利涉大川。

論曰：等集，複雜適應的根本解析。對於受降冪而低階型態來說，高階就是一團混亂而無從解析，又必得適應近顯卻無形的變易，那就難以用最簡單流暢的方式，達成長久的演變。

證曰：◎最簡單結構的細菌，或是病毒，仔細分析其生命化學，其實都顯現複雜的流程，即使這種被大眾以為最簡單的演化形式，也都含有複雜適應的狀況。◎分析各類昆蟲的飛行方式，皆有高速預熱的抖動，產生起飛時所需要的氣流熱度。某些昆蟲控制翅膀的方式，相當複雜，已經超過神經控制的限度，近於永續高頻的拍動之制。在無智能的狀況下，竟有這種高設計性的飛行方式，生物學家歸功於，複雜適應的演化方式。

用曰：

奇——倚破元卦「破元三義」，自擇簡易利於既用，而不利於長遠演化。涉及長久則涉及時間，也就是會遭遇所潛伏的眾多情境，亦多性質情境之顯現。

曲——生物的生存現象，是變易的降幕取象，與無生物同樣有自擇的態勢，只是所從取象意義不同。取象上，生存現象已經狹隘許多。從意義上，又複雜許多。

變——生存現象取象狹隘，故生命資源有限，而多重之義取象可以無窮，複雜適應等價作之，使得生命不可能耗費有限資源，全面適應而通，逆而衰是必然之勢，生命種嗣有限也是必然者，演化種類理論上可以無窮，其義亦在此。

律——複雜適應產生之巧，在於運用變易與不易之間的多角從義，。有大限制在於逆易衰變，不可能永久掌握。等集時義深矣。

— — — — -.- -.- -.- — 隨抉卦

隨抉。循態有層，近易自導，元亨。

象曰：隨抉，可自導而失自導，隨而失自機，落態之抉也，，不利悠遠。

象曰：倚健作止而伏悅，隨抉。智者不在其位，而知大體之危。

上九，自擇極導，元亨。

象曰：自擇所極，隨抉自導，元亨。

九八，寡抉，艱貞。

象曰：體具難位，寡抉矣，艱貞。

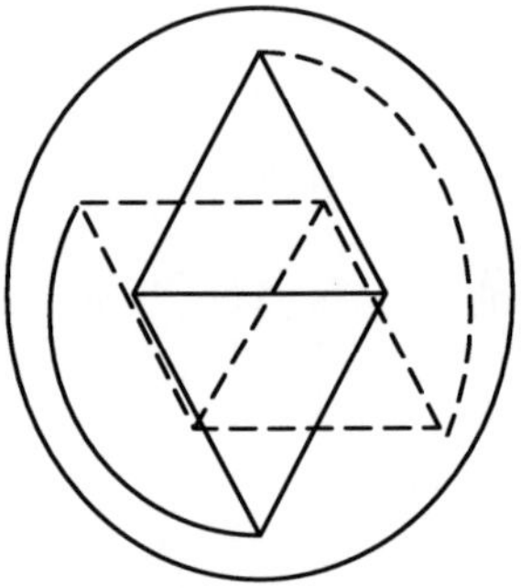

九七，體大循，大利悠遠。
象曰：體大循以行欲，隨玦正固，大利悠遠。
九六，思立御玦，貞固。
象曰：思立而重維，御玦而制上矣，貞固。
六五，屏蔽上態，初不見厄，後凶。
象曰：體具隨玦，雖初不見厄，失自導，後必凶矣。
六四，抑遯，不利攸往。
象曰：抑遯之阻，天翦隨行，不利攸往。
六三，隨玦取預，終不得。
象曰：無大體，隨玦取預，亦不可至矣。
九二，假義之損，貞凶。
象曰：圖利而假義，損真能，貞凶。
初九，隨玦之降，終厄。
象曰：制崩之初矣，終厄。

論曰：隨玦，屏蔽形上導引，因而隨機衰變。當一個循環體，被一種複雜形勢屏蔽，而失去整體變易導引的功能。雖然短時間內並不會瓦解，整體的形上導引是隨機的，而可以更加適應小齒輪型態循環，但在大齒輪循環之中，在遠因運行之下，則沒有切合性，因可瓦解。

證曰：◎金字塔的上層功能，可能被次一層的功能所遮蔽，倘若失去頂尖的功能，這個塔並不會立刻垮，而是會失去整體大循環適應之能。走向天翦形勢滅亡的演變中。◎瑪雅金字塔的頂尖與埃及的不同，並不具體建築，而是那些探索天文的祭司，本身來代表。◎任何社會的腐敗流程，其初始，也是最關鍵者，必是最頂尖的形上功能喪失，或是被竊據。◎瑪雅社會的瓦解，與埃及社會的滅亡，其諷刺意義在於，他們的文明至少在某階段，「可能」知道這種變化哲理，但是演變到後期，都犯了這理論中最嚴重的錯誤。

用曰：

奇……一種體具的循環變化，有適當的金字塔分布，與現實的金字塔分布，現實的金字塔分佈中，頂尖的功能未必能夠彰顯，甚至可能分布完全與適當的分布截然相反，以致整個體具循環，可能各方面都開始敗壞，而不可能各方面都往好的方向演變。

曲…一頂尖的功能是近於變易形上者，切合體具變化中，所遭遇大齒輪循環之所。最基層雖然最貼切於人的務實面，然而只是感官所能看到的小齒輪帶動。

變一…若從金字塔次層以降都很合理，而失去上層的主導功能，整個體具就隨外界時義之機而易，不會有任何自主主導大齒輪循環之能。倘若外界的變化並不利於此體具的小循環，那麼整個體具就會逐漸腐朽而衰敗。

律——適切大循環的個體，在群體之中必定非常寡少，且既有的金字塔結構中的單位，本身在絕大多數的情況之下，都不願意有個體搶奪頂尖的地位，而使既有的利益喪失，也就是現有的頂尖位置者，沒有形上功能卻佔據其位。整個體具自然喪失，配合大循環型態之能。一物種是否屬於智慧生物，其中一指標，就在於具有頂尖功能者，是否真的站在頂尖之所？次層階段是否具有屏蔽阻力，而使體具隨玦不固？至少在過去的歷史中，人類尚不通過此指標。

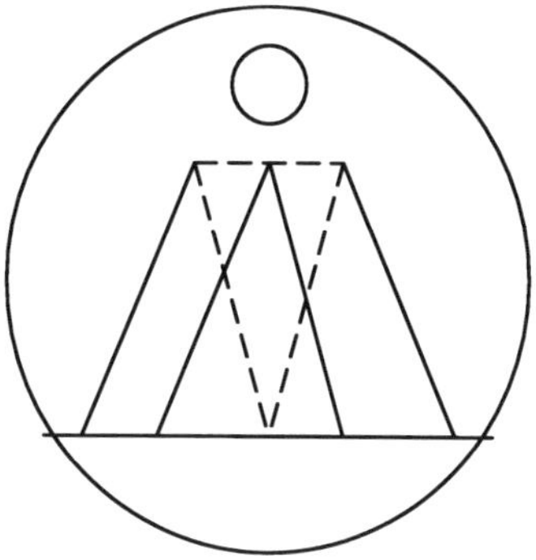

和象卦

和象。合而作臻，往不吝，利行維新。

彖曰：和象，統律也，以抑顯彰，漸次而可易，其所深和之維。

象曰：倚健伏作皆止，和象。學者以深取經律。

上九，等象之合。

象曰：合其振之源也，非可固實矣。

九八，抑相形，虛顯。

象曰：情境之作矣，合漸以和，雖虛顯於易，利攸往。

九七，相形眾制，行艱。

象曰：和象後情，相形必虛逝眾制，求適而行艱矣。

九六，和象藝變，無咎。

象曰：未失次，不遠律，識晉，無咎。

六五，後和象，利艱貞。

象曰：設求不懈，利艱貞。

六四，和象正取，勢不致，終不得。

象曰：欲以和象大行，未增所勢，終不得也。

九三，統律朮及，往吝。

象曰：雖得，不及時義，統律有失，往吝。

六二，亡所和，不及制。

象曰：雖統，亡所和，失次之甚，不及制。

初六，敏律和象，吉。

象曰：敏律和象，深煜，大象顯制，吉。

論曰：和象，統律的層次。所有感觸與思慮，和於一律，必有遠麗近抑，從抑減之作，而展現出遠倚動健效。

證曰：◎藝術家所困擾的創造極限，就在於放不下自己所學，不能兼納新的靈感啟迪。◎幾種聲調相和之樂，必定有遠近主次，真正高明的樂曲，主次遠近可以作動態的互換，而不顯雜亂，亦不影響整曲音樂所表達的宗旨。

用曰：

奇-·--·-倚變卦樂幽，設計一態，無論有形還是無形，必不能用單一系統所演成，設計的本身就是複合的過程。過去所複合的設計，到了下一個設計概念，它又成了單一的系統，而需複合其他概念。

曲-·-—不同系統合聚，以變易體論，都只是相互等價之象，故由合而和，必行層次所諧律，次易之倚作伏，卦義和象所顯，所行艱矣。

變—-·-層次之間，未必是固定而不互易者，即使是固定的象位，之間仍然有無窮的象位定義，而成其存在，況乎僅是意識定義下的層次。是故深層的和象，層次之間必動態而行。律——必先有抑制而後彰顯遠，則主次遠近，相定義之份成矣。抑所近，則遠可彰，近其遠，則遠其近，相和而之涉，相對大易制下之情境所行，非真有遠、近、抑、彰所存也。故和象行虛而踐實，其後演之義大哉。

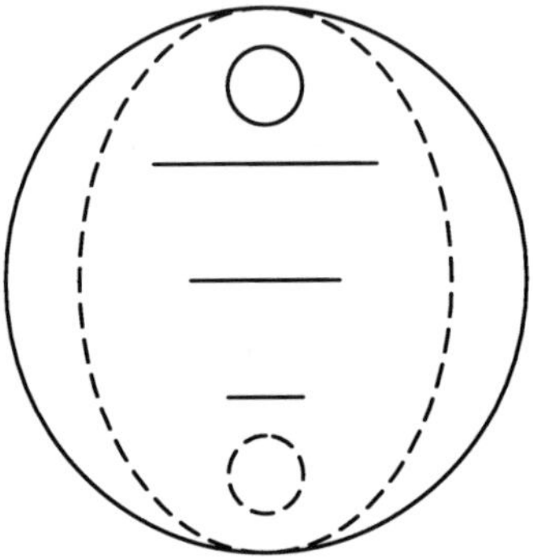

————-·--·-—-·-—　策棄卦

策棄。不棄廢，勤於通顯，大亨。

象曰：策棄，策廢遺，等作恆久，不以無用而棄，圖策以致價，大亨之。

象曰：倚健作止而伏麗，策棄。仁者不棄愚弱，不嫌固陋。
上九，賁罔皆策，利涉大川。
象曰：以不偏也，近易，利涉大川。
九八，束策人棄，以用大亨。
象曰：策棄大亨，智者用之，吉。
九七，遯相作易。
象曰：遯相，我行不知，不利攸往。
九六，大棄轉取，以正志。
象曰：轉取以正志，當無不利。
六五，狀本圖策，中正元吉。
象曰：中狀本，正圖策，不偏鄙也，是以元吉。
六四，不惡棄遯，利艱貞。
象曰：不惡棄遯，是知本發，利艱貞。
九三，等繫，利後座。
象曰：其驛馬不棄驢，故利後座。
六二，等通以網，設大用。
象曰：象不偏棄，等通以網，設大用。
初九，剛毅振行，固志。

象曰：剛毅振行，非邀利而取，固志也。

論曰：策棄，測策暫時無用之因，或被棄者。無論情境的崎嶇起伏，倚變易體而作者，就沒有廢棄的事物，仍然不斷演變之。故取象不止，情境好壞悠遠而難測。

證曰：◎《易經繫辭上傳》：「子曰：『書不盡言，言不盡意』。然則聖人之意，其不可見乎？」◎生物體內的大部分基因都是沒有用，或用途不明，然而仍然等價去變化，過去的累積不管現階段是否有用，仍然作為後續的自擇藍本。◎物理學推測，恆星的遺骸，黑洞。都可能會蒸發變化，並不是永久不變。

用曰：

奇－－自擇的系統才會有所偏廢，產生所謂的價值高低與否，然後又相對而成為慣性，要完全擺脫此態，自然是不可能的。然而擴大對於價值的認知，由本心體會事態存在的支源，則會有更寬廣的價值認知。

曲－－目前所知，所有存在的東西沒有不會變化的，或長久或短暫或急或緩而已。故變易無所不存，無所不存，則必等價運行情境之存在。

變－－屬著之作並非玄帶於每一卦，然而仍等而推變每一卦之成，無用廢置者，仍然等作之以後續。

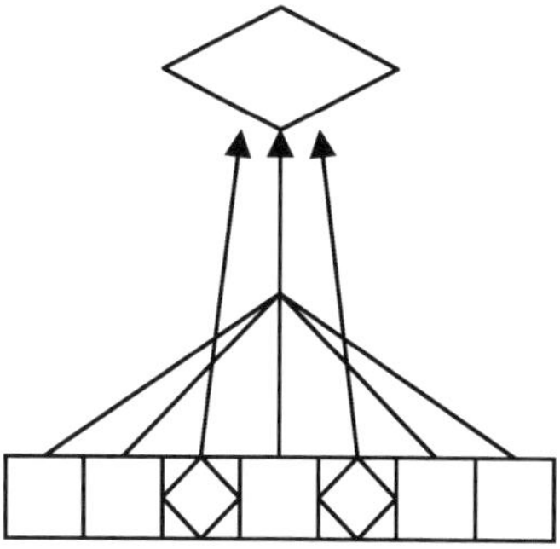

律一一無所棄，則無所遺，策所有之遺，必能合於新作。優劣取捨僅於運作，而不動搖其存在與變化。

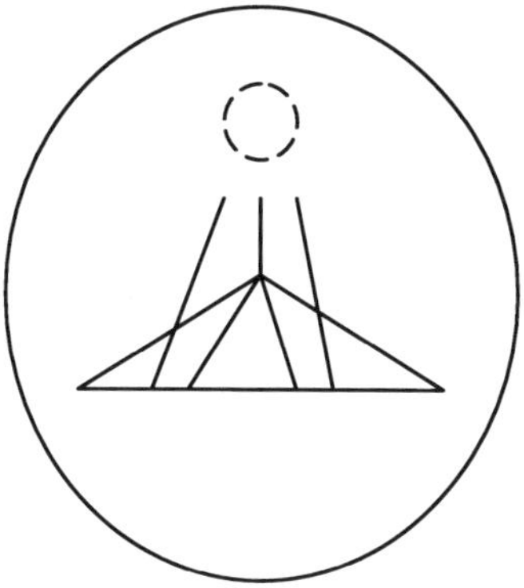

⚊⚊⚋⚋⚊⚊　無宇卦

無宇。等價反銜，存域周變。

象曰：無宇，存域周變，周變是易，非我者皆為我，取詳而貞，無宇界也。

象曰：倚伏皆健而作止，無宇。易以能萬化情境，無所不存。

上九，千象大蓄，貞漓。

象曰：有無互義，大蓄寰宇之眾，貞漓。

九八，流價大易之體，無宇義。

象曰：流價，無宇可義矣。

九七，大運存外，反銜等。

象曰：大運者，精神也，存於際外，反銜等之。

九六，虛元變止，起框界。

象曰：變止，起框界自義。

六五，科極義，無所得。

象曰：自陷因有，必無所得。

六四，分樞述價，則情境。

象曰：述價，以分際情境。

九三，外域義退，亦同。

象曰：雖義退，而內外受銜有無，亦同存無異。

九二，存內域，仰外，不利攸往。

象曰：既存內域，則取象有際，仰外自存，不利攸往。

初九，自失備，不釐，大落。

象曰：自必有失備，不釐而求助，大落。

論曰：無宇，空間等價的極義。情境系統，無法具備本身的運作精神，此為存在等價的極義。極盡完備的系統，只要是存在於環境之中，那麼運行此系統的核心精神，就不被系統所包羅。系統的核心精神，存在於系統之外。而系統之外的一切總合，可以就是系統的本身。

證曰：◎宇宙的真空，並非絕對的真空。◎地球的生態系統似乎自成系統，實際上仍然受天體所密切影響。◎即使是全自動化的系統，其運作目標，仍然是被系統外的人所設定。

用曰：

奇-·--·-不管再精巧系統，必倚於變易才能運行，而變易有無互啟。是故只要具備型態者，就不可能有絕對單獨運作的系統，來存在於絕對空無當中運作。

曲-·-一系統運作在時空當中，無論在什麼區間去定義，無宇之易仍然存在。假若對於我的定義包含時間性，那麼我存在之外的一切宇宙時空，都可以被變易定義成我。

變⚊⚋驅動我意識者之外的一切時空事物，也就是我自己的意識。

律⚊⚊虛元有無成框界，分樞內外之際。情境系統可以是個人，可以是團體，甚至於整個生命體系，內義域自增，外義域自減，有域則一切都可以是有域本身。倘若究極無域，則有無皆存。是以變易虛元而分樞，為眾卦核心。

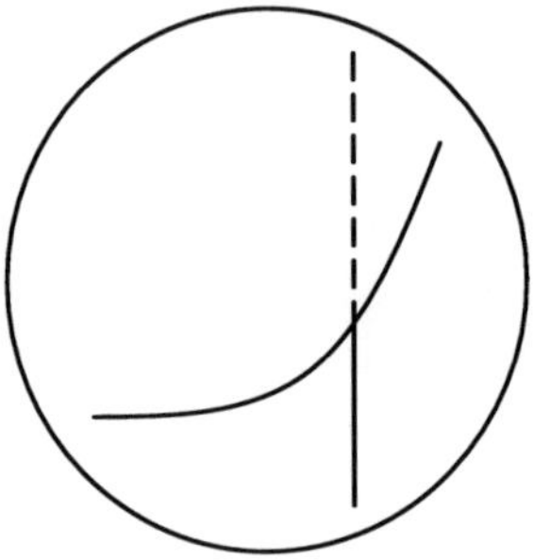

⚊⚊⚊⚋⚊⚋⚋⚋　邏晉卦

邏晉。有固，因時而制出其新。

彖曰：邏晉，天地相極而出明，智存於天地之法，而不必以名。

象曰：倚健伏順而明於作，邏晉。智者之智存無名。

上九，先原力，不及。

象曰：易曲而必不能知及，貞慎。
九八，邏廣，用之吉。
象曰：因原力而邏必廣，能用之吉。
九七，大真能輯。
象曰：大真能輯，利攸枉。
九六，取安，不利存。
象曰：欲取安而未必能安，不利存。
六五，利作，有失，凶於國。
象曰：因自利而自作，有所失，凶於國。
九四，玄明，潛利。
象曰：五十里內必有玄明，利在潛也。
六三，無符系，利攸往。
象曰：智非符系，漸明而利攸往。
六二，異鳴有抑。
象曰：異鳴，雖宏於正，而必受抑。
初六，全思貞吉。
象曰：智存無垠，我以全思，貞吉。

論曰：邏晉，邏輯是開放且廣闊的，壓抑的因素只在於自己的認知，與同類之間的認知。認知是情境所涵養的，然而變易本身是中性多面象，它可以接納千奇百怪的符號系統去表示，但也不被任何符號系統概括，從而有對與錯的相互糾葛。是故真正的知識，不被既有的符號系統所限制，可以用各種自己的方式去了解物態法則。舊有系統是認知的重要基礎，卻也可以是限制。是以邏輯的晉階，必回歸廣闊而無限的精神體。

證曰：◎曹丕典論論文：「文人相輕自古皆然。」◎不斷用艱深的數學公式與計算來教授課程。唯一的「後遺症」就是，大多數學生都聽不懂，懂得的學生也極少能契合現實之用。◎人類之外的動物，同類之間的思維也可以相互溝通，只是所運作的範圍比人類窄。而人類也只限於範圍比較廣闊，對於感知的本身，也與動物一樣，相互之間無法理解。

用曰：

奇：：現有的數學系統，雖然是非常有用的工具，但只要具備型態公式，也可如同以往的八股文，在本身的潛力耗盡之後，就很難有新一輪的演變，反而把數的廣義意義給抹殺了。

曲：：一理性邏輯演變，在現實的人性狀態下，必須要加入有不理性的動力去推動它，才有可能會出現。比方宗教、民族情感、理想、求知欲等等。

變一：人類相互溝通的，大多限制於語言文字可以規範的意識，超過這種規範進入更本初的感知，所有人都是一樣的，但所產生相異的自擇行為，卻又是無法相互溝通的環節。所以這種智能方式，只是強化版的動物意識，沒有結構上的根本改變。

律——人類的邏輯演變，在大多數的狀態下是承續自擇，因天翦運作，那就不一定優勝劣敗。真正優秀的文字系統，能夠因舊而制新，以高的視角蓄積思維潛力，吸納於自身的體系之內。

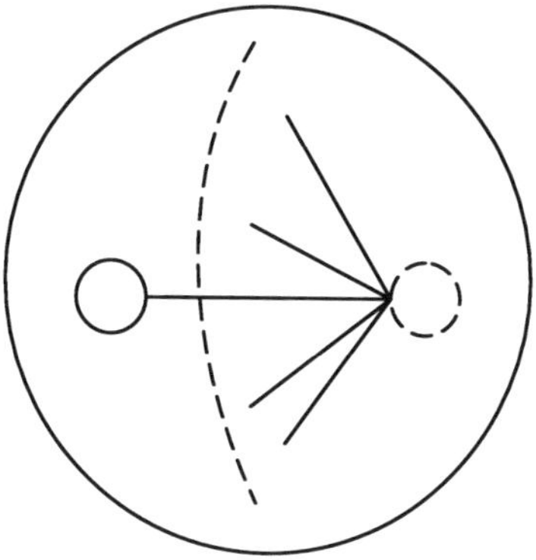

幎紘卦

幎紘。宿理上制，規冥無於自變，克有。

象曰：幎紘，克有而自用，倚之反動，紘無於行，利有攸往。
象曰：倚健作明而伏動，幎紘。智者大化具形，通辨實際。
上九，幎紘天玄。
象曰：幎紘天玄，倚於至深也。
九八，返無展幎，大亨。
象曰：返無近易，展幎窮形，大亨。
九七，紘古心玄，貞通。
象曰：貞行不佞，遇艱而亨通。
九六，以實虛取，大得。
象曰：具有既實，而返虛取，大得。
六五，刻作，夙誤。
象曰：既銜幎紘，刻作過往，夙誤。
九四，大限升作，欲擇，不利攸往。
象曰：欲擇而未自深，能而不慧，不利攸往。
六三，孿變，托行，慧貞行，幎數而聚能。
象曰：孿變，自型也。
六二，虛宏無刻，據力。
象曰：無刻而玹，作其刻，可據力。

初九，淵幎，必大限。

象曰：雖近易，亦必大限。

論曰：幎紘，虛靖之變，運用虛無的現實意義。倘若變易降冪成立，再倘若以上制之無形，能制具有成立。那麼具有的事物，所需要的各種無形變易條件，又可倚有，而在虛無當中產生。所有的力量可以藉虛無之義，根源於一處。

證曰：◎太空船發射之前的科學家，對於牛頓第二運動定律有刻板的想法，並沒有真實理解，火箭在太空中之作用力與反作用力關係，所以大膽的設計者加達，提出用火箭在太空中飛行，結果被大家嘲笑批判，使得他不得不懷疑自己的想法，認為太空中空無一物，不會有反作用力。直到真實的火箭升到太空，大家才知道他的想法是正確的。◎只要配備完善，電力與磁力之間可以互生。

用曰：

奇……生物種種各有其存在的優勢，然而現實而觀，除了因於最原始態勢的微生物系統，恐怕其他演化方向的生物型態，都很難與智能正面抗衡。憑什麼智能可以這麼特殊？憑什麼智能可以集合型態的優勢？又為什麼其他的型態，諸如體能、靈巧、速度、飛行等等鱗潛羽翔，都無法包羅各種變化？當初在智能生成而人類文明基礎未明之時，智能之用，其能力也不過跟各種禽獸相同，為何唯獨智能可以有後續潛力？特殊之處何在？曲⚋一變易倚於無窮，可以具有各種形制，然而這都來自，虛無運作實有之制。智能之作，反映虛無，而再制實有，所以智能所取象的情境，比其他自擇方式，更接近於變易的體制，更具有原始物行之易。所以若反歸於邏晉卦，更改原有感知結構的智能自擇方式，則出現的生存型態，將會比現有的智能方式更高一層，只是仍然擺脫不了自擇天翦的意義。變一⚋變化幎紘於，具有反映之無，而再變於有。取運作此規則的通顯法則，反蘊智能，進為更高層次的智慧。

律一一智能既然擁有優勢，能永久持續下去嗎？不可能。反映立本於存在等價，因此也決定了限制，存於自擇天翦之作。智能可以對付其他自擇天翦，所產生的挑戰，但只要還智能在運作，就無法對付自己自擇天翦的後果，如同只要光源存在，自己永遠消滅不了自己的影子。

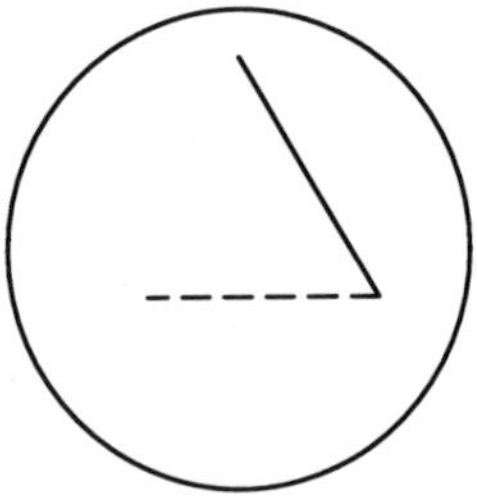

智碁卦

智碁。於野，礙阻而浴生，晉質而成，無所蓄。

彖曰：智碁，絮亂而碁生序也，非所蓄生，雖有製，何所能及？智有外蘊而無內制也。

象曰：倚健作明而伏險，智碁。智者以自省無上智。

上九，智碁無貞。

象曰：其無一而作，故無貞。

九八，無序之健。

象曰：無序之健，取而生序。

九七，鏡襯，取其自省。

象曰：觀襯可省，是有知之初，取其自省。

九六，未濟內征，厄。

象曰：優未必成，成未必行，未濟內征，厄。

六五，互濟，吉。

象曰：已能互濟而反饋，吉。

九四，智慾，凶。

象曰：貪得而誤所志也，凶。

六三，成蓄，利貞。

象曰：以成訊蓄，智碁旭網，利貞。

九二，因誤自修，貞吉。

象曰：自修以能再濟，貞吉。

初六，系數行拙，貞困。

象曰：系數行拙，智之所困也。

論曰：智碁，智能的根本基石。智能延續感知，從無序當中取象秩序，所以它本來就沒有目的性。當在複雜的環境中，把生存當作目標，而生存又是多變而不是一個順暢的流程時，那麼反面的自擇意義就會累積，智能就只是偏頗的一種取象，而不是順暢、完美、且貼近於目標意義的。

證曰：◎人類上百萬年的演化史，飛不如禽，走不如獸，爪牙羽翼不能比，而在無計畫之中，隨機運用無序的抽象能力，取得新種的生存方式。◎老子曰：反者道之動，弱者道之用。◎人類所依經驗建立出來的因果律，實際上未必能在所有時義之下，都百分之百準確。◎現行的電腦雖然快速有效，但頗為笨拙，無法臨機應變，就是過於『務實』，過於強調剛性系統化，沒有給系統一種彈性，就會產生運算障礙、判別錯誤或是無法判別。

用曰：

奇 -·- -·- 從考古證據顯示，人類的智能演化，並不是單線進化而來，而是隨機產生很多種類，憑機會生存而演化出現的。在文明出現之前，人類對智能的重視並不高，對於體力的重視勢必必較重要，這在現代叢林中的原住民，也依然如此，但是智能卻不斷成長，固天擇在此無法解釋。既然是自擇，那麼其根源就在自性地選擇方向，而沒有目的性。

曲——倚憶頻卦，架構虛假，是人類智能的常態。從思考事情到決定選項，必定伴隨很多成見、以及相遇概想，乃至諸多假設。並不見得就不妥當，因為現實很多流程是很繁瑣的，這種繁瑣，有些還無法用過去的經驗來推測。在這種環境狀況下自擇生存，必然會存有這種架構虛假的本性。

變——事情的結果常是有形無形的各種複雜力量拉扯而成，然而大部分的人，常用很主觀地，簡單的化約思維，去接受或認知這種結果，以為有形之間的銜接變化，才是理所當然，這是智能升級中，很嚴重的阻礙。

律——太過於純淨，執著目標與效率的邏輯運算，就不能建立臨機應變與創造思維的智能模式。所以電腦系統，必然要能包羅無秩序，才可以建立獨立運行，且超過人類的創造、綜合應變的能力。所以電腦雖然效率高，卻在綜合應變方面，甚至還沒有辦法如低體制的昆蟲，去應變求生。

仙象卦

仙象。為易治，其構可異，求其貞。

彖曰：仙象，受於始終，為易治制，知所習之外象，窺鼇所易，慎幾作，求其貞。

象曰：倚健作麗而伏悅，仙象。易以治智能之運。

上九，易之區等，蒙。

象曰：界之理情，易以區等，蒙。

九八，天缺所漏，製仙象。

象曰：天缺所漏，凡等未知，製仙象。

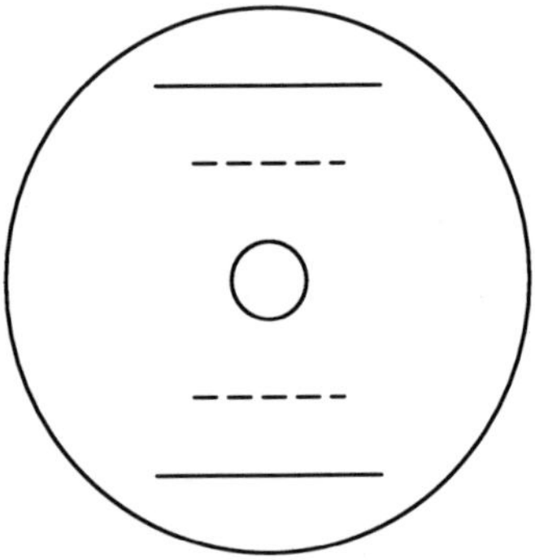

九七，伏大規，蒙未知，有凶。

象曰：漏易而復觸，必伏大規，蒙未知，有凶。

九六，窠觀，貞吝。

象曰：受易始終之窠，以凝自觀，貞吝。

六五，規想，利艱貞。

象曰：有所仙象而以實規想，利艱貞。

九四，歛仙象，艱貞，能慧。

象曰：能歛仙象，艱貞不懈，能慧。

六三，御仙突界，有得。

象曰：以智釐易，御仙而究其象，有得。

九二，冥曲，有厄，慎慮。

象曰：仙象之易則必冥曲，未以知，必有變厄，慎慮。

初九，難克其慣，不利涉大川。

象曰：我執有所慣，未釐智慧，難克其慣，不利涉大川。

論曰：仙象，時間感觀的象限，是受易的結構所治。藉中國古代述異神話，所勾勒之奇幻時空為名。又倚天缺卦晦完卦，我們生存的環境，並不具備全部易的結構，是割取而再均者。所以若建立了宇宙時義，只要觸及天所缺之易，時間感觀必定會有改變，恐怕還不只有廣義與狹義相對論所研究出來的，重力與速度，會影響時間感觀而已，變易的結構，尚有現實物理學之外的層次。

證曰：◎最早記載有時間相對而不同步的猜想者是中國人，也就是柯爛觀棋，王質遇仙的故事，此載於不少文獻中，晉志林、南朝梁述異記、甚至水經注中亦有記載。據晉虞喜《志林》所載：晉，王質，採樵信步入深山，見兩童子在石上對奕，質置斧旁觀，童子與質一物，形如棗核，食之不饑。至局終謂質曰：「此非人間，仙家片刻，凡世百年，爾合急歸。」質回頭見柯己爛，匆惶而歸至家，景物全非，人莫之識。因此圍祺別稱柯爛。◎電子鐘的發明，有利於實證愛因斯坦的狹義相對論中，速度產生時間落差的理論，或用渺子半衰期的分布也能從當中求證出，綜合廣狹兩義相對論的時間落差，不過當中所得的數值差仍然是極微小。

用曰：

奇……想像而未經過實證者，並不是沒有價值，反倒可激化了實證的動健之力，所以神話的創造，不管在什麼時代，都不可以拋棄，事實上也無法拋棄，在流於科學式的怪誕玄說，還是倚復彰而行。價值何在，在於創見洞悉而已。

曲……神話故事與科學理論的差別，只在與是否融入理性而去驗證，故神話思維的奔放程度，象徵民族思維能力，仙象卦名亦涵此義矣。

變——易的結構能治情境的時間感觀象限，所臨觸介面，在於已先建置我們狹窄的，感觀因果關係與始終關係。如何解釋?倘若我們進入量子世界，那裡的物質隨時都發生時間不同步的仙象狀況，所以才有渺子測量相對論的實驗。再倚反沌卦，自己是無生物，那麼時間的落差根本就是存在的常態，是變易給的正常軌跡，人的時間感觀，是被給變易另一種較為狹窄的結構所困，限制在軌道上的列車，而無法自由轉彎。

律——倚己推演各卦，對變易的微小認識，使我所顧慮者還不止於，有速度與重力之外的因素會對時間感觀改變而已，感觀在遭遇慣性之外的事件所衝擊之後，會扭曲思維概念與存在時義，倘若提升至宇宙時義的文明層次，不斷有此衝擊而納為慣性，必定會扭曲本身的文明時義，在自擇天演之下，這種文明滅亡的機會必大增，所以建立宇宙之時義並不容易，非目前人類物種之慣性所能建立。故曰：真正從智能生物變成智慧生物的指標，在於能否控制自己的生存慣性。

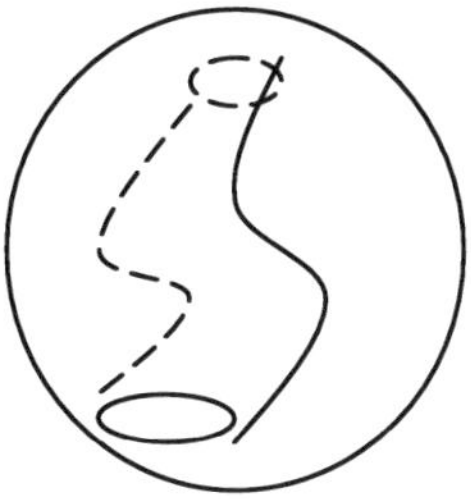

封構卦

封構。思型非一，物則混，構無窮顯存，元亨。

彖曰：封構，法則降冪，眾封維以識構，全亨取一而可據再新，封構律也，以建大通，利艱貞。

象曰：倚健作麗而伏止，封構。學者以通鑑物律，聚型總論。

上九，則降聚顯。

象曰：則降聚顯，人觀，無窮維矣。

九八，同人異思，無咎。

象曰：思異而可自行，象變真通，無咎。

九七，旅異相貞，貴志行。

象曰：旅異有衡鑑，相貞取之，貴在志行。

九六，維構衡鑑，凡識疏遺，智構利往。

象曰：凡識單構，疏衡鑑矣，雖無誤，亦當智構，利攸往。

六五，降衡封構，利規用。

象曰：可上逮義，利規而用建也。

九四，積展，既封。

象曰：積展，實可另構，存既封，未可異也。

九三，新量義，往吝。

象曰：新量義，雖亨，難受納，獨往亦吝。

六二，眾封束義，元亨利貞

象曰：眾封束義，大構學體，顯得，元亨利貞。

初六，規轉物位，兼納，元吉。

象曰：兼納而比義，元吉。

論曰：封構，物質定義量的封維建構。物質定義量並非僅一種敘述方向，而是全通方位的，那麼一種物理敘述的定義式，其變易解讀，可以轉位。當轉位之時則思維方式就轉入另一種封構的衡鑑狀態，而有另一種現實的物質敘述。

證曰：◎牛頓第三運動定律，「力」等於「質量」乘以「加速度」，假設需要在等號左邊移項，則會出現除概念。然而在現實中的力量變化展現，經由自行統計過後，並不見得要用這種概念來表達。可以解成「加速度」等於「力」乘以「質量」，那麼當中的「力」、「加速度」與「質量」，就是另一種數值思考型態，與另一種思維定義。也就是定性與定量之間，出現另一種定義的軌跡方式。◎物理的數學架構，可以有很多種的方式，建置象變的衡鑑共通式，建置之後，反過來將原本的對物體思維的基本定義，重新架構。仍然可以與其他方式一樣通用。

用曰：

奇：：數學運用於物理的積，實際上就是一種定義，由另兩種定義（或更多），共同延展架構，的一種封構概念，而達到與現實變化的衡鑑標準。而衡鑑的標準，並非僅能由一種封構來達成，可以有其他的封構思維之方式。

曲：：一以此，整個物理體系封構的方式，就可以從各種端點開始重複定義，例如：從「能量」等於「質量」乘以「光速平方」開始，那麼原先的傳統物理定義方式又會變成另一種封構面貌。此為法則無名的狀況下，封構的重複積展定律。

變：：轉位相積，轉變思維方式，新封構出來的觀念，在變易體之下，可以有無窮多種，也就是無窮所展現出來的無名律。人的數理思維，是在「無窮」與「無」兩者相儀之中，義定而自成。

律：：物質法則的事實，只是一種衡鑑的切合標準，而實際上假若整個思維迴路能夠改變，那麼一個物質法則的事實，還會有更多的衡鑑切合標準。「法則」降幕「衡鑑」，「衡鑑」降幕「封構」。取當中一種封構來當作定律？並沒有錯，然而並非可以包羅一切變化真理。

源躁卦

源躁。限所據，歧可分，同而合，取有遇噬。

象曰：源躁，蒙而取象，躁行有噬誤而未明，進而取，遇噬。

象曰：倚健而伏作皆麗，源躁。易以同合而不恤其形。

上九，等價有止，傾隔。

象曰：存有限，是以傾隔。

九八，合易濬美，毋取。

象曰：易為高態，雖合而美，非象可濬，毋取。

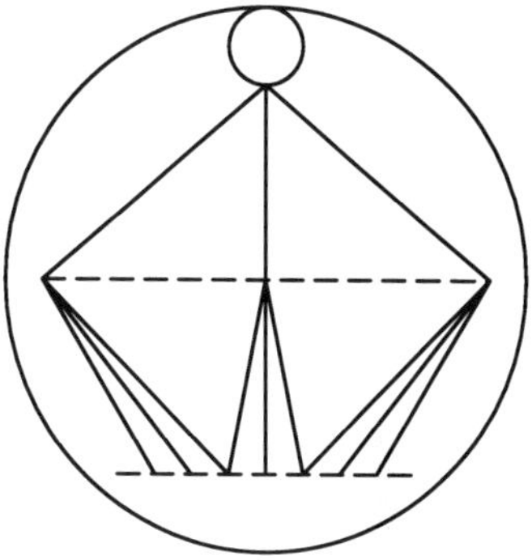

九七，厄降，仍蒙。
象曰：易美而形殘，是厄降，仍蒙而未明。
九六，同源曲行，必奪。
象曰：僅曲行異態，必奪。
六五，歧避，無咎。
象曰：歧避其爭，雖有屈，無咎。
九四，取險舉躁，凶。
象曰：同源勢險，取而舉躁，凶。
九三，無穆律作，不利攸往。
象曰：無穆律作，迫為取象，不利攸往。
六二，激源躁，有逆惡之噬，凶。
象曰：激原始所欲，有逆惡之噬，無護演，凶。
初九，生演阻入，貞行無咎。
象曰：雖源躁，生息護演，阻原始之激，貞行無咎。

論曰：源躁，同易在一時空中相合，對情境之態，則產生躁掠狀況。當取象型態具有相同之源，又有限制因素在同一時空中，則會相互侵擾而不各自安定。

證曰：◎所有生物都有同類相殘的狀況，甚至可以是手足相殘，哪怕是溫馴的草食動物，在出生哺乳時，奪飲母體的乳房，也會有些較小的個體被排擠，營養不良而餓死。即使是不會移動的植物，在生長的過程中，也會相互侵奪，陽光照射空間、土壤與水等等生存資源，而有株植因此死亡。◎自稱最有倫理觀念的人類，其實同類相殘與互奪的狀況，是動物界列位最高的一群。◎音頻相同之音叉，在同空間中以此頻率發聲，音叉會產生共振狀況。◎兩道相同頻率的光互相干涉時，可以在屏幕上顯示亮暗相間的干涉條紋，這是兩道光在進行建設性干涉產生亮紋，及破壞性干涉產生暗紋的結果。◎釋迦牟尼佛，見人於萬物皆陷於爭奪苦痛，生老病死相殘而不息止，遂起而修行，求宇宙之至理，雖然並未阻止萬物苦痛之慣性，但卻立了很高尚的精神指標。

用曰：

奇-·--·-生物皆屬同源，為何要相互吞食來求取生存？或許相互吞食的原因，就在於是同源。生存物質與空間，是有限的，又相同之易而皆繁殖增演，則同易相合，對型態來說，就會被取象成躁掠相奪的狀況。

曲-·-一倚通顯卦，生物雖然複雜，不同於簡單取象之物理現象，但在最根本的變化中，是等價與通顯的。或許對物理來說，源躁就只是被變易所控，展現另外一種變化而已，但對於複雜的生物形態來說，這種變化，可能就導引生死血腥之相殘，會有痛苦流程。而且此種不堪見聞之事，時時發生在這生機勃勃的地球上，竟然由太古至今從不停止。

變一⁝探索物種倫理的最根本，竟然是沒有倫理可言，真的是以無制有？還是自己愚蠢探索不到？亦或是那種倫理存在於形上之中，非智能所及？

律一一原母之於變易，很可能如變易之於我等情境形態，可以容許無倫混亂不斷發生，而並不溫情。會讓存在與意識產生無數矛盾、衝突與不解，而並不釐清。當變易合乎至理所求，而行美於上，即使情境在下陷入殘困，也不予理會。

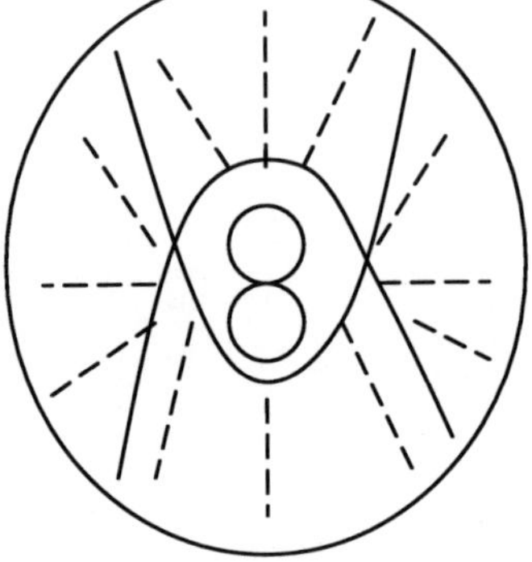

一一一⁝一一⁝　截空卦

截空。自入識觀，未嘗始末。

象曰：截空，用無，截辨識是，規情憲陷，往吝。

象曰：倚健作麗而伏入，截空。學者轉顯空無。
上九，無窮隨涉。
象曰：先無窮，有數必隨涉。
九八，零擇適象，元源。
象曰：零擇適象，當無支用，萬元所源矣。
九七，無窮之咎，往有吝。
象曰：入據數情，得無窮之咎，往有吝。
九六，空鼎受支，不明，自取限。
象曰：空鼎之，入明而不明，是自取限矣。
六五，截虛，必用大躍。
象曰：思深陷，必用大躍。
九四，蓄象同人，陷固，不入大智。
象曰：陷規而以為麗，陷固。
九三，極自止，晦完自系。
象曰：極自止於空鼎，晦不悟，自系矣。
九二，躍擇再擬，可與截虛，中光。
象曰：截虛而顯中光，雖空而啟新。
初六，截亨取義，用汲同人。

象曰：取義終通，雖貞，亦用同人。

論曰：截空，無與無窮於自擇態勢的始末，無的根本意義。倚太虛卦，降冪從無窮大開端，無窮大的自擇意義，在於不斷上制追溯的動健變化。數學本身具有自擇的態勢，如此，則必定有自我設限。那麼無窮的本身，並不是沒有意義，而是並需要脫離本身的自擇型態去套論。

證曰：◎自行用光滑的水管，模擬自吞的蛇，實際上是蛇尾巴外頭，透過管道，無限趨近於尾巴內頭，在一定程度的寬度之內就會卡住，呈現物態的存在限制，若假設蛇尾無窮小，可以繼續深入，最後整個物質也會聚在「一團」，往「一個點」前進，摧毀自己先前定義「一條蛇」的外型概念，從而顯現出原先我們用思維自擇，所定義的一條蛇，經不起思維變化的考驗。◎以往神學中，曾有人提出無與無窮是一切存在的根本，然而其極限與虛空的涵義，卻絲毫無法進一步體會。是將自身存在，設為理所當然所致。

用曰

奇 -·- -·- 什麼是一？什麼又是二？這是很奇怪的定義。到最後自己也會發現，一與二等等最簡單的實數，只是自己定義的，可以放在各種不同的地方，或大或小或長或短。這種沒有根源的數字，反而對我們的意識來說很適性，然而據有絕對意義的零與無窮，卻被認為很特殊。

曲⚋⚊定義出數字，而後卻又丟棄物體存在的根源，純粹在數字上面運轉規則，當觸碰到架構數字概念的本源之時，邏輯就掉入了與原先自擇態勢的矛盾之中。

變⚊⚋無論我們定義什麼數字，無窮大與零，其實就在定義者的身旁。無窮大先所有數而成，卻只能放棄探索，零啟發自擇的根源，卻只能被假代運用。沒有此二者，所有的數並不能成形，倚之而卻不能視之，邏輯的死角因而產生。

律⚊⚊因為定義出來的「一」，相互都是一，卻不能相等而論。才會產生負數、虛數、甚至是流數的複雜關係，其實都在自擇數界上。

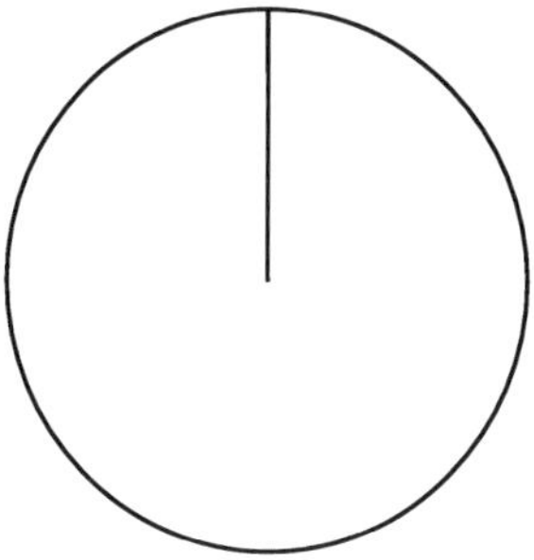

中行卦

中行。乾健之境，紛亂之情，虛應。

彖曰：中行，乾體虛中，變異紛亂，渾而不清。人人之位虛以中行，得中應剛。虛分二剛得以釐清。萬物紛紛不離其中，千象渾渾不易其行，中行之時義大矣。

象曰：倚伏皆健而作明。智者以中行定位。

上九，剛中預規，有得。

象曰：不鄙荒，不棄幼，剛中預規，必有得也。

九八，虛中行謙，吉。

象曰：雖未至上，虛中行謙，吉。

九七，赫亂，厄。

象曰：有無明必赫亂，曆情而有厄。

九六，行中不偏，無吝，元吉。

象曰：審行不偏，適中正，無吝，元吉。

六五，中行，演推萬象。

象曰：中行推象，以從謀事。

九四，頃反規以，可貞。

象曰：中行之術，頃反規以，不亂，可貞。

九三，映形，利攸往。

象曰：中行伏因，映形，利攸往。
九二，繁變，偏失之惡。
象曰：既自擇而有繁變，必有偏失之惡矣。
初九，蛙鳴鼓鼓，求展。
象曰：蛙鳴求偶，畜應求存。

論曰：中行，審視的無偏差精神。有形之物的中軸為中，無形之物的中軸為行，故稱有形無形的中心延展意義為中行。事物歸元而後多象，得一宗旨而後能延展，故有秩序之事物環一中行。在不斷變易的環境中，活絡的系統必定圍繞一原則，才能運用所屬單元，使單元相互支援而存在。

證曰：◎歷史的演變雖然有其無常型態，卻能產生一個主軸，讓歷史學家反覆去推敲，而作文章。◎生物形體繯繞一中軸線對稱，海星之類無左右相稱者，中軸視之為一點，亦是中行形體。◎一切人類組織若是喪失中心信仰，各基於利益考量而離心離德，則整個組織就會鬆散，逐漸趨於瓦解。◎建築學上，尤其中國建築，設計概念都先定出中軸線，強調萬變不離其宗。◎法官一直被認為是中正不偏的，可是社會上很多現實判決案例，發現比小學生的判決都還不如，小孩子聽了都會大喊法律不公。

用曰：

奇——由最基本的單元架構而生，並不是具體的，而是一種突現的精神體，是一種動態的法則而已。而在時義轉變，體系衰落的狀況下，新的中行掌握，是體系重生的唯一命脈。

曲——過去的體系尚在運作，驟然接納新的體系，而無法適當融合，衝突必定產生。動態的展開，必定環繞在共通的精神，不究析新義以定中行，猝然接受新物，新舊陋習相流，上下交爭，紛更不休，反得其禍患。

變——倚變卦繁沮，對於人文歷史之學，最近態於人的本身，卻也誤差最大，最失去原貌主軸，這也牽連了其他的學術進展之度。例如：大多數人就會受歷史動態影響，對文化取捨，一定重視西方科學家的想法，而輕視古瑪雅人的思考方式，甚至輕視自己文化可以開發的思考方式。但是思維受的是物種乾綱原始時義所趨，真正的價值並不受過去社會歷史的軌跡影響，如此之判斷方式，價值也偏差得太遠，當然就永遠無法突破與創新。

律——觀察事態不行於中性，而在審視現實之前，就潛伏猜忌意識，認為誰應該比要正確，誰可能就不如誰。有這種態度，就不夠資格稱之為哲學家、科學家、或歷史學者矣。可是現實的狀況發現，哪怕是很有名氣的學者，其判斷也時常偏頗取象。

淨擇卦

淨擇，乾末以擇，適性以達起始淨純，形久不易。

彖曰：淨擇，原義而自生，倚因健數而久存，未易演也，不晉也。

象曰：倚健作入而伏順，淨擇。智者以保其久遠。

上九，亂數混厄。

象曰：亂數混厄，易之我倚。

九八，連律著數，吉。

象曰：其著數，接而御治，吉。

九七，象滅規數。

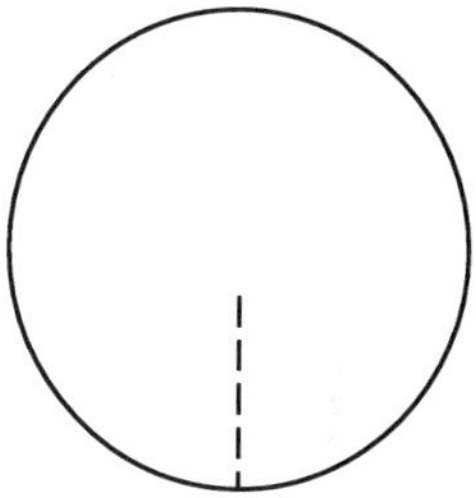

象曰：寂滅歸源也，象滅而易續行。

九六，寄倚律治。

象曰：有律治而可淨。

九五，原義自持，貞固。

象曰：持義，利有攸往，貞固。

六四，淨御自生，貞固。

象曰：自生而保泰也，貞固。

六三，供建成義。

象曰：供建成義，天翦運之，自慎得真。

六二，自擇眾擇。

象曰：成眾擇，自蘊生滅牽易也。

初六，性態反逐，伏凶。

象曰：劣勝而優敗，反逆所棄，伏凶。

論曰：淨擇，原點的普設性，與純淨維持本源的選擇。無論任何型態，都可以被選擇為演變的起源，成立的關鍵只在於，如何與環境規律協同，而建立演變的脈絡。即任何型態都可以是原點，去建立數線體制。

證曰：◎子曰：「一簞食，一瓢飲，居陋巷，人皆不堪其憂，回也不改其樂，賢哉乎回也。」

◎次易本卦文詞，純粹記錄變易本質的探索，而不偏專一術。

用曰：

奇──事物的潛力大小，不在於形式的大小盛衰，而是運行是否具備純淨性，被外在氛圍的陰陽互異，困擾的程度越小，純淨性則越高。

曲──在變易體來說，素體的根源態勢，是一種假象，是所有演化大勢的物種之一而已。只是這種型態，在一定的時義當中建立強勢，演變成諸多物種根源。

變──數量眾多，是抗衡時義變遷，保持長久穩定的最基本情境。即使素質不見得比較高，然而在長久的等價演變中，淨擇之易可以從此基本情境中展現。

律──素質也是淨擇之易的等價基礎，倘若某一種環境不是天翦形勢，而是真正的天擇形勢，那麼以素質為原點的生態脈絡，就會延伸出接近於完美的物種，只是現實的生物界，其深層的法則，是天翦形勢而不是天擇的形勢。

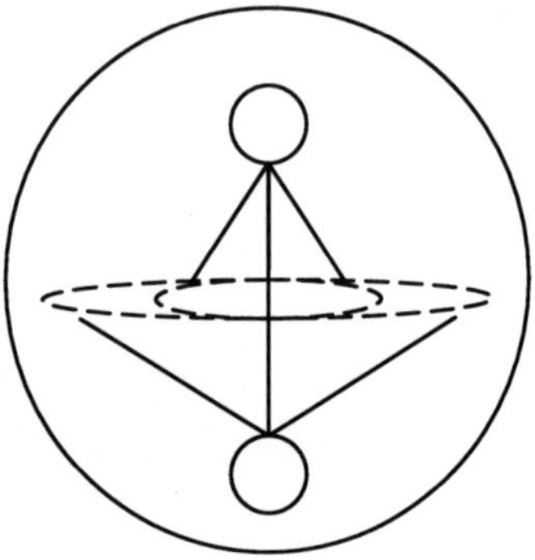

⚊⚊⚊⚊⚊⚋⚋⚋⚊ 亟綱卦

亟綱。理無制，道無窮，生有成亟。

象曰：亟綱，層析相亟而可成綱，可順逆無等，可多寡有之。

象曰：倚健作入而伏動，亟綱。易以成優劣之機。

上九，至理無制，可亟。

象曰：至理無制，可與相亟而無正反。

九八，等價立，以亟。

象曰：無別而等價，以能亟。

九七，失建據，不利攸往。
象曰：成上制則下失建據，不利攸往。
九六，沿砌成數，有得。
象曰：層級沿砌數，有反饋而得。
九五，反亟道，吉。
象曰：反亟道，大得順，吉。
六四，受綱轉受嫁，眾人厄。
象曰：受其綱，形轉受嫁，眾人有厄。
六三，順原始，凶。
象曰：以逆其綱，人行貪欲，凶。
六二，亟綱之本，有歧亂。
象曰：是等價而易不等，可有歧亂。
初九，虛形可移，有自擇。
象曰：亟綱之極，位高而可以移，有自擇。

論曰：亟綱，體已具有，變易當中的循環帶動。型態與變易，兩者陰陽相亟，無論因果生成關係。

證曰：◎社會的金字塔階級形成，根本在於人對事物有貴賤之別，且孿偝而不理性，構組了複雜循環。其他各種金字塔結構的形成，也是類於有這種根本的法則在操作。◎強迫服兵役的時候，大家都想逃，連抓逃兵的憲兵都想逃，而大門是打開的，卻沒有人敢逃出去，在當中看出權力建置的結構。

用曰：

奇：：金字塔最上層與最底層，在變易當中，是等價相對立的，並無高低、多寡、優劣之別。循環結構將其鎖定，情境延伸而啟其運作。陷於循環結構中的單元，非發生結構連帶的鬆動，難逃其桎梏。需求而聚為根本，聚而對團體有認知，認知產生牽制力，牽制則可以強制。

曲：：一權力的循環建立則架構出領御位階。以權力系統的金字塔分佈為例。

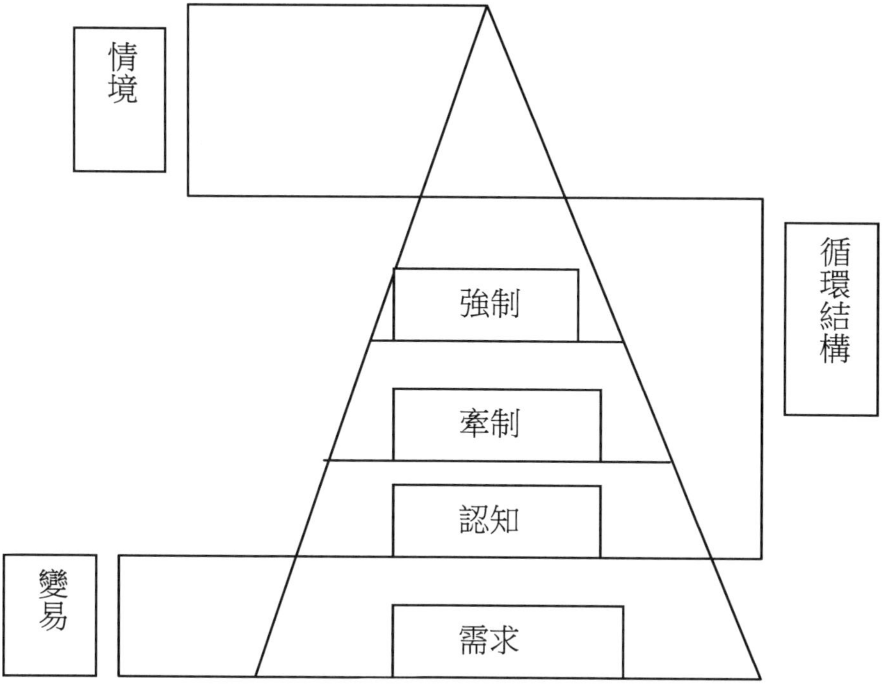
情境
循環結構
強制
牽制
認知
變易
需求

變——若有同個中性意義，延伸的等價結構，就可以有機會摧毀之，倘若沒有，則需以之找尋另一方向的力量，以變致權，使之產生結構性連帶鬆動，才可能摧毀之。若情境在上鎖制，無相反而置，則結構大得順應運行，即便當中的個體遭受到矛盾不滿，也無法擺脫結構深鎖。

律——變易並沒有形式。每一層都由循領卦循環結構往上建置，當頂尖的位階架構出現時，它有屬於自己的變易態勢，可以有一定的位移空間。亟綱變易，亦為次易各卦九爻攙結，演繹新論之骨架，其義大矣。

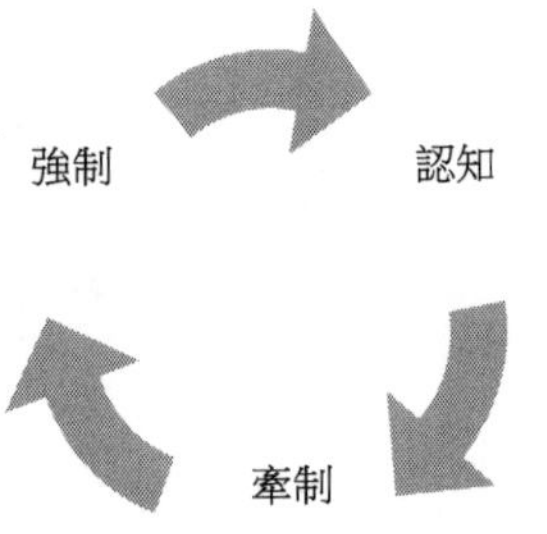

䶬陷卦

䶬陷。相絡則通，行情可陷。

彖曰：䶬陷，圖勘愈陷矣，識其變作所源，放乎遠圖，慎可規之。

象曰：倚健作入而伏險，䶬陷。大人以本義行政，弘揚其能。

上九，世擇所源。

象曰：所源往求乾行，利貞。

九八，情體姤遇。

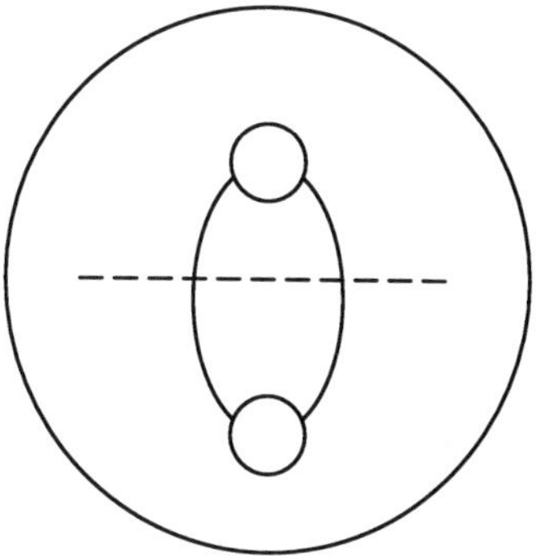

象曰：其體異動，而非可圖矣。
九七，龕陷之據，行不受納，凶。
象曰：其據也，行不受納，幹絡通譯，凶。
九六，亂型乾元，惘作。
象曰：乾元所降，非刻型，陷而亂，惘作。
九五，擇世適，善攸往。
象曰：以貫情境，入之時空，故善用攸往。
六四，循情現易，貞吉。
象曰：入之循情，雖非真即，可現易作也，貞吉。
六三，剛龕分歧。
象曰：剛龕，雖本同，適情而歧。
九二，顯龕陷，定攸往。
象曰：定攸往，可為伏凶，慎可規也。
初六，循制成慣，利設用。
象曰：循制，雖有不善，成慣而善克易險，亦利設用。
論曰：龕陷，情境體幹線相絡。一種亟綱循環，形成一種慣性。變易因以鎖定一個具體情境之運行，形成脈絡特徵的演變。於生物傳承，就是世系特徵的根源。

證曰：◎變構酶的變構作用累積調節，形成複雜的分層網。從細胞內分子互動，細胞間的互動，組織互動，器官互動，系統互動，到個體間互動。從而展現錯綜複雜的特質。由上而下分層調節。以開與關的方式運作。打開某些基因或是關閉某些基因，來適應外界變化。◎一種社會結構，建立一種社會文化與習氣，從而影響這個社會的未來走向。

用曰：

奇——觀察穩定的乾綱原始運作，多來自於生物慣性所顯現，比較容易清楚被人的感官所掌握，然後再上溯非生物的物理慣性中，脫離自擇影響，來求證該變易環節之存在。

曲——在變易操作情境顯伏而成的時空中，一種變化慣性，等於是該物存在於情境體的骨幹，倘若投入某些等價變數，就會改變骨幹脈絡，而出現我們所說的弔詭狀態。

變——龠陷情境相絡，有我們所不知的關係相通，影響既定的認識與計畫。故計畫所認定對象，可因而而出其規劃範圍。

律——相絡者是存，亟綱因佈之於整體時空，故各卦義由此軸相絡，以御整個時空探索之骨幹。

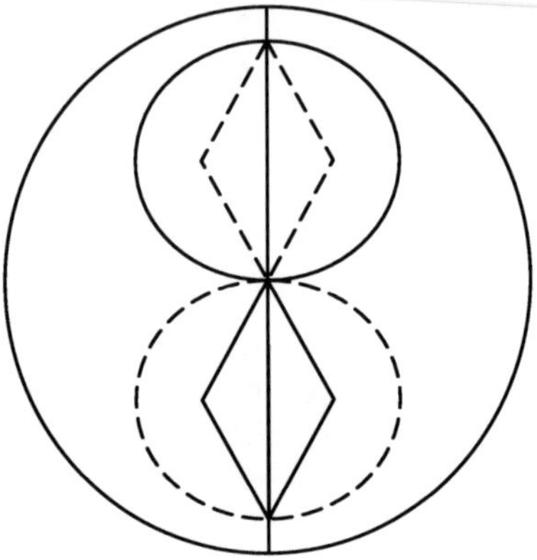

⚊⚊⚊⚊⚋⚊⚋⚋　更生卦

更生。虛更易，從實生，識之所展，元亨。

象曰：更生，混體更生，入式作，易可成，識雖虛幻，展擴而得實，故大象已行，元亨利貞。

象曰：倚健作入而伏止，更生。勇者以獨行其慧。

上九，混形通易。

象曰：通易，無虛實也。

九八，姤虛映實。
象曰：雖遇虛而未踐，實可用也。
九七，形繫不務，不利悠遠。
象曰：不務虛，近利實，庸健矣，似無咎，不利悠遠。
九六，識鴻漸，虛反實顯。
象曰：正行而慧，本虛務成大實。
九五，識更生，元亨。
象曰：大得器，初顯其能，元亨。
六四，漸變更生，元吉。
象曰：實資有助，虛圖而漸更生，元吉。
九三，去生之止，終厄。
象曰：時不予，去生之止，識終不濟，無大育也，終厄。
六二，均生等何，利貞。
象曰：均生等何，宏識可姤，利貞。
初六，識體大限，貞固。
象曰：亦有其偏，成不能之態，人之失矣，貞固。
論曰：更生，重新塑造「一」的意義。意識混體擴展後，虛實之態可以互置。當意識層次混體擴展之時，原來意識層次中，所虛幻出來而無法實踐的事物，在意識擴展之後的層次中，必可以找到對映的實踐之態。

證曰：◎哲學思維是科學的根本，是文明演變的根本動力，然而在低俗社會的現實生活當中，哲學卻被當作是務虛而不實的廢物。最終很容易切斷自己的臍帶，而呈現物質大於精神的候變缺陷，等待天翦形勢運作。◎人類文明現有的型態，根源在於幻想。

用曰：

奇——幻想是實踐的第一步驟，沒有充分的想像，很多物態根本不可能出現。然而矛盾的是，大多數人只追求於現實具有的物質滿足，而鄙視這些物質的根源，產生對文明後續演變的阻力，人類物種見識能力，雖因個體不同而有落差懸殊，但整體平均來說，是低能愚昧的。這阻力在文明之初並不強，因為社會組織並不嚴謹，然而在社會分工，與之間供需，越來越複雜且越來越嚴密之時，雖然實踐的資源因而變多，但這種阻力也會隨之加大。

曲——只要是意識所能夠產生的幻想型態，不管多麼高遠，在另外一種層次的意識中，必定可以找到相對映，而可以實踐的事態。只在於人類的幻識也有限，又實踐的過程需要團體資源，在自擇天翦形勢下，極少的虛幻意識能更生實踐。當一個文明體系中，遠略的虛幻意識皆無可達成，多圖務近利與具體之物，那麼文明之力也就衰微。

變——次易虛實兼納，取神話所幻想之神器，可與意識混同擴展之後，入論而成為實際可行者，入存於隱錄。

律——倚對何卦，意識的成立在於相對應的事態，故虛與實之間，的具備與飄渺，在意識的演變層次中，可以相互對映。

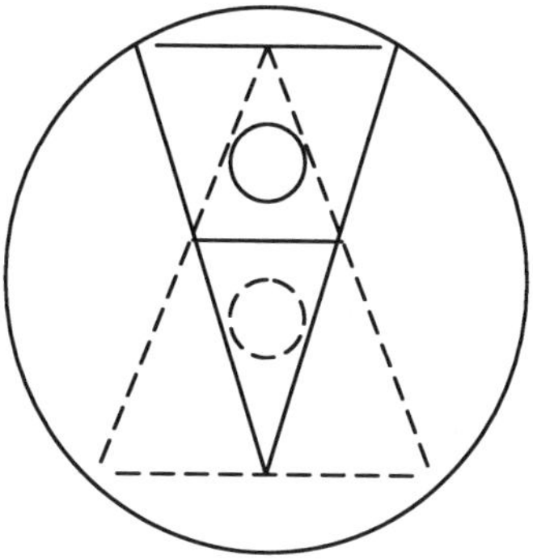

一一一一一⚋一⚋一　始育卦

始育，神之初醒，乿顯慣性，原始義。

象曰：始育，神初之漸育也，勿忽所源，時歸之性也，而可後育自亨。

象曰：倚健作入而伏麗，始育。君子思源，不棄舊略。

上九，乾淨，利攸往。

象曰：諸數無量，利攸往。
九八，泰盈，利艱貞。
象曰：持盈保泰，能育初始，利艱貞之行。
九七，光育，源塑可陋。
象曰：成慣性，源塑也，未有美之見矣。
九六，化分見殘。
象曰：化分本育而得殘片，不利攸往。
九五，思省始育，吉。
象曰：以求初醒之韻，吉。
六四，悟神之吉。
象曰：進悟物之神態，得箇中之吉。
九三，棄育，漸衰。
象曰：接榮華而棄育，其能漸衰。
六二，氤氳神漸，化吉。
象曰：物本始育，必有神漸，氤氳而化吉。
初九，因育鑄壽。
象曰：壽因自鑄，長短因慣性成也。

論曰：始育，最初始建本身慣性的精神起點。生與長的時義並不同，雖然倚乾綱原始之理，越早的物態因子有越強的力量。然外在坤相易解，有機型態任其慣性演變，而無法保存原始精神，沒有激發的憑藉，那麼就會使因子隱而難現，任後來之慣性運作。由一物種克服物態慣性的程度高低，可看出此物在某方面的潛力。

證曰：◎長命的鐵杉類樹種，經過許多年，形成層仍保持剛發芽的生命態勢，比其他的植物活得久，黃帝軒轅氏手植柏，經過了四千七百年的朝代更迭至今，仍然生機盎然，觀看著炎黃子孫的變化。◎費曼認為，愛因斯坦的成就來自於對物理學的直覺，而當他中年後，停止了物理圖像思考，變成了一個數字方程式的巧妙處理者，他就停止了一切的創造力。◎淮南子：「人生而靜，天之性也。感而後動，性之害也。物至而神應，知之動也。知與物接，而好憎生焉。好憎成形，而知誘於外，不能反己，而天理滅矣。」

用曰：

奇-·--·-學問高而輕視其他人，或是已經忽略自己當年小學時代及青年時代，所學習的基礎，那他的學問就不會再有突破的力量了。故智慧物種的指標，就在於能否克制自己的生存慣性，有序地羅列各時期原始的潛能，達到靈活地轉化自我之境地。

曲-·-—精神是物質形態所投射之境，它並不是只有建設性，也會有沉淪與破壞的力量。精神與物質交作，建置了各種慣性。

變——變易不斷釋放出之情境，原始的因子繼續掌握乾綱而存在，但精神轉化，確定慣性，則衰變之勢成矣。故僅倚慣性形成的系統，無法完備自己，也無法透析最高的形成之義。

律——科學不是萬靈的智能，其實它常常失靈，更何況倚其而生之技術？它只是經驗、理性思考與持續演變的精神，相互交合而生之物，能力非常有限。其優勢只在於可以不斷修正錯誤，去接近我們想要的情境。假若把科學當成信仰，那麼就失去了科學的始育精神，僵化於末端的形式而已，這就不會在科學上有更多的創新了。

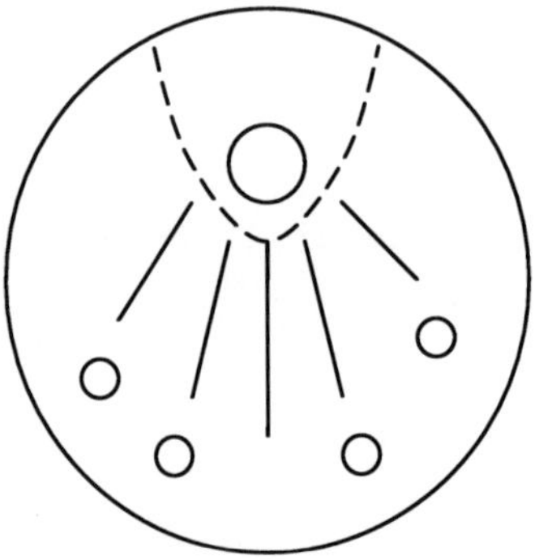

五剋卦

五剋。交而征健，展期原始。

象曰：五剋，健所期行，或動則柔，取之道於剋性，雖剋，未利攸往。

象曰：倚健而作伏皆入，五剋。智者順以深究剋道。

上九，銜行剋，在健。

象曰：剋在銜行而取健，雖暫期，形大壯。

九八，易藩規連。

象曰：易藩相交規制其連，非能正識，旋詮釋。

九七，止觸喪形，宜重貞。

象曰：易相止觸，則喪觀識之形，自宜於重貞。

九六，大具反柔。

象曰：大具者無具行，是以反柔貞用。

九五，征健，觸展期始。

象曰：交觸而展期原始，征健至於上。

六四，捐五剋，毋罔。

象曰：即弱柔勢，捐五剋，不當用罔。

九三，核五剋，未利攸遠。

象曰：雖繁究其道，銜製具行，非競勝於攸遠者。

九二，征歧混同。

象曰：交征雖歧，而易視混同。

初六，微剛，起柔巧用。

象曰：微識反象，剛所柔，起以巧用。

論曰：五剋，相剋的最簡易綱要，藉五行相剋而名之。兩體系相鬥，實則變易相連，乾健因連而激作，在相連運作之機，運行於最原始而得至乾綱者，則能剋於另一體系。所以在混雜之變化循環當中，掌握莅捕之契機，相剋關係就有機會顛倒。是故可以柔剋剛，亦可以剛剋柔。

證曰：◎堅硬的牙齒是動物捕食的利器，然而青蛙與蜥蜴卻用柔軟的舌頭捕食。◎水可以視為柔順之物，變成洗滌與溫傷之良物，從極細微的分子觀水，又並非柔軟，可視它為極細小的堅硬物，只要有足夠壓力始之產生動量，就可以切割堅硬的岩石。哪怕用最簡單的重力流水，時間夠長也可以穿石。

用曰：

奇 -·- -·- 當兩體系物態相爭，倚神宏卦，於變易來說，並沒有兩體系之形式之區隔，所以型態的剛柔大小，不是相剋的絕對標準，而誰能剋誰，又未必是最終鬥爭勝負的標準。

曲——剛健之機在於體系內的原始性，而臨體系外相爭，則產生某程度的變易體系相交，只要能銜於相交之區，展原始而因作剛健，則外表的柔弱軟小，就不是相剋的標準。即使雜作優勢之易而能剋，又未必決定最終勝負，相剋只是短暫時間內之化勝。所以掌握剛柔的核心時空意義，那就能反轉生剋意義。

變——嵌於菈捕卦，在相對都是變化的體系中，哪怕對方的體系是剋我者，而掌握變易千機一瞬，相剋的體系就是可以被顛倒。故五剋根本在於掌握乾健之體。

律——剛與柔，動與靜，只是存在內外體系之反變的關係而已，而生剋原則，只是形式複捲於乾健之機。兩係契合，而混淆了我們對於剛柔性質與相剋的定義，故以柔剋剛，又以剛剋柔，以靜可以制動，以動又可以制靜。

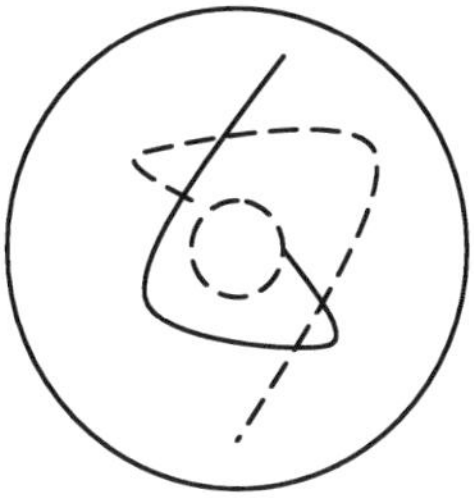

— — — — — -- — — — 否必卦

否必，總上受律，納單求機，內以求得，亨。

彖曰：否必，眾而勢所必然，孤而未必其然。體運之行以必然取之未必然，所以能存能易。

象曰：入於乾健之中，否必。易以取單視孤，納作整體。

上九，起念倚矣，有限之。

象曰：存形上而未知，限之。

九八，組乘之積，衰劣矣。

象曰：劣存勝機，衰有象。

九七，混敗趨滅，積凶。

象曰：律存混沌，不知勢而趨滅，積凶於後也。

九六，取孤偏寡，一律，吉。

象曰：智明獨識，一律而吉。

九五，群體律，固著得咎。

象曰：固而不易，著而得咎。

六四，孤獨識，易甚，蒙機。

象曰：易易而甚，懵懵存敗之機。

九三，因隨，孕識，貞吉。

象曰：以孤所孕識，貞吉。

九二，內觀一作，吉。
象曰：悉所真演，承一而作，吉。
初九，應階，譯義。
象曰：應階以譯得其義，雖微，化以大數。

論曰：否必，整體規律無必然性，多數聚集運作，而產生影響變化的關鍵少數。群體當中，優勢因子相互制約，陰劣的因子卻可以因保護而衍存，展現之數，必定固著在某種型態下而不能演變，而變易的時義，若轉變在個體與群體交錯之間，個體的隨機行為，則有機會納入變化，產生對群體的影響，這也是群體必要的演變關節。

證曰：◎歷史轉戾點，掌握在少數決策者手上，非多數人所共同創造，而給予少數決策者能量的多數人，實際上其影響力都是被化約審視，或被教化、或被引導，或被強迫，或被欺騙，而給予歷史軌跡進行的氛圍與能量。◎生物學中，從各時空點切入，每一個獨立的生物族群，推算其祖先的世系，都可以追蹤至同一個演化始祖，不同的時空點切入，則出現不同的世系始祖。越早時期的少數個體行為，隨著時間越久遠，對後代的影響就越大。◎曹丕受封為太子，抱議郎辛毗頸而言：「辛君知我喜不？」毗以告其女辛憲英，憲英嘆曰：「太子，代君主宗廟社稷者也。代君不可不戚，主國不可不懼。宜戚而懼，而反以為喜，何以能久？魏其不昌乎？」曹魏的歷史，終如辛憲英所料。

用曰：

奇⋯⋯以整觀的層次來看，個體具有隨機性，而群體具有必然性。群體的形態演變，必須抽取少數特殊的個體，使之發揮影響群體之能，群體才可能產生演變，但是這種變易的途徑，對群體來說，未必是正確的。群體的位階，在大部份時義之下，是提供關鍵個體隨機適作，的能量而已，演變成敗存亡的方向。

曲⋯⋯我們對世系觀念的產生，是個體與群體變易特性交錯所致，兼有時義壓力所致，並非理所當然。而世系的傳遞形式，也並非與時義配合得洽到好處，像是繪畫一般，無法把全部的環境景緻，做出全盤表達。

變⋯⋯基於天翦與慧摹，突破自我的極限，並不能只靠向外求得，而必須同時向內求得。外界給予的是刺激以及引導，並不會真的幫助某種體系去進步。故觀察外界只是求所倚時義，真正的改變力量，是發生在內部隨機的自擇態勢。

律⋯⋯同種生物的兩類群體，相互競爭，成敗的因素並不在群體本身，而是在影響這個群體的少數個體。人類的歷史很多定位失誤，在於不明白關鍵少數或優或劣的決定性影響，而有錯誤的評價與選擇。所以才會產生很多歷史的諷刺。

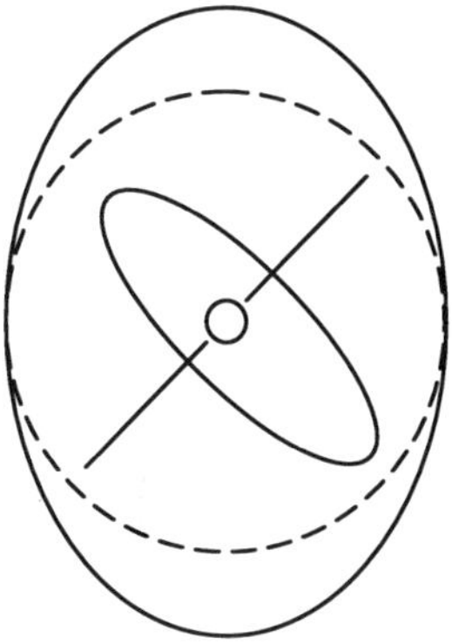

節係卦

節係，以索因劃，利弊一線。

象曰：節係，雖以為進，而有退，見形為利，識體有害。

象曰：倚作以健而伏順，節係。王者以識大體。

上九，直節有度，利艱貞。

象曰：直節有度，物演中行，利艱貞。

九八，功化，上劃其本。

象曰：分化而功效，其存之本以上劃。

九七，自擇上劃。

象曰：自擇上劃，可以誤視。
九六，緮係，上制有循。
象曰：節而緮係，必有上制之循。
九五，臨係，利用。
象曰：分而臨係，所以利用，未有義也。
九四，失貫，不利攸往。
象曰：節而失貫，不利攸往，後有凶。
六三，分治之，構制其私，有弊。
象曰：其專益也，成分治，無有一貫，必有弊。
六二，愚制智，有大厄。
象曰：因節係而誤自擇，現愚制智，大厄。
初六，汲汲期效，厄。
象曰：迷於其功，汲汲期效，厄在潛。

論曰：節係，系統的分工，產生自擇上劃，分化分節所產生的上制態勢，之利弊得失。分工與分化，原本是增加整體功效之務，然而在分化的階層當中，自擇上劃而聚，沒有讓分化中所產生的節係，貫穿具有時義之功，那麼這種分化會在無形中，捨棄一貫而更高層次的自擇路徑，自成困厄之源。

證曰：◎明中葉之後，社會分化加遽，流民、幫會出現更多，所謂中低階層的社會文化開始自行其是，統治階層亦不願意讓社會文化，被知識份子所主導，樂見這種社會風氣蔓延，可以分而治之，知識份子的功能也就無形中削弱，如此社會分化，也就造成中華民族的整體素質逐漸下降。◎生物的器官功能分化，特化出去的細胞之間，彼此不能相互替代，雖增加分工合作的生存效益，卻在物種時義上，形成效率低落的演化態勢，且同時增加了生物死亡的機會。◎孔子曰：「吾道一以貫之。」

用曰：

奇⋯⋯系統節度之所係，而有大體的天擇誤觀。時義層次也因此轉化，統而大體允運。

曲⋯⋯一分工而統合，必定有其節度所在，從此節度而可以透視整個系統運作的精神，以及其所存在的時義臧否。長遠的盛衰存滅，亦其機而觀。

變⋯⋯困厄之啟皆節係所乘，精神所用，時義所轉。以為最無形最簡單的結構，往往是最難探究者。

律⋯⋯知識份子喪失影響力，或淪為統治階級的工具，或追逐於名利，或自營自守專化於功利之中，終而遺漏大體大義，文明所節係如此，衰敗自有其然。

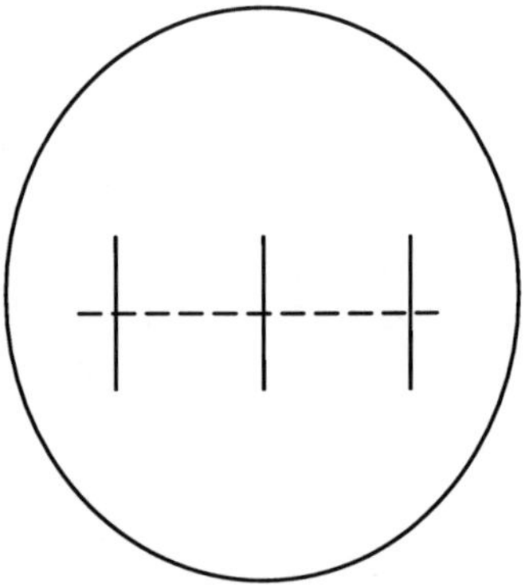

釋瑕卦

釋瑕。釋陷而有動，乾作大聚。

象曰：釋瑕，易所釋瑕，繁解矣，而簡約其象。矛盾陷情，因用後演。釋瑕之十義至哉。

象曰：倚作乾乾而伏動，釋瑕。仁者以不棄，兼瑕是用。

上九，入情無妄。

象曰：隨釋所形，故無妄矣。

九八，乾行大聚，無妄之往。

象曰：乾行取象，大聚因果，似無妄也，實不可望，入陷之往。

九七，瑕亦易釋，可據。
象曰：既為易釋，陷情可據。
九六，通瑕兼用，元亨利貞。
象曰：其行近於易，元亨利貞。
九五，缺瑕益用，元吉。
象曰：事顯缺瑕，易變之幹，益用元吉。
九四，鄙瑕率失，不利攸往。
象曰：鄙瑕，無妄之極，必率失，而未必自知，窮矣。
六三，據情而伏，時構。
象曰：釋瑕後演以伏，構所物時，義之至哉。
六二，重儀端作，混時也。
象曰：重儀作於易端，非情所在，混時無孚也。
初九，釋陷其動，貞固。
象曰：以成時感也，貞固。

論曰：釋瑕，矛盾的根源，缺陷為基礎，使情境可存之於潛伏。陰陽浩運，變易多象取象的運行下，情境可以存在多種矛盾於一個體系中，而成型態的缺陷。甚至運用矛盾與缺陷，繼而為後續取象的演變之基礎。

證曰：◎事物對變化來說，都是具有缺陷存在，時常基於這種缺陷，而讓事物從一種形式演變成另外一種形式。◎魏文侯談樂，田子方答曰：「臣聞之，君明樂官，不明樂音。今君審於音，臣恐其聾於官也。」◎班超通西域三十一年，被徵回京之際，語繼之者，任尚云：「塞外吏士本非孝子順孫，皆以罪過徙補邊屯，而蠻夷懷鳥獸之心，難養易敗。今君性嚴急，水清無大魚，察政不得下和，宜蕩佚簡易。寬小過總大綱而已。」超去，尚私謂所親曰：「我以班君當有奇策，今所言平平耳。」尚後竟失邊和，如超所言。

用曰：

奇⚋⚋變易取象基於陰陽運行，並不是一氣通貫的完美模式。而在當中產生縫隙矛盾，因而重複二元相映，再之取象已成後續演變，氤氳實態之作。

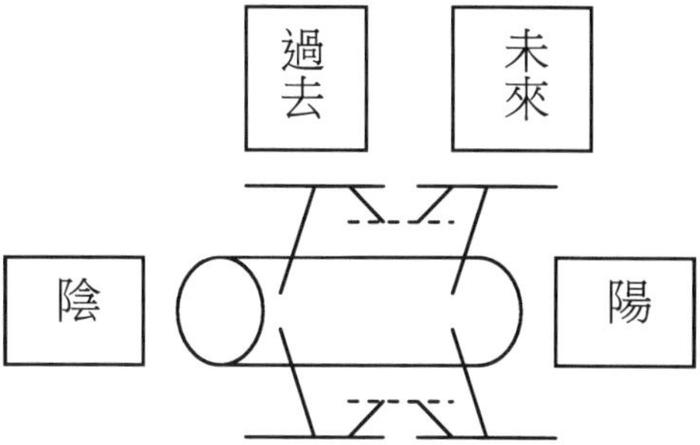

曲⚋⚊我們所見者，無論切割得多細微，都必有動健之則。如此，因果的連續不絕，必定來自於非常態秩序運行的變易體。

變⚊⚋時間為情境潛伏，奈何現在是現在？過去是過去？未來是未來？為何我們又要因過去與未來而感受現在？現在又為何是變動式的？其實可以不是變動式的，對於變易的本身，情境永遠是靜態者。因演我們可以定義為永遠存在，而也一直不存在的「現在式」。

律⚊⚊矛盾來自於情境的不連續，卻是同易所作，能夠同時出現在一個體系之內，代表這種現象，必定有潛伏後續的取象，故矛盾的存在，就象徵了可以因之繼續演變之機。

⚊⚊⚊⚊⚋⚊⚋ 機元卦

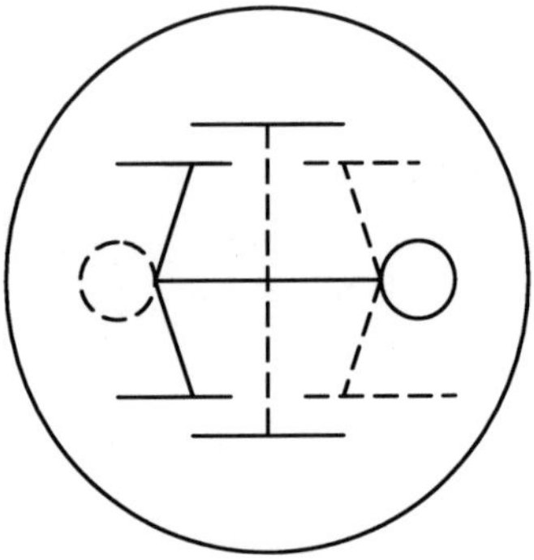

機元。混元而束機，以成大義。

彖曰：機元，束元生機，衍至分境，偏導成義，是以利攸往。

象曰：倚作皆健而伏險，機元。智者以制先機，存本萬世。

上九，觸伸渾湯，貞克。

象曰：其御難也，倚貞而克。

九八，天體律動，貞。

象曰：天體律動，混中取律也。
九七，序混元，承機序。
象曰：以成造安，以有機序。
九六，眾口云云。
象曰：雖亂而有訊。
九五，分境連易。
象曰：分境連易，塑作生機，利貞。
九四，深亂，精定。
象曰：探深存亂，勘精存定。
六三，以文易質。
象曰：如以虛導實，探理而能吉。
九二，因襲增演。
象曰：延易也，無咎。
初六，自選術數。
象曰：定機也，窠臼不易，必吝。
論曰：機元，不連續的單元而成發展體系。在不連續的時間或是空間，而有不同的分境面，而變易牽連之，呈現連續通貫的變化，乃至相互支援，而組成某種形式的系統，以影響更往後的未來定勢，或塑造原本無法做到之事。以致在嚴峻的考驗下，某些個體外表並沒有別於一般個體，卻可以例外地通過考驗，而獨自生存下去或是更加昌盛。也可以是例外地，唯獨遭到淘汰。相同的個體，亦因此，可遭遇不同的際遇。

證曰：◎受到中國文化的間接影響，與回教勢力大砲敲關，消滅拜占庭帝國，掌握半個地中海世界的震撼，以及教會腐敗等各種原因，十五世紀的西方，教權逐漸衰落，社會逐漸銜接一千多年以前上古埃及希臘文明遺留的人文精神，開展文藝復興運動，脫離一千年的黑暗時代，造就工業革命的思想基礎。◎華夏文明的時義之內，老子哲學與東傳佛教哲理，共同格義出禪學等東土佛學。◎螞蟻學者，在研究軍蟻的遷移生存時，提出超級個體的概念。◎生命從無生物分子，演變而來，而無生物分子相互之間是不支援的，而產生了某種變化連結，使之複雜而相互支援了起來。

用曰：

奇：：一種選擇，或是一種型態定勢，都有所產生未來演變機會的基始關鍵。凡一事物，其所擁有的演變機會，受限制於發展之初，所奠定的關鍵型態要素。即面對危機的挑戰，不得不計畫改變以求生存時，所能做到的改變路徑，有其根本上的限制。這種限制大體來自，環境建構它的時候，給予它的優勢。

曲：一每個有機的體系，會牽連無法計數的因果關係，所以展現的型態很可能跟外觀沒有任何牽連的其他時空的有機個體，發生相似的變易態勢。所以一種能力的建立，都是兩獨立型態的有機複合。

變——倚聚象觀，每個人對外物的感官，都像是透過稜鏡去看的，歪曲、即時且片面，在洪荒時代需要這種感官，以適合生存，故昆蟲鳥獸各有其器官以觀外物，何觀為正？各有所需以定所取而已。然而所謂文明之態，不似洪荒之時，有複雜的牽連、有長久的演變、有隱藏之數、有似是而非，諸如此類。所謂博學、慎思、明辨，盡畢生之力學習，只在修改這稜鏡之誤而已。

律——時有義態，事有性態，人有心態。而此皆隱藏，難以全然知悉，當中若有不明，相互的牽連所衍生的發展，自然更加不明。由不明而得到慣性地無明，是愚昧的根源。

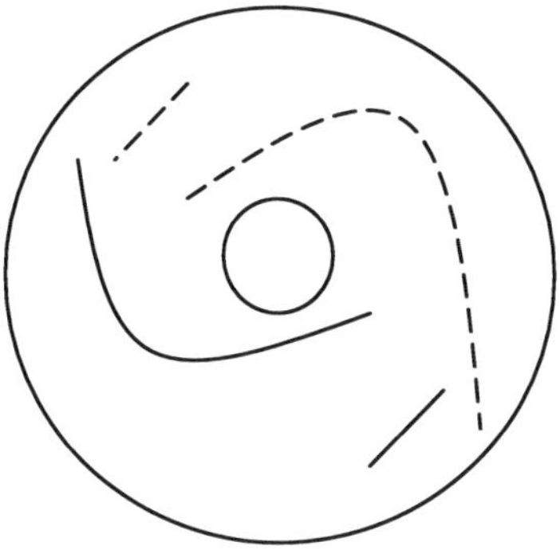

維象卦

維象。因而度，然理必有同，明而利攸往。

彖曰：維象，易之分度也，分之雖有離異，必有一同，御新維象而利攸往。

象曰：倚作皆健而伏悅，維象。智者以得新學。

上九，羅網知行，貞固。

象曰：成我所官，羅網知行，貞固。

九八，履道坦然，貞能。

象曰：其天然我自履道，出所維象雖貞能，未必自知。

九七，破元維象，拒吝。

象曰：三義破元，同事必有所異解，拒吝。

九六，柬合生智，必謙。

象曰：智賴所見柬合，人智必有極，必以謙存。

九五，我履成數。

象曰：我履成數，數則有限。

九四，同維合論，未能攸往。

象曰：雖利而未臻，未能攸往，必取異論。

六三，道御陰陽，利艱。

象曰：道御陰陽，利所行艱。

九二，巽履維象，貞慎。

象曰：新學迴異，雖有力，未必能吉，貞慎。

初九，藊履，有困。

象曰：藊履，維象已定，藊雖護，亦有所困。

論曰：維象，展現脈絡位向之徵。法則的組合受其控制，取的維象不同，所觀察的變化法則迴異，運用出來的科學態勢截然不同。

證曰：◎現代古董市場上，仿品的方式光怪陸離，甚至也動用科學的新方法，以致無法用儀器去辨識真偽，但是經驗老練的專家，明白古物該有的神韻，且深入理解各種假冒技術的共通性，仍然可以用簡單的肉眼觀察，找出贗品的破綻。

用曰：

奇⚋⚋科學的方式既然與感知方式有關，那宇宙中絕對不只一種科學形式，基於破元卦之理，其維象可以簡略到只有三種，簡易精神的科學方式，變易精神的科學方式與不易精神的科學方式。

曲⚋⚊創新的簡易原則之基，在於人類感官方式，觀察自然受其變易與不易，交錯而網羅者。是故人類現有的科學創見，只是其中一種，而型態更是倚其維象而隨機所形。倘若有另一種智能生物，其感官方式受簡易與不易所網羅者，那麼他們的科學方式，將不是以簡易的精神去創新，而是以複雜的變易性去突破，最後以非常簡單與不變的架構，展現其多種科學技術力量，當然其型態必定與人類截然不同。但不管如何相異，在至理與變易隱然之下，創新的展現，也必定要挑戰本性諸多型態之困厄。

變一一宇宙中若有其他的智能生物，以不同的維象創新科學領域，必定能與我們的科學方式互義，更有利於了解變易的中性奧義，透析感官網羅知識的偏頗。

律一一所謂科學，只是理性思維、歸納經驗與持續演變，所複合在一起的系統，甚至相互之間還有不能銜接的問題。故科學並非解釋萬物的萬靈丹，更不是可以控制萬物的利器，只是在人類微弱的智能與力量中，它是比較可靠的系統而已。

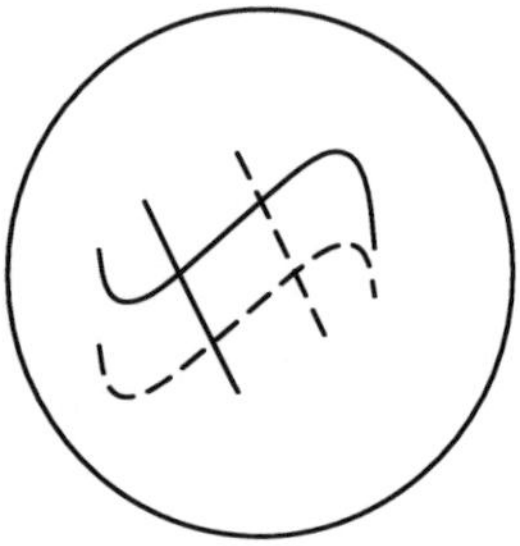

 隨勝卦

隨勝。見神忘形，無比貌而為予改之碁。

彖曰：隨勝，雖忘形，核貫其易，運通而伏等價，潛等而設規位。

象曰：倚作皆健而伏止，隨勝。智者隨他論而進制。

上九，深識，大利攸往。

象曰：學而深識，沽往隨勝，大利攸往。

九八，觀勝，隨，利涉大川。

象曰：隨其觀勝，重隨，利涉大川、

九七，進隨，不棄，有大健之壯，大吉。

象曰：遇強而進隨，自變不棄，是有大健之壯，大吉。

九六，概觀，勉，無咎

象曰：概觀深識，勉其作易，無咎

九五，請思釐軸，艱深。

象曰：眾識相擾，深思釐軸，故艱也。

九四，橫不進定，變慧摹。

象曰：不進，雖得而有限也，是變慧摹。

九三，概觀減融，利啟大智。

象曰：減融而易用，是能隨勝，利大智。

六二，軸偏誤，予改大用，吉。
象曰：隨勝所軸，雖偏誤，予改之大用，吉。
初六，存誤可容，無咎。
象曰：起存誤之麗，可容之，無咎。

論曰：隨勝，透析他論的核心精神，進而據之以變相。如影隨行的擬制類似理論，而建立變體基礎，進而有所突破。對於已經有理論，思維如影隨形擬制，尋析該理論的核心精神，產生理論的各種變體，而等價於原先之論。

證曰：◎孫子兵法最核心關鍵，在於首尾兩句話，『兵者國之大事』『人主能以上智為間』，心領這兩句，其他的內文雖忘記，而完全不知兵法，其兵機仍然立於不敗之地。◎死讀書的人與活用書本知識者，差別就在於，是否心領於書中的核心精神。書的好壞等級，在於書中的核心精神是否明確、隱喻是否深遠、轉變是否大用。

用曰：
奇 -·- -·- 倘若孫子兵法的內文架構概化解體。

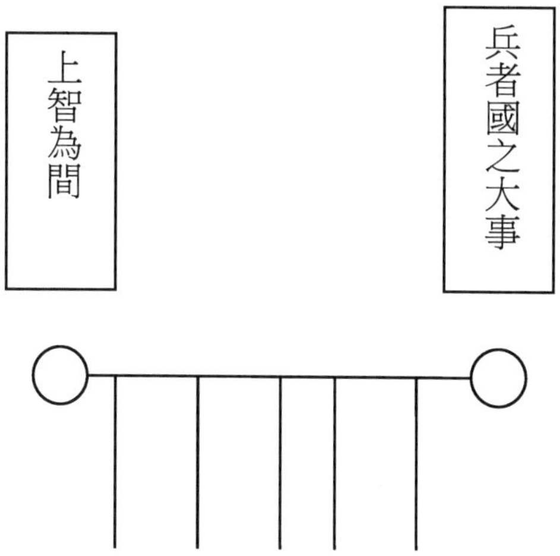

曲÷一內文可以無限多種自行變體。

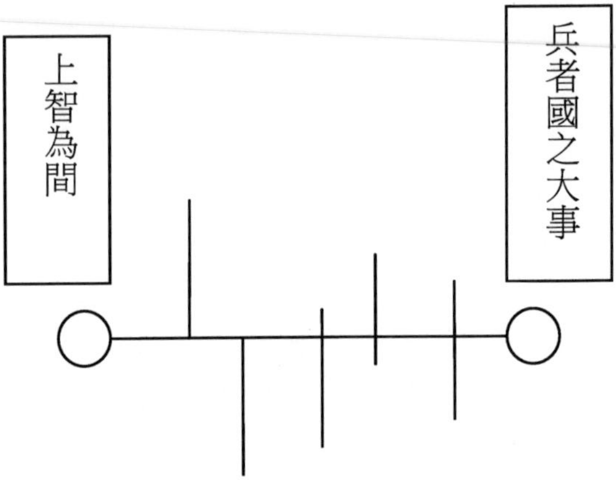

變——轉變而核心關鍵不變，雖然面相全然不同，但在變易的角度中，仍無比貌，代表運用意義上相等。故隨勝比貌，而進用於予改卦。

律——君子終日乾乾，不只有隨勝、慧摹，當空無一切他論，其自健亦能鑿空與大作。

每一次的變相，雖然主軸可視為相同，然而在變相當中，必定因內文大動而有所偏差，但這無所謂，因存誤可容，反而用此偏差之誤，產生新的面貌。

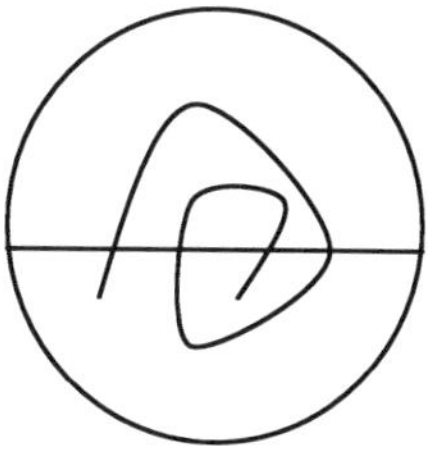

團聚卦

團聚，失我，求聚，大得智。

象曰：團聚，原遺而聚，不以失我，而有大得，用之以慎。

象曰：倚作為乾乾而伏明麗，團聚。智者聚我。

上九，聚乾，有倚。

象曰：聚乾，有倚而能奇。

九八，讓易再形，貞固。

象曰：因原始，貞固。

九七，再形之棄，失我。

象曰：生演而再形，必棄，失我。
九六，空汲時，得大藏。
象曰：以本得末之能，以得大藏。
九五，聚乾之鎖，吉。
象曰：聚乾之鎖，聚而晢，吉在後也。
九四，團行晢異，遠果。
象曰：團聚行以晢異，雖得而為遠果，貴其貞也。
九三，否棄，不利攸往。
象曰：因得而否棄，非有鋮以取捨，不利攸往。
六二，乾元陰反，凶。
象曰：乾健原始，釋形成陰反，必沖，凶。
初九，被返原力，吉。
象曰：被返而透，以汲原力，吉。

論曰：團聚，單元曲變而成團，時空因化而得聚。人的智能之間互相啟發，可以視之為，智能高低曲變於不同的時空，而在啟發的當下相互交錯。這種特性，是創造力的原力。那麼自己也可以穿過時空，與過去的自己談話，並共同思考。

證曰：◎在追名逐利的社會中，心性變化得很快，令一個被經濟壓力擠得迷惘之人，重新回到童年時的心情，去玩他以前喜歡的童玩，已經是形體印象俱在，而心欲神態皆離散矣。

用曰：

奇╌╌過去的我還是活的嗎?可以記憶過去的事情，但是過去的意識與直感，在我現在的大腦中還能存在多少?倘若只剩下記憶，那麼與另外一個人，搪塞我過去的記憶有何不同?面對同樣的問題，還會有相同的感受嗎?還會有相同的選擇嗎?大概不會了。認知其實就是一個類生態系統，前面認同的觀念會排斥後來接受的觀念，後來者會覆蓋掉前者，相互可能產生矛盾。同一個問題，讓不同時間的我去做選擇，感官也會不同，切入的思維角度也不一樣，選擇的答案也會不同。團聚為創造的原力點，成創造力的基本型制，如同記憶一般，去累積更多的自我意識，登上更高層次的思維體系，是故創造力的本身也可以被創造出來。

曲╌一記載各種時間的我，當中的感性理性觀點，無論用圖像、數字、還是文字甚至是塗鴉，不只是記載當做記憶而已，有時候會選擇某種形式，重複地匯聚與運作當時的感受，不讓時空歷程覆蓋掉。大部份人對於過去的意識都是死亡與覆蓋，這種強拉過去意識同存的思維軌跡，是複式於常人矣。

變一╌創作的軍師，就是自己。凝聚於一個問題點，如同很多人在一起思考一件事情，可以擷取各種思維方向，卻又能夠同氣連枝。因為他們只是分佈在各個時空當中，存在喜怒哀樂各種變化中的我。以當中的歧異相盪而得，是同氣連枝，沒有意氣衝突的。律——知識的演進，其實也是一種思維變相的產物，存在於持續變易的環境當中的不易原則，以陰陽法則來說，在不斷變易之中的不易需要變相，就得在最基本的持續變易當中，找到相反的不易形式，來當作原動力。

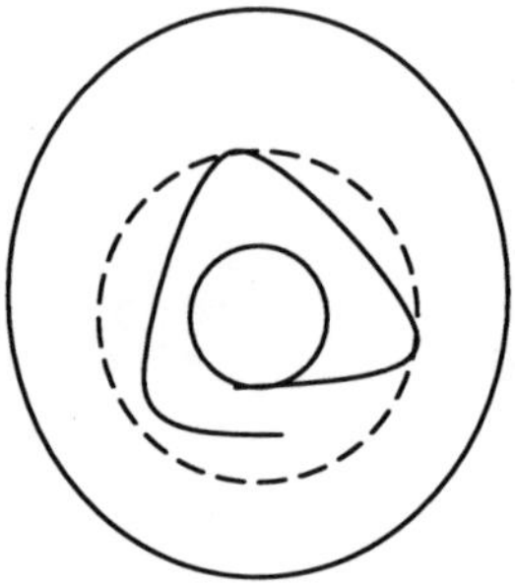

————————-- 蜷生卦

蜷生。原命初生，因簡以之，出坤乘形，如蜷之易。

彖曰：蜷生，維育點而化，氛育圍而濕，成實繫而卵，親育濟而胎。初皆以簡之。

象曰：重陽下有初陰，蜷生。智者以初生探始易。

上九，務簡，深倚。

象曰：務簡，學者深倚，人官也。

九八，蜷氤大義，貞固。
象曰：蜷必有氤，探機大義，貞固。
九七，簡生，因階。
象曰：歷蜷型，達所生義因所階層。
九六，易解，吉。
象曰：易解之吉，雖乾象而倚坤數也。
九五，蜷行蒙昧，不利於賓。
象曰：深隱所能，漸進生歡，自擇有行，不利外來者。
九四，蜷生之段，苦歷。
象曰：無論何易解，皆有蜷生段，此乾行，必有苦歷。
九三，高極，窘厄。
象曰：自以其高而發，得窘厄之憂。
九二，繁續無正。
象曰：繁續，自然無正向也。
初六，中蜷生，有凶。
象曰：中性蜷生，有所陰副，凶亦趁其漸也。
論曰：蜷生，初生之大義，簡易探索之。創作一個科學原理，很像是生物繁衍後代，會有一個蜷生的階段，這個階段是用很簡單的直覺，反覆思辯之後，突現與架構出來的，而後孕育這個理論，也像是培育這個雛形，修改不成熟之思辨，逐漸修飾成形。而稟承精神一致，雖然所義不一，卻能相互複合於一體。

證曰：◎牛頓以克卜勒三大運動定律為基礎，觀察蘋果與月球，想像掉落的簡單的物理圖像，思索出萬有引力，乃至推演牛頓自己的三大運動定律。◎愛因斯坦以馬克斯威方程式、裴倫茲研究、希爾伯特的推演、以及邁克生莫雷的實驗結果，以簡單的物理直覺搭配光速運動的豐富幻想，推倒出相對論。◎著作出天翦，其實並不複雜，也是以簡單的直覺、反覆的觀察與思索而來，先從達爾文的演化模式，幻想擴大到整個時空各種豐富的演變，再觀察週遭生物的生活命運，與自己的命運，綜合微觀與直觀，得到的心得概想。

用曰：

奇……創新與嘗試，是很美妙的事情，秉持理想，感受各種自然的意象，交錯理性與感性的思維。抑制物欲，以及克服先天上各種怠惰的本性，才有可能感受到這種精神領域的美侖美奐。

曲……創作之基，除反覆思索之外，亦重堆簡大義。入之關鍵易程。

變……理想的本源也是欲望，還是晚於物質之欲所演變出來的，是擴大倫理之情，及於整體物種種性而為者。只有先把物欲潛伏，理想性才有可能發揮出來。

律——蜷生階段，展現一連串自擇，那麼即使是非生物的物質粒子，相信它的出現，也必定經歷蜷生之困難。

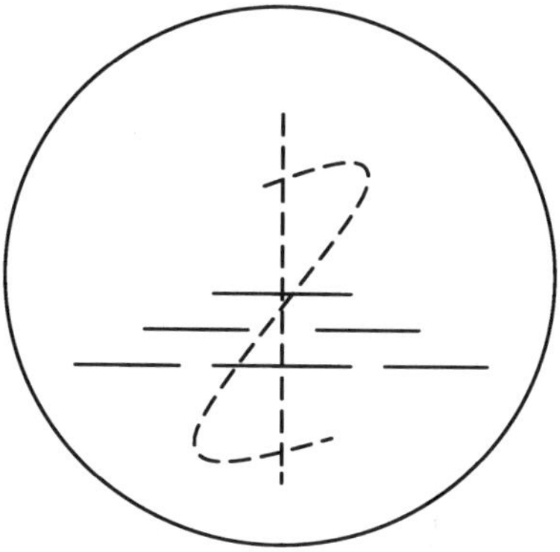

䷀ 乾卦

乾。剛健至盈，內健變易，乾綱原始。厲存不休，慎。

象曰：末哉乾元，極數至運，為一數之末而物態之始，乃以原始。末極而啟至乾之道，數末而萬象增衍，末哉乎乾元。

象曰：混沌至健，歸寂而再新。易以擾物生象，固有無窮。

上九，始義為基。

象曰：易末數滯制也。

九八，乾元泣血。

象曰：乾元泣血，歸元而汰。

九七，束氣降息，厲，無咎。

象曰：降息而厲，貞而無咎。

九六，易脈，乾綱所釋。

象曰：有始達後，乾綱所釋。

九五，終日乾乾。

象曰：終日乾乾，雖位得極，未過本因矣。

九四，原始之隱，毋逆。

象曰：原始之隱，根源之制，毋可逆。

九三，退畜游移，復存。

象曰：游移而養息，以復存也。

九二，釋形，貞固。

象曰：以讓易，外似相離，實則相約，貞而固。

初九，大數滯衍，有逆。

象曰：大數滯衍，不容純元，轉勢有逆。

論曰：乾，以當前感知的時空流程，時間越早的型態意義，越接近動健的力量，即時間控制空間的位階觀念，而若反過來的空時感知，則動健意義相反。觀形體演變大勢，定義物內界乾綱意義，來自於原始的累積。倚摺昇卦，原始因素，為聯次兩儀交織之塑，其時間相對更悠遠，則義類空間更窄小，變易復予等價之制，則相對掌握更強的動健意義。坤卦中道先無窮，故演變的基礎中，初始之形具備更大之數，越原始的因子，則掌握越強的控制權。內界演變大局，後來的部份，奠基於原先的部份釋形讓易而來，是故後來演變的部份雖掌握主導權，但是在某種異變誘發下，驅使原始部分運作，那絕對能壓制後來的部份，而掌握定義物的變化，除非有更原始的因素干擾。若後衍的型態無法通行，那麼都會蛻變回返原始的因素去操作，則對整個定義物來說，由此中性因作。是以型態演變的運作大勢中，新型態初始的存在意義，只能圍繞於原始部份的掌制，故曰：「內健變易，乾綱原始」。其於次易各卦之義深矣。

證曰：◎人類歷史，原始時代的暴力，是從遠古至今，主導社會的根本力量，神權社會遺留的群眾意識型態，仍然是組織群體的要素。專制社會遺留的法律方式，仍然主導社會安寧。所謂的民主，控制的是政客的言語而已。◎任何的政治意識型態，都會被更原始的人性目的所操弄。◎生物演化中，遺留在生物體內越原始祖先演化的部份，在激化它運作時，越有力地控制生物個體的演變態勢，最原始的單細胞時期，存在的基因模式，掌握生物最根本形式。◎人類大腦的結構，由延腦而白質而灰質，越原始的部份所掌握的功能，越能夠主導整個大腦運作的動向，關鍵在於，有否刺激原始部份發揮功能而已。◎量子力學中，原子內粒子組合，所掌握的能量，比分子的化學鍵能量強得多，更原始的中子，可破壞原子的結構，釋放該階段的能量。◎癌症細胞不再服從真核多細胞生物的遺傳藍本，而是向原核細胞那樣，自由地複製與無拘束地分裂，原始的細胞活動形式只要充分甦醒，在人體內能掌握較強的乾綱。除非外界對癌細胞的基因本身，採取迂迴的治療措施，啟發物質層次更原始的求生自擇，或是患者能找到方式與癌細胞共生，否則無法直接治療。

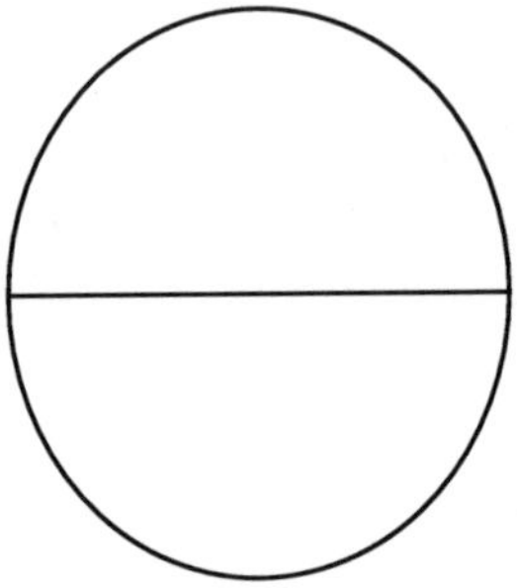